国家出版基金项目
NATIONAL PUBLICATION FOUNDATION

U0518947

"互联网+"与文化发展研究系列丛书

重构营销生态

文化部"十三五"时期文化改革发展规划重大课题

田卉 著

知识产权出版社
全国百佳图书出版单位

图书在版编目（CIP）数据

重构营销生态/田卉著.——北京：知识产权出版社,2016.1
（"互联网+"与文化发展研究系列丛书/范周主编）
ISBN 978-7-5130-3927-7

Ⅰ.①重… Ⅱ.①田… Ⅲ.①网络营销 Ⅳ.F713.36

中国版本图书馆 CIP 数据核字 (2015) 第 280111 号

内容提要

"互联网+"概念的提出让以互联网为主的一整套信息技术在全社会不断分裂、扩散、嫁接。市场营销作为最早进行互联网化的商业环节之一，在"互联网+"的背景下又将催生何种可能，迎来怎样的挑战？本书以广告为解剖对象，力图以点及面，解构"互联网+"营销新生态。全书以传播学"5W"模型为分析框架，从广告行业、广告创意/内容、媒介、消费者、广告营销效果五个方面，探讨在"互联网+"激荡下的广告营销整合、变革、创新和突破。

责任编辑：李 娟　　　　责任出版：孙婷婷

重构营销生态
CHONGGOU YINGXIAO SHENGTAI

田 卉 著

出版发行：知识产权出版社 有限责任公司		网　　址：http://www.ipph.cn	
		http://www.laichushu.com	
电　　话：010-82004826		邮　　编：100088	
社　　址：北京市海淀区马甸南村 1 号		责编邮箱：aprilnut@foxmail.com	
责编电话：010-82000860转8594		发行传真：010-82000893/82003279	
发行电话：010-82000860转8101/8029			
印　　刷：保定市中画美凯印刷有限公司		经　　销：各大网上书店、新华书店及相关书店	
开　　本：720mm×1000mm　1/16		印　　张：17.5	
版　　次：2016年1月第1版		印　　次：2016年1月第1次印刷	
字　　数：300千字		定　　价：45.00元	

ISBN 978-7-5130-3927-7

序一

"互联网+"时代的广告人，从未如此兴奋。

一边是已经成熟起来的中国消费者，他们享受生活、热爱消费、对事物有着自己的理解和判断；同时，互联网的伴随又使他们习惯于高效的消费决策过程、喜爱更加直接并饱含创意的沟通方式；更重要的是，他们所掌握的知识，让他们不再是以前传播中的那个终点，而是千万个、亿万个新创意和新故事的起点。

另一边则是当今世界最前沿的中国互联网的引领者，以及他们所创造出来的这个空前繁荣的互联网社会。及时、准确、海量的数据让我们真正"理解了"消费者；层出不穷的新技术让我们真正"拥有了"消费者，同时实现着新一代创意人满脑子的奇思妙想；而异彩纷呈的互联网媒体让广告的内容和创意几乎可以直达每一个人、每一个角落。

当然，当"互联网+""+互联网"成为整个中国各行各业的标配时，我们也感受到广告主们对互联网营销前所未有的积极投入，以及更惊人的表现——他们的互联网营销专业度成长得如此之快！这也让彼此间的沟通协作更加顺畅。

互联网已经将营销生态系统中的所有组成部分都完整纳入了相同的环

境中来。但这就表示万事俱备了吗？兴奋之余，我们依然面临着互联网为营销带来的新挑战。

传统数字广告的问题此时也暴露得更加明显。超高的流量带来的高曝光度却面对着广告点击效果的持续下滑；社交化带来的快速传播却面对着优秀创意的匮乏和恶俗炒作的泛滥；技术带来的精准到人却面对着用户对隐私的担忧和个人领域被侵扰的反感；越来越低的 CPC（Cost Per Click，每点击成本）、CPM（Cost Per Thousand，每千人成本）广告成本却面临广告主对销量的质疑；不断涌现的营销模式和媒介选择却让专业营销人也无从选择……也许，我们太过于关注互联网为营销行业带来的"福利"，却淡忘了营销的本质：让品牌与人沟通并为他们带来价值。

正如媒介理论家马歇尔·麦克卢汉所说的，互联网最根本的是激活了个人，那么中国如今有十多亿人在媒介传播层面被激活，也就是说，整个当今社会的关系已经被重构：人与人、人与物、人与信息、人与媒体、人与服务、人与社会……所以，互联网营销的核心，其实在于如何构建品牌与人平等对话的平台，在此之上，才是新技术、新渠道、新应用所带来的效率和效能的提升。所以，营销想要服务于品牌，首先要服务于人。

其实，从 1980 年到现在，中国经历了从传统媒体时代到互联网时代、移动互联网时代、"互联网+"时代的变革，仔细回顾每个时代的营销思维，就能发现从最初的关注"内容"，到关注"内容+互动"，再到关注"内容+互动+服务"，到现在的关注"内容+互动+服务+关系"，整个行业更丰富了，但最本质的东西——内容，并没有改变。反倒是在互联网以技术革新推动发展的背景下更加凸显出内容对营销的作用——内容填补了冰冷数字营销技术和品牌之间的距离，更填补了营销主张与用户实际体验之间的距离，让营销重新"以人为中心"。

"以人为中心"这个并不算新的理念，其真正意义如今已经被越来越多的广告主和媒体所领悟，这也是近年来我们在行业中所观察到的非常多的变化：在过去，广告主总是要求将广告无限放大，而如今，广告主更希望让广告成为用户体验的一部分，希望能够润物细无声地传播品牌信息。

让广告不再像广告，让营销趋向于无形，这其实是作者在书中提到的一个很流行的话题——原生广告。它让营销内容隐身、与媒体无痕嵌套，它让内容创造从围绕品牌转变为迎合社交需要，它让传播诉求从广而告知转变为匹配个人喜好，它让传播效果转变为强调情感共鸣和生活价值。实际上，与其说原生广告是一个新的理念，不如说是众多理念和方法论的殊途同归：大数据应用、精准投放、程序化购买、移动应用等。甚至几年前美国著名经济学教授菲利普·科特勒提出的营销革命3.0，无不是在以自己的方式向这个营销的目标努力。如今，原生广告在中国也被逐步发展为原生营销，作为最早将原生广告引入中国的凤凰网，在过去的几年中，把它从原生营销2.0"让广告走进生活"逐步发展为3.0"生活传奇"和最新的4.0"再造生活场景"。这期间，中国广告行业也诞生了由当今亚太地区杰出广告从业者组成的原生营销研究院，而 Millward Brown 也专为原生营销推出了以衡量营销对人产生深层影响的评估标准，甚至在2015年刚刚结束的金投赏（ROI Festival，商业创意奖项）中，有超过六家中国领先的互联网媒体和广告公司不约而同地阐述了对原生营销的理解和发展。

原生营销的日渐成熟不止解决了新数字时代广告行业所面临的挑战和变革问题，更是让营销在未来具备了更大的价值和意义。

在《重构营销生态》这本书中，作者强调了美国市场营销协会对市场营销所下的定义，以及市场营销观念的变迁。中国广告行业的发展，一直以来是经验伴随科学理论同步成长，所以实践中难免遇到发展的瓶颈。这时，他人的研究对中国广告人未来的工作来说是不无裨益的。

在定义中，营销被认为不只是卖产品，而是具备着企业发展的战略意义。市场营销的几个观念变迁恰恰也反应出中国企业发展的不同阶段和对应的营销行为："我们生产什么就卖什么"的生产观念，催生了围绕产品功能的硬广告；"产品质量决定一切"的产品观念，带来了基于消费者需求沟通的利益型广告；"我们推销什么，消费者就购买什么"的推销观念，促使企业在应对竞争时考虑更丰富的营销手段；而到了更高级的阶段，"消费者需要什么，我们就生产什么"的市场营销观念出现，营销开始完全围绕消费者并且高度尊重他们的消费主权。但是必须说，当今的中国社会在快速发展的同时，随之而来的是种种隐含着的矛盾，GDP的增长伴随着环境的破坏和资源的过度开发；潮流趋势的涌现伴随着创意的匮乏和坚守的缺失；城镇化发展伴随着传统风物的逐渐消失。此时企业营销需要考虑的就不应该仅仅是消费者的需求，更应当着眼于创造的社会价值。通过参与社会、消费者共同利益的实现，才能真正诠释品牌存在的价值、赢得尊敬与拥戴、获得源源不断的市场活力。这些，是千百万成长中的中国品牌正在觉醒的营销意识。

"互联网+"推动我们进入了全新的时代，重构了营销的生态。我们的营销在拥有强大武器的同时，更需要观念上的变革。希望这本书能够让越来越多的中国广告人更加理解当今时代，理解营销被赋予的更大意义，不忘初心，为我们热爱的广告事业注入新的活力。

凤凰网高级副总裁

2015 年 11 月

序二

互联网被誉为人类的第三次（工业）革命，是继蒸汽机、电力之后人类世界最伟大的工业革命。其实我们可以发现，每一次人类的大幅进步都是基于一项颠覆传统世界认知能力的发明：这个发明不仅是一项创新，更是重新认识世界。蒸汽机彻底改变了人类对于效能的认识，但其本质是改变了人对动力输出的理解，不再是外力的转化，而是机器与机器之间力的循环。

同样，电力的出现再一次以几何级加速了人类对于世界纬度的理解，从此很多事物都有了两极思维。电灯照亮了整个人类的文明进程，电话让人们惊讶于在英国也可以听见大西洋彼岸的声音。而这些在那个时代往后退十年都是不可想象的，完全超越了人类认知的边际。

而互联网的诞生再一次从人类的理解边际颠覆了世界的样子。信息技术的人性化彻底建立了一个相对于真实世界的完整虚拟世界，我们称其为互联网世界。

在这个世界中几乎可以完成你在真实生活中的一切需求。从 1.0 时代的信息阅读，到 2.0 时代的社群互动，再到 3.0 时代的线上交易，继而到 4.0 的场景互动。互联网一步步完善着人类生活的方方面面。按照这一轨迹，我们可以展望五年后便会有在今天难以理解的事情发生。

这太令人兴奋了!

人们的世界因为互联网而变大,从阅读量到朋友圈,从购物方式到旅行选择。我们实现了很多曾经想都没想过的生活方式,这一切均来自数字信息化,而这正是互联网的实现基础。巧合的是,"广告"的本质也是信息。

透过现象看本质,理解"互联网+"广告也必须回归到信息的历史长河中去。其实人类的第一次信息普及即造就了第一次思想革命,即16世纪盛行的文艺复兴运动。印刷和造纸术传入欧洲,让人们可以人手一本《圣经》,从此理解上帝的旨意不再是教皇和主教们的特权,每个人都可以思考圣经里关于上帝的一切,从此有人开始质疑教会是否歪解了上帝的旨意欺骗民众,从此产生了马丁·路德、加尔文等若干新教。这次革命也深远地影响了今天的人类社会。而这一切的起点就是信息的普及带来的信息平等权。可以说,文艺复兴让普通人第一次如此接近神。

而4个世纪之后的互联网则呈几何级放大了信息的普及性,大量信息充斥着每个人的世界,这其中不乏免费的广告信息。信息过量意味着没有信息,因此在一个庞杂的信息世界里处理广告信息变得从未如此棘手过。短短的几年时间里,很多广告公司和广告人突然不会做广告了,他们的经验遭到了质疑。曾经在100多年里由几代人建立起来的广告信息处理方式在互联网这个新环境下变得日益水土不服,权威的瓦解带来了行业的知识危机。毕竟,在那个年代没人能够预知,现在每人每天平均接触的信息量比18世纪的人一生所接受的信息量还多;每年产生的全新资讯,比人类过去5000年积累的还多。

现代广告是以社会学和心理学为基础的社会学科,如果人与人的社会行为及关联方式发生了变化,那么广告从内容到形式,再到传播路径都不得不发生巨大的改变,这一点经过10年的行业考验,已经得到验证。从2010年起,广告重新从茫然到适应环境,从基于互联网技术创新到重新影响整个消费市场。这一路转型让整个行业经历了阵痛和寒冬,然而可喜的是，在一个相对于广告行业、相对于市场经济而言都不算太惨烈的时代背景下，新一轮的互联网广告企业应运而生，这其中有经历阵痛转型成功的传统广告公司，也有在新趋势下创立的新型公司，有利用资源重组型，也有技术立命型。但无论如何，广告企业树立了新的价值观，找到了新的方法论，这是广告行业的集体胜利。

例如该书所提到的原生营销，正是基于互联网新生态下的广告表达方式。在互联网环境下，广告这个概念越来越模糊，而我们也开始经常听到一个热词："内容"，说明广告既应注重价值的传播，也应注重形式的表现。为了淡化广告的形象，我们可以做到将价值和形式混合，这种界限的模糊正是原生广告的形成。好像一条基因叫内容，而广告从DNA链里植入了一部分商业信息，在不破坏整段基因的基础上完成了广告传播。

多么巧妙的广告形式，这必须得还原到信息的角度去重新理解广告。能否看出痕迹成为评价原生广告优劣的主要标准，而这标准本身的建立又是基于互联网新时代的信息生态。

总之，"互联网+"广告更像是一次信息的合体。信息技术不断升级，信息的合体方式就会不断升级。我们可以相信，无论信息技术如何升级，信息的普及和增多趋势势不可挡。我们期待，在信息爆炸的那一刻，智慧之光会再次照耀人类跨越的步伐。

是否该为人类文明的进步点个赞？

前省广北京董事副总经理
"贱叔叔"品牌创始人

2015年11月

目录

现状篇

问题篇

对策篇

趋势篇

背景篇

　　"互联网+"概念的提出让以互联网为主的一整套信息技术在全社会不断分裂、扩散、嫁接。市场营销作为最早进行互联网化的商业环节之一，在"互联网+"的背景下又将催生何种可能，迎来怎样的挑战？

第一节　互联网重塑商业生态

一、"互联网 +"是一场革命

（一）什么是"互联网 +"

相较于互联网，"互联网 +"是一个全新的概念和提法，最早在 2012 年由易观国际董事长于扬提出。2015 年 3 月，腾讯公司控股董事会主席兼首席执行官马化腾在两会期间以《关于以"互联网 +"为驱动，推进我国经济社会创新发展的建议》为题，提了制定"互联网 +"新生态国家战略的建议。2015 年 3 月 15 日，李克强总理在政府工作报告中首次提出"互联网 +"行动计划，正式将"互联网 +"的概念在全社会普及开来。

互联网的产生由来已久，它以技术的不断更新换代为支撑，势如破竹地影响、改变、改造、变革着人类社会的方方面面。"互联网 +"更像是互联网实践和思维的一个抽象提炼，具体来说，"互联网 +"是指利用互联网的平台、信息通信技术把互联网和包括传统行业在内的各行各业结合起来，从而在新领域创造一种新生态。"互联网 +"表现出了跨界融合、创新驱动、重塑结构、尊重人性、开放生态、连接一切的特征。

"互联网 +"被誉为继蒸汽技术革命、电力技术革命及信息控制技术革命之后的又一次重大飞跃。这一类比也许并不为过，因为"互联网＋"同样极大地推动了人类社会政治、经济、文化领域的变革，也影响了人们的生活方式和思维方式。随着以移动互联网、云计算、大数据、物联网技术等为主要特征的科技的不断进步和普及，人类的衣、食、住、行、用等日常生活的各个方面也将发生重大的变革。"互联网＋"是一场技术革命、产业革命、社会变革，这场革命正在进行中。

（二）互联网的普及催生了一场社会变革

2015 年 7 月 23 日，中国互联网络信息中心发布的《中国互联网络发展状况统计报告（第 36 次）》显示，截至 2015 年 6 月，我国网民规模达6.68 亿，互联网普及率为 48.8%；[1]20 多年来，互联网在行业生态、应用普及及行业融合发展等方面均取得长足进步。

2014 年 8 月，中央全面深化改革领导小组第四次会议审议通过了《关于推动传统媒体和新兴媒体融合发展的指导意见》，推动传统媒体与新兴媒体融合的工作正式提上社会经济发展日程，推动互联网成为新型主流媒体、打造现代传播体系，对非网民信息生活的渗透力度持续扩大；"宽带中国 2014 专项行动"持续开展，进一步推动了互联网的建设和普及。

几十年来，"互联网＋"已经改造及影响了众多行业，并深刻地改变着人们的生活方式和消费模式，电子商务、智慧旅游、在线医疗、智慧家居、众筹电影、在线教育、互联网金融等"互联网＋传统行业"每天都在产生新业态、新形态，这一切都在润物细无声间使得人们的生活泛网络化、移动化和便捷化。尤其是伴随移动互联网的普及，智能设备的功能不断更新和完善，智能移动终端加速了泛网络化的范围和速度。目前我国手机端即时通信使用率为 90.8%，手机网络游戏、手机网络音乐等娱乐应用

---

［1］中国互联网络信息中心 (CNNIC). 中国互联网络发展状况统计报告（第 36 次）［R/OL］.(2015-07-23)［2015-09-21］http://www.cnnic.net.cn/gywm/xwzx/rdxw/2015/201507/t20150723_52626.htm.

从爆发式增长变为稳步增长，手机网上支付、手机网购、手机旅行预订等商务应用的比例分别大幅提升，占比分别为 46.5%、45.6%、28.3%，智能手机将网络加速嵌入人们的消费当中。[1]

互联网从一开始的工具慢慢变成生活的一部分，最终将变成生活本身。伴随着互联网的日益普及，互联网不仅仅改变了人们的信息接收方式、人际交往方式、生活消费模式，更改变了整个世界。

二、互联网环境下的商业生态

"互联网＋"是互联网思维的凝练，代表着先进的生产力，不断推动经济形态发生演变，激发社会经济实体的生命力，为社会创新、发展和变革提供了肥沃的土壤。"互联网＋"利用其网络链接的结构特征，集成和优化社会资源，不断创新创造，并在创新成果与经济社会深度融合、全社会创新力和生产力不断提升的过程中，夯实自身作为基础设施和实现工具的经济地位，可以说，"互联网＋"还代表了一种新的社会产品。

每一个社会及商业阶段都有一个常态及发展趋势，"互联网＋"提出之前的常态是千万个企业需要转型升级的大背景，后面的发展趋势则是大量"互联网＋"模式的爆发及传统企业的"破与立"。

（一）传统产业的逆向互联网化

"互联网＋"的过程也是传统产业转型升级的过程，从企业价值链层面看，"互联网＋"表现为一个个环节的逆向互联网化：从在线消费开始，到广告、市场营销，从零售、到批发和分销、再到生产制造，直到价值链上游的生产装备和原材料；从产业层面看，广告传媒行业、零售业、商品批

---

[1] 中国互联网络信息中心(CNNIC). 中国互联网络发展状况统计报告（第36次）［R/OL］.(2015-07-23) ［2015-09-21］http://www.cnnic.net.cn/gywm/xwzx/rdxw/2015/201507/t20150723_52626.htm.

发，到生产制造和原材料，一个个产业纷纷被互联网化。从另一个角度观察，"互联网+"是从C（消费者个体）端到B（各个行业）端，从小B再到大B的过程，产业占比越来越重。在这个过程中，作为生产性服务业的物流、金融业也跟着出现互联网化的趋势。在"互联网+"逆向倒逼的过程中，各个环节互联网化的比重也是依次递减。

（二）营销沟通与销售不可分割

营销沟通在大多数企业中往往被狭义地定义为广告和公关，因此营销沟通的任务也就顺理成章地落在了品牌部。而大多数企业品牌部门因为缺乏专业人员，就成了广告代理公司与企业之间的二传手，负责监督执行广告设计之后，再做年度季度广告、公关和会展投放，就算是完成了整个企业所有的营销沟通工作。但在互联网环境下，渠道、商圈、品牌均被去中心化，企业营销开始出现全渠道、全触点的营销模式，营销对象的界定、内容的生产、方式的选择使得品牌部门和销售部门前所未有地协同。

（三）互联网环境下的新商业模式

"当今企业之间的竞争，不是产品之间的竞争，而是商业模式之间的竞争。"现代管理学之父彼得·德鲁克这样说。

商业模式概念最早出现在20世纪50年代，但直到90年代才开始被广泛传播和应用。尤其是伴随互联网的出现，商业模式开始变得更加复杂多变和多样化，互联网化的商业模式颠覆和重构了整个商业价值链，因此更加备受关注。

商业模式，是企业进行价值创造的内在机制，通过组织管理各种资源，为客户提供增加价值的产品，以获取利润为最终目的。有关商业模式的定义尚未统一，但其构成要素不可或缺，包括企业资源和能力、盈利方式和客户价值。简单地说，商业模式就是使企业获利，并具有不可复制性的运作方式。

商业模式是创业者的创意，这一点在"互联网＋"时代表现得尤为明显。互联网改变了商业生态，也创造着层出不穷的新商业模式。

1. 社群：变现流量价值

互联网的出现，打破了时空限制，使人们既可以足不出户购买商品，又能建立在线关系网络，拥有共同兴趣或价值观的消费者通过各种应用或平台建立起了虚拟的社群。社群可以是第三方搭建，也可以是企业自建，通过网络互动，社群不断沉淀，逐步建立起相对稳固的在线消费者群。消费者的需求得到集中满足，并通过口碑传播不断扩大社群规模。企业在创造和满足消费者的新需求中，及时获得消费者的反馈，使得消费者也参与生产，实现最优化和最大化的价值聚合，这就是社群商业模式的内在逻辑。

网络平台是社群的物理基础，需要抓住用户的痛点需求，做流量入口；虚拟社群以成员互动为纽带，增加关系黏性，稳固流量；商业具有交易属性，用来实现流量价值变现。在社群商业模式中，三者缺一不可。

2. 长尾：寻找利基产品

长尾理论由来已久，而互联网使得利基产品更易寻得，尤其是 C2B 让企业和消费者可以直面相对，"多款少量"的大规模个性化定制成为可能。

3. 跨界：价值链条重构

互联网不仅颠覆了传统行业，也改变了行业生态。"如果银行不改变，那我们就改变银行"，阿里巴巴集团董事局主席马云一句很任性的话，使得余额宝诞生；小米不仅做手机，做电视，做智能家居，还要做真正的小米；百度从搜索起家，逐步开始做影视、做游戏、做金融。

互联网对核心要素进行再分配，重构生产关系，通过减少中间环节，缩短与消费者之间的距离，提高了效率，降低了成本，也赋予了新兴企业新的机会。利用互联网思维，企业捕捉到传统行业价值链条中的高利润环节，进而抓住获得成功的机会。京东做电商之所以能够后来者居上，就是因为刘强东看到了中国社会化物流成本奇高无比的机会，不断追求降低成本、提高交易效率的极致。在近三年的财务报表中，京东的综合费用率和库存周转率均远远低于国美、苏宁和沃尔玛，因此而节省的成本一部分让利给消费者，一部分让利给厂商，这就是京东的商业模式。复制这一模式，京东围绕着成本和效率，建立了金融业务板块，跨界已经成为互联网企业扩大规模、布局生态的出走方向。

"互联网+"的跨界融合不是简单的兼并或收购，而是打破传统行业价值链条的利益分配模式，重新洗牌，这需要勇气和魄力，而传统行业往往受到资源、已有商业模式、价值观等的束缚，舍不得或不愿意放弃既得利益，从而失去升级改造的最佳时机。

4. 免费：流量才是根本

如果有一种商业模式既可以改变当前的市场格局，又可以统摄未来，那就是免费模式。克里斯·安德森在《免费：商业的未来》中将基于核心服务完全免费的商业模式归纳为：直接交叉补贴、第三方市场、免费加收费和纯免费。

在"信息泛滥"的"互联网+"时代，"有限的注意力"是企业共同抢占的资源，流量变现才是互联网商业模式制胜的根本。"免费"是互联网颠覆传统企业的常用招数，通过提供免费产品或服务首先获得用户，带走传统企业的客户群，转化成流量，再进一步提供符合客户需求、质量过硬的产品或服务，或利用延伸价值链和增值服务实现盈利。

5. O2O：线上线下融合

O2O 即 Online To Offline，是指将线下的商业机会与互联网结合。O2O既涉及线上，又涉及线下，是互联网环境下出现的一种新型的商业模式，主要包括两种场景：一是用户在线上购买商品或服务，在线下享受实际服务，即从线上到线下；一是用户在线下体验商品或服务，并通过线上购买，即从线下到线上。目前线上到线下的类型较多。伴随移动互联网尤其是借助地理位置信息的发展，O2O 进入全新高速的发展阶段。依靠二维码，线上线下实现全新对接，后端蕴藏的丰富资源被带到前端。O2O 已经成为移动开发者应该具备的基础能力。

互联网思维的本质即平等、开放、互动、迭代、共享，O2O未来的发展模式也将充分体现这一思维特征，充分实现线上线下、虚实之间的深度融合，把握互联网思维与传统产业相融合的脉搏，利用高效率、低成本的互联网信息技术，改造传统产业链中的低效率环节。

6. 平台：实现多方共赢

平台商业模式已经成为大企业的主要盈利模式之一。全球企业100强中，包括谷歌（Google）、时代华纳、苹果、思科等在内的60余家知名企业通过平台商业模式获利。在中国，具有互联网基因的BAT（中国互联网公司三巨头，即百度公司、阿里巴巴集团、腾讯公司）、盛大等公司也是凭借平台商业模式逐鹿市场并持续扩大版图。网络具有跨界的集聚效应，借由平台商业模式的规模收益递增，强者愈强，弱者更弱。

互联网的世界是无边界的，市场范围大致全国乃至全球。平台商业模式利用互联网的无边界和价值网络，打通企业和外部上下游，注重用户体验和产品闭环设计，提供更为多元化和多样化的产品。市场结构出现了区别于传统完全垄断、完全竞争和垄断竞争之外的第四种结构，即平台层面的自然垄断和应用层面的完全竞争。

平台模式的精髓，即构建一个多方共赢互利的生态圈。这需要平台具备两个必要特征：第一，可以整合全球的各种资源，充分体现开放的特性；第二，打通企业与消费者之间的沟通渠道，允许用户参与，实现零距离接触。互联网时代，长尾特征愈加明显，小众化、个性化的需求日益多元，企业单打独斗已经无法满足用户变化越来越多的需求，需要架构产业链上下游及全国乃至全球的资源，通过互联网平台实现资源的快速汇聚，最大限度地满足用户的个性化需求。

三、不得不说的互联网与营销

互联网改变了人们的生活方式，也改变着人们的消费态度和观念。经济社会飞速发展，物质得到极大满足，精神追求成为伴随着互联网成长起来的 80 后、90 后的消费主张。市场结构、消费需求、消费主张甚至消费行为都发生了本质改变之后，营销风向标必然将要发生改变。

从数字营销到移动商务，从网络销售到社交媒体，企业的 CMO（首席营销官）们正面临着全新的经营与传播模式及日益加剧的盈利压力。"互联网 +"不是简单地做互联网与传统行业的加法，而是利用这个技术平台，实现跨界融合、深度整合，并创造发展新的生态。对于企业的 CMO 来说，互联网与市场营销的"+"，已不仅仅是驱动市场营销活动，还将影响产品开发策略、供应链策略、商品定价策略、客户服务策略等诸多环节，更需要打通企业发展战略的各个环节，实现基于互联网带来管理扁平的内部相"加"和生态重塑的外部整合。

第二节　互联网如何激荡市场营销

一、市场营销的前世今生

（一）市场营销的定义

美国市场营销协会（American Marketing Association）对市场营销下的定义是，在创造、沟通、传播和交换产品中，为顾客、客户、合作伙伴及整个社会带来价值的一系列活动、过程和体系。服务营销理论之父克里斯琴·格罗路斯（Christian Grönroos）认为市场营销是"在变化的市场环境中，市场营销指满足消费需要、实现企业目标的商务活动过程，包括市场调研、选择目标市场、产品开发、产品促销等一系列与市场有关的企业业务经营活动"，该定义更强调市场营销的目的性。

市场营销战略和管理涉及企业经营活动的方方面面，随着经济社会发展和技术更迭，市场营销的内涵和外延也在不断发生着改变，有关市场营销的定义在学界和业界并未达成共识，市场营销战略、管理和策略的实践也不断推陈出新。但万变不离其宗，市场营销的目标始终未变，即创造、获取和维护客户，寻求不败的市场竞争地位，注重营销效果。因此市场营销活动始终注重市场调查和分析，在变化中进行决策，并随时进行营销效果的测量、评估等控制活动。

（二）市场营销的观念变迁

19 世纪晚期的工业革命，标志着现代意义的市场营销观念的开始。其产生和形成是一个认识过程，也是一个发展过程。从历史上看，它表现为四种基本类型。[1]

1. 生产观念——我们生产什么，就卖什么

生产观念是指企业以生产为中心，力求实现开拓市场的一种营销观念，是西方企业采用的旧的市场经营及管理的指导思想。

生产观念于 19 世纪末 20 世纪初逐步形成。当时的经济、技术发展水平相对比较落后，大多数企业只生产品种单一的产品，劳动生产率不高，社会总产品量供应不足，市场仍属于"卖方市场"。多数企业认为，无论生产什么产品，都能销售出去；只要拥有商品都能卖个好价钱，因此企业不重视市场需求研究，不进行市场分析，形成了以自身利益为中心的"生产观念"。这种观念一直持续到 20 世纪 50 年代末。

美国福特汽车公司 1914 年开始生产 T 型车，到 1921 年，T 型车在美国汽车市场上的占有率达到 56%。福特公司在"生产导向"的经营哲学指导下，不断提高生产效率，降低成本，使更多的人买得起汽车。福特汽车的供不应求使得亨利·福特曾傲慢地宣称："不管顾客需要什么颜色的汽车，我只有一种黑色的。"

2. 产品观念——产品质量决定一切

产品观念与生产观念本质一致，重生产轻营销。与生产观念不同的是，产品观念开始关注消费者，认识的消费者对产品品质的追求，认为消费者喜欢高质量、多功能和具有某些特色的产品，因此产品观念既注重生产数量，更注重产品质量。

---

[1] 檀辉霞 . 浅析市场营销观念的演变与发展新趋势 [J] . 经济师，2011(4)：272-273.

产品观念的指导思想是"产品中心论",不通过市场分析进行产品开发,把提高产品质量、降低成本作为一切活动的中心。

在这种观念指导下,公司管理者过于迷恋自己的产品,以至于产品可能并不能迎合市场需求,甚至朝着相反的方向发展。1972 年,杜邦公司发明了一种具有钢的硬度、重量只有钢的 1/5 的新型纤维。在"产品观念"的支撑下,杜邦公司的管理者们设想了大量的产品用途,并预测了一个 10 亿美元的市场,然而结果远非预期。

3. 推销观念——我们推销什么,消费者就购买什么

20 世纪 20 年代末,由于生产力不断提高,社会产品数量迅速增加,品种增多,市场形势逐步发生了变化,尽管市场还是"卖方市场",但企业之间的竞争开始加剧。

不少企业在实践中逐步认识到人们的需求需要引导、培养,于是开始着手研究推销方法,并在开辟和运用销售渠道方面做了许多工作,营销学上称为"推销观念"的思想开始出现。在这种观念指导下的企业经营管理思想具体表现为"我们推销什么,人们就购买什么"。

从生产观念到推销观念的变化,提高了销售在企业经营管理中的地位,适应了时代的发展。例如,美国皮尔斯堡面粉公司的口号由原来的"本公司旨在制造面粉"改为"本公司旨在推销面粉",并第一次在公司内部成立了市场调研部门,派出大量推销人员开展推销活动。

但是从广义上说,推销观念依然建立在"企业生产什么就卖什么"的观念基础上,这是传统意义上的推销,是对现有产品的推销,企业相信产品是"卖出去的",而不是"被买去的"。推销与"以产定销"的生产导向时期的营销观念并没有太大的不同。因此,前三种观念被称为市场营销的旧观念。

4. 市场营销观念——消费者需要什么,我们就生产什么

第二次世界大战后,科学技术进步,社会生产力飞速提高,产品数量激增,产品种类不断翻新,市场竞争更加激烈。消费者收入水平不断提高,

需求表现日益明显，市场转变为"买方市场"。在这种新的市场形势下，消费者主权论开始出现——"决定生产什么产品的主权不在生产者，也不在政府，而在于消费者"。企业开始把以消费者需要和欲望为主导的"市场营销观念"作为企业的经营哲学。

"市场营销观念"的核心在于善于发现和了解目标消费者的需求，并千方百计去满足它，进而实现销售目标。市场营销观念是市场营销哲学的一次质的飞跃和革命，既改变了传统的经营思维和方式，也在经营策略和方法上实现了重大的突破。市场调研成为企业运营中不可或缺的组成部分。

当时，美国贝尔公司做了一个广告："现在，今天，我们的中心目标必须针对顾客。我们将倾听他们的声音，了解他们所关心的事，我们重视他们的需要，并永远先于我们自己的需要，我们将赢得他们的尊重。我们与他们的长期合作关系，将建立在互相尊重、信赖和我们努力行动的基础上。顾客是我们的命根子，是我们存在的全部理由。我们必须永远铭记，谁是我们的服务对象，随时了解顾客需要什么、何时需要、何地需要、如何需要，这将是我们每一个人的责任。现在，让我们继续这样干下去吧，我们将遵守自己的诺言。"可以说，这个广告是以满足消费者需求为中心任务的最好、最透彻的一个典范。

5. 社会营销观念

以社会长远利益为中心的市场营销观念，是对市场营销观念的补充和修正。该观念的核心是：以产品质量和服务实现消费者满意，以创造消费者和社会公众的长期福利作为企业的根本目的与责任。从20世纪70年代起，随着全球环境恶化、资源短缺、人口爆炸、通货膨胀和忽视社会服务等问题日益严重，要求企业顾及消费者整体利益与长远利益的呼声越来越高。在西方市场营销学界提出了一系列新的理论及观念，如人类观念、理智消费观念、生态准则观念等。其共同点都是认为：企业生产经营不仅要考虑消费者需要，而且要考虑整个社会的长远利益。这类观念统称为社会营销观念，理想的营销决策应同时考虑消费者、社会和企业三方的共同利益。

二、何谓营销 4.0

（一）说在营销 4.0 之前

市场营销的观念变迁、逻辑推演根据不同的划分标准，可以表现为不同的发展阶段，被赋予不同的时代标签。根据菲利普·科特勒的总结，市场营销实际经历了三个时代：

营销 1.0 时代，即"以产品为中心的时代"。这与前面的生产观念、产品观念和推销观念的发展历程是一致的，营销理念关键词主要为产品、卖方市场，营销的主要功能是为产品创造需求。杰瑞·麦卡锡的 4P 理论可以说是 1.0 时代的经典，即：产品（Product）、价格（Price）、促销（Promotion）、通路与配销渠道和分销（Place & Distribution），这四个因素应用到营销过程中，就形成了四个方面的营销策略。在这个阶段，营销尚停留在战术阶段，几乎不需要任何创新。

营销 2.0 时代是一个"以消费者为中心的时代"，即以"市场营销观念"为经营哲学，注重消费者需求的发现、创造和满足。4C 理论是该时代的主要代表，强调受众的需求（Consumer）、满足受众需求的成本（Cost）、购买渠道的便捷性（Convenience）和传播沟通的能力 (Communication)。营销愈发引起企业重视，逐渐从战术层面上升至战略层面。营销战略和营销因素大量出现，STP 战略可以说是营销 2.0 时代的核心标志之一，强调市场细分（Segmenting Market）、目标市场（Targeting Market）和定位（Positioning）。事实上，这也是当下营销中最常用的营销战略模式。

营销 3.0 时代，是以"社会营销观念"为营销主导的时代，表现为社会使命感和企业责任感，"人文中心主义"开始占据主导。消费者的价值实现与人类社会、整个世界息息相关，满足消费者个人需求的企业目标上升为解决当今社会存在的各种问题，愿景、使命和价值观等成为企业对外传播的营销关键词，营销理念已经提升到关注人类期望、价值和精神的新高度。

（二）营销 4.0 的素描

互联网彻底重塑了商业生态，当下正是一个刚刚拉开序幕的营销 4.0 的新商业时代。信息技术支撑，生活方式改变，消费观念更迭，消费模式不断推陈出新，商业生态变迁……营销 4.0 时代，旧的游戏规则不断被打破并被重新定义。

营销 4.0 并没有明确的定义，它是以"新整合营销"为核心，区别于营销 1.0、2.0 和 3.0 的一个全新的营销时代的指称。营销 4.0 时代是一个正在进化中的时代，被颠覆的商业生态、商业模式及对应的营销策略都正在被重新书写，无论是 4P、STP 等传统营销理论，还是规模化生产、大众传播媒介，甚至数字化等新型营销理论，在营销 4.0 时代都受到了极大的冲击。

营销 4.0 与互联网紧密相关，又不完全与 Web2.0 时代的互联网营销特征相同。如果说 Web2.0 时代，互联网营销表现为以免费、长尾、众包、维基、搜索引擎、博客、视频等为基础的新商业形态的话，营销 4.0 以微博、脸书（Facebook）、微信等社会化媒体及云计算为基础，唱响了社会化营销的号角，表现出营销模式的包罗万象、推陈出新和无限可能。

应该说，社会化营销模式正在对传统营销模式进行一场"路径革命"，这是营销 4.0 的核心，我们简称为"SNS（社会化网络）营销模式"，即重新从数字化的技术革命回归到社交化的生活方式革命。[1]

（三）营销 4.0 的新主张

传统的产品细分定位策略不再有效，免费流行，渠道消失，促销不再依赖广告，大量的互联网故事和新名词开始流行。营销 4.0，正在以它摧枯

---

[1] 史贤龙. 营销 4.0：云商业时代的新整合营销［EB/OL］.（2012-05-14）［2015-09-29］. http://www.alibuybuy.com/posts/73119.html.

拉朽的强劲力量荡涤着传统的营销模式，并驾驭着互联网的东风将中国企业带进柳暗花明的全新时代。[1]

打破旧世界，建设新世界，不仅需要大量砖石瓦片，更需要提纲挈领的基石。有了这个基石，"互联网 +"对大多数人而言将不再是天马行空、雾里看花，而是化繁为简、有序可循。4E 营销策略正是在这样的背景下被提出的（图 2-1）。

<pre>
       4P   4E
  产品 Product   ----------> 体验 Experience
  价格 Price   ----------> 花费 Expense
  渠道 Place   ----------> 电铺 E-shop
  促销 Promotion ----------> 展现 Exhibition
</pre>

图 2-1 营销 4P 与 4E 理论的差异图示

1. 体验（Experience）——我们卖的不是产品，而是体验

乔布斯有一句最著名的话："生而为改变世界。"他的理念很简单，他的企业也非常简单，就是追求消费者的极度体验，发烧级的体验，是完全的消费者导向。

互联网时代的"产品"是什么？在社会经济发达、物质产品极度过剩、信息泛滥的互联网商业环境中，消费者的需求是什么？消费者是否能够明确自己的真正需求？物质得到满足、精神追求相对主观的消费体验中，产品好坏的评判标准不再统一，感官愉悦、情绪饱满、打动灵魂，消费者需要在服务中体会到更加真切的精神满足。"体验"成为取悦消费者的最新名词。诺基亚败给苹果，体验也许是一个不得不说的痛。实际上，除了技术产品，工业、农业、互联网行业、旅游业、商业、餐饮业、影视业、娱乐业等各个行业都在上演着体验的戏码，并不断收获"体验"带来的丰厚价值。

体验经济被称为继农业经济、工业经济和服务经济阶段之后的第四

[1]周春燕.营销 4.0：新整合营销［J］.销售与市场（管理版），2012（5）：42.

个人类的经济生活发展阶段，或称为服务经济的延伸。体验具有传统行业所不具备的核心优势，[1] 包括非生产性、短周期性、互动性、不可替代性和高增长性等特征。尤其在互联网时代，网络打破了时空界限，面对面取悦每一个消费者成为可能，也使得企业不得不重新考量营销要素，思考如何在"体验"中争取竞争优势。

2. 花费（Expense）——花费不仅是金钱，还有时间

互联网时代，"流量"替代"收视率"成为企业新的追逐对象。在信息泛滥的网络平台上，消费者可选择、可关注的商品和服务多如牛毛，如何吸引并留住消费者成为企业竞争成败的根本因素，低价、折扣、买赠甚至免费等营销策略甚嚣尘上。用户获得了低价或免费的产品，但花费了时间，"羊毛出在羊身上"，"花费"不仅是传统意义上的金钱支出，也代表了用户的时间支出。"流量"既是对用户注意力的计算，也成为互联网商业中的新货币。

3. 电铺（E-shop）——渠道等于物流 + 电铺

电铺对应 4P 中的渠道（Place & Distribution）。传统营销时代，渠道是企业不可言说的痛，打通了经销商和终端的销售渠道，产品的销售才有可能；而互联网时代，传统渠道的垄断地位被打破，任何人都可以成为卖家，只要有电铺和物流即可实现销售。电铺，是指基于互联网及相关技术搭建的销售平台或渠道。根据目前的电子商务实践，电铺包括三种实现方式：一是利用电子虚拟技术搭建电子商务平台，将商品信息放在电商平台上进行销售；二是在实体销售终端引入电子信息，如二维码等实现优化销售；三是借助移动互联网，使每一个人都成为移动销售终端。具体而言，电铺有四种表现形式：

（1）电子商铺。利用互联网电子商务平台或第三方网络交易平台进行网络销售，如淘宝、微店等。

---

[1] B. 约瑟夫·派恩二世，基姆 C. 科恩 . 湿经济 [M] . 王维丹，译 . 北京：机械工业出版社，2012：25.

（2）O2O。借助垂直网络或社交媒体，通过UGC（用户原创内容）等信息实现线上引流、线下消费，如大众点评、美团等。

（3）二维码。通过二维码，货品无论身处何处，都成为一个流量的入口，实现"带电入网"。基于这个入口，厂商、供应商、渠道商可以在销售、积分、售后等方面大做文章。

（4）人体"移动终端"。借助滴滴打车、河狸家这样的软件平台，出租车司机、美甲师已经成为一个个移动销售终端。

4. 展现（Exhibition）——传播有量，更要有料

传统的促销方法包括广告、促销和公关等。在互联网的信息海洋中，免费未必能打动消费者的心，更不必说传统的硬广告，公关也不再是传统意义上的企业营销活动。互联网时代，企业需要整合各方资源，包括网络、传统媒体、电铺终端、户外宣传等来制定传播战略，如何快速传播、精准送达并有效展现成为营销新难题。展现只是营销第一步，终极目标是获得流量、搜索、咨询，直至购买，但展现也因此成为销售环节中最为关键的一环。

流量导入最为直接和快捷的方式是获取网络关注，因此网络展现尤其不可忽视，除了企业官网的展现外，还要借由社交媒体、门户网站等通过讲故事、制造事件的方式在网络信息海洋中凸显存在感。

4E是基于互联网商业语境梳理出的一个全新的营销要素表达，它既符合互联网环境下的大多数的营销规则，也能为企业提供检视自身商业运营的模型框架，使得企业可以据此制定新的战略方案、营销战略和策略组合。

三、营销为何可以4.0

（一）消费模式的泛网络化

互联网渗透到社会运行的血液中，既改变了人们的生活方式和消费形态，也在重新塑造着社会关系和结构。麦克卢汉将地球比喻为"村

落"，互联网正是连接村落的信息工具。中国在市场经济发展的影响下，由过去的熟人社会过渡到陌生人社会。但借由互联网，基于SNS的社交网络平台，以实名制、去中心化和用户生产内容为特征的数字化社群正在蓬勃发展。在Web2.0时代，互联网上没有人知道屏幕后面是什么人，基于社交网络的社群关系却真实可靠，人们在各种各样的网络社群、圈子中生活、交流、消费和相互影响。

伴随互联网生长起来的80后、90后无网不欢，其消费形态不同于父辈，主要以互联网及移动互联网这个平台来实现，表现出泛网络化的消费特征。如果对网络人群的消费进行白描的话，你会看到如下种种：他们购物、吃饭、美容、健身甚至看电影、旅游，会先到淘宝、大众点评、时光网、途牛或微信圈，查看各种产品或服务点评，货比三家后寻找最低折扣，然后用二维码支付，最后不忘在自己的朋友圈或微博进行评价并转发；他们理财用余额宝，看小说下载各种阅读客户端，学习会到网易公开课，连拍照都要美图后再发朋友圈；他们用LBS（位置服务）如微信、陌陌等择友、交友；他们会因为一个企业偶然的一次的网络事件"路转粉"或"粉取关"。

社交网络为人们的生活和消费提供了便利，也使人们的生活离不开社交网络。传统媒体上的硬广告日益收效甚微，社交网络上的营销却不断改写着营销历史。互联网改变了人们的生活方式，新的生活方式又驱动着商业的不断变革。

（二）以Web3.0为表征的云时代

以"云计算"为特征的新信息技术是促进营销4.0诞生的主要动力。云计算的商业化应用就是社会化商业新生态，即由社会化媒体、搜索引擎、电子商务、移动互联网组合而成的社交网络，表现为"云平台+三屏（手机、电脑、电视）合一+SoLoMo（社交－位置－移动）"的新商业生态系统。[1]社会化商业新生态改变了消费者的消费行为和消费观念，从吸引注意力到主动了解，再到直接购买，消费者完全可以借由社会化媒体平台获得有益和便利的产品信息，并实现产品或服务的价值最大化。

从企业的角度，社交网络为企业提供了近距离接触消费者的平台，使企业能够面对面为每一个消费者提供产品或服务，也帮助企业时时获取最全面、最准确、最直接的用户消费信息。基于网络的互联互通，有关消费者的行为记录实现了从社会计算到情境计算。"随着技术手段的进步，越来越多的东西可以被信息化，且这种广泛的信息化现象似乎仍看不到边界，这使得数据来源的多样性和数据量都攀升到一个前所未有的高度，云端的计算越来越基于整个情境，而这种情境则是依托于广泛存在的传感器"。[2]

（三）传播环境变迁

营销 4.0 时代，创意的地位史无前例的重要和突出，成为企业营销价值链的核心环节，这主要源自 4.0 时代最具革命性和颠覆性的传播模式变革。

在营销 3.0 时代及之前的商业环境中，"传者主导"是信息传播的主要特征，大众传播媒介甚至是门户网站，掌握着信息的话语权，消费者是信息的被动接受者。企业有足够的资金投放广告，就掌握了引导消费者购买偏好的金钥匙。广告"声音"的大小，决定着品牌的江湖地位。

社交网络的实名制后，用户生产的内容实现了有效信息的多向和实时传播。基于社交网络的营销模式不仅推倒了媒体广告的高墙，也打破了消费者需求与企业运营模式之间的界线。消费者的口碑传播成了企业

———————

［1］史贤龙.营销4.0：云商业时代的新整合营销［EB/OL］.（2012-05-14）［2015-09-29］. http://www.alibuybuy.com/posts/73119.html.

［2］胡泳，王俊秀，段永朝.后工业时代：意义互联网的兴起［J］.文化纵横，2013(6):18-27.

的广告，买家秀甚至比形象代言人更具说服力，互联网的几何级传播速度又会在短时间内迅速传播，一个不起眼的事件，很有可能被放大为爆炸性事件。在营销 4.0 时代，消费者的信息传播环境发生了巨大的变化，单靠传统媒体的广告提高知名度而不是美誉度，已经完全不再适用，甚至会产生适得其反的传播效果。

（四）从规模生产到按需生产

工业时代的商品生产模式是凭借机器和流水线的规模化和标准化生产，特别依赖能源的高消耗。

在网络科技成为最主要推动力的互联网时代，工业时代的商品生产模式已经不能适应人们的生产和生活需要。以互联网特征为突出表现的社会生产行为日益走入人们的生活，甚至占据的比重越来越大。用户生产内容、去中心化、定制化、兴趣导向、多元化等标签被贴在社会生产之上，新的商业模式不断涌现，"个性化定制生产、众包式生产、自组织生产等逐渐成为主流。基于个性定制的 3D 打印技术、C2B 的商业模式等正将规模生产引向按需生产模式"。[1]

---

［1］郭泽德.传统广告将死社交广告崛起——社交媒体时代广告发展趋势及传播策略研究［J］.编辑之友，2015(7):9-13.

第三节 "互联网"与
广告既是加法，也是减法

广告是营销的手段之一，"互联网 +"广告能直接、准确、由点及面地反映出互联网对营销的影响。"互联网"怎样"+"广告，就由互联网广告来回答。

互联网广告就是通过网络广告平台在网络上投放广告。利用网站上的广告弹窗、文本链接、多媒体等途径，在互联网上刊登或发布广告，通过网络把广告信息传递到互联网用户的一种高科技广告运作方式。与四大经济媒体（报纸、杂志、电视、广播）广告及备受青睐的户外广告相比，互联网广告具有得天独厚的优势，是实施现代营销媒体战略的重要组成部分。

一、"互联网"加"广告"

易观国际数据显示，2014 年我国互联网广告产业规模达到 1535 亿元，市场份额占整体广告产业的 28%，同比增长 40%，[1] 达到新的量级。

[1] 易观智库.2014 年中国互联网广告市场规模预计达 1535 亿元［EB/OL］.（2015-01-15）［2015-09-27］.http://www.techweb.com.cn/data/2015-01-15/2115979.shtml.

从总体看，国内互联网广告市场规模不断扩大，增速提高，随着市场成熟度的不断提高，未来几年增速虽会放缓，发展平稳，但"互联网＋广告"仍有无限的空间和可能（图3-1、图3-2）（"2015e"的"e"是英文Estimated 的缩写，意为"预测的"，余同）。

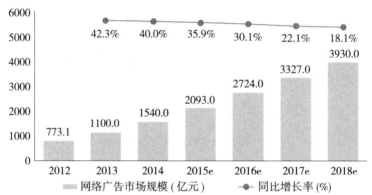

注释：1. 互联网广告市场规模按照媒体收入作为统计依据，不包括渠道代理商收入；2. 此次统计数据包含搜索联盟的联盟广告收入，也包含搜索联盟向其他媒体网站的广告分成。
来源：根据企业公开财报、行业访谈及艾瑞统计预测模型估算。
图片来源：艾瑞网，http://report.iresearch.cn/html/20150201/245911.shtml，2015 年 2 月 1 日。

图 3-1 2012—2018 年中国互联网广告市场规模及预测

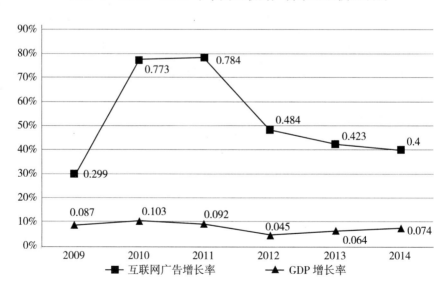

数据来源：艾瑞咨询、易观智库、CTR、国家统计局。

图 3-2 2009—2014 年中国传统广告和互联网广告增长率

（一）"互联网 +"广告的规模

1. 互联网广告整体规模平稳增长

虽然中国互联网广告市场起步较晚，但是发展十分迅速，2010 年、2011 年的增长率达到了 70% 以上，2013 年中国互联网广告市场规模突破了 1000 亿元，实现 1100 亿元的市场规模，与 2010 年 325.5 亿元的市场规模相比，短短 3 年增长就超过 2 倍。2014 年中国互联网广告市场规模达到 1540 亿元，同比增长达到 40%，增速较 2013 年小幅下降。根据艾瑞咨询的估计，预计 2018 年中国互联网广告市场规模将达到 3930 亿元，复合增长率为 18.1%。

互联网广告市场的成熟发展使得整体广告市场呈现出一些新的发展态势。各个媒体细分领域表现各异，电视、报纸呈现出成熟态势下的增速放缓趋势，互联网、移动互联网在新的广告技术与形态共同驱动下，迸发出强劲的增长势头。

随着互联网广告的影响力日渐强大，其形式日益多元、技术支持逐步完善、运作模式更加成熟，品牌广告主预算进一步向数字媒体倾斜，这对于互联网广告的发展与完善有着极大的推动力。互联网广告规模的增长，一方面，来自广告主总预算的增加，新增的广告预算主要投放在互联网广告领域；另一方面，新旧媒体间的转移使得传统广告的预算部分转移到了互联网广告。

然而，从目前整体的市场份额来看，传统广告的市场份额仍然是高于互联网广告的。一是因为互联网广告的增长率受互联网广告的成本低、基数小的影响，所以涨幅偏高。二是因为互联网广告还未开发出成熟的商业模式，所以盈利能力不足。但是，互联网广告收入规模将超过传统媒体广告收入是大势所趋，互联网将成为最大的广告投放媒体。由于移动互联网网民数量增长更快，用户在移动端停留时间的不断增加，预计互联网广告将向移动互联网不断迁移。

2. 互联网广告市场细分领域表现各异

互联网广告市场构成多元，各个细分领域的表现各有差异（图 3-3）。伴随运行模式的相对成熟，以品牌图形广告为代表的传统网络广告呈现出成熟态势下的增速放缓，而以程序化交易为代表的新型网络广告，在技术和形式的共同驱动下，迸发出强劲的增长势头。2014年视频广告继续保持快速增长，关键词广告依然是最受广告主青睐的广告投放形式。此外，程序化广告加速发展，越来越多的广告主尝试程序化广告投放；另一方面，DSP（Demad-Side Platform，需求方平台）提供商也加速提高技术水平，不断升级媒体资源对接和人群定向能力，在不断积累的投放经验中，夯实自身的核心竞争力。

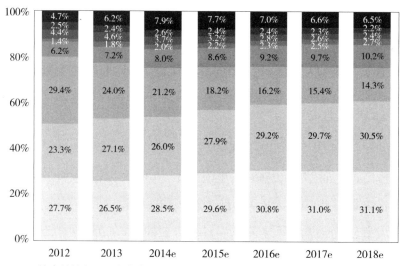

注释：1.搜索关键字广告指通过搜索引擎基于关键词匹配的广告；2.电商广告包括垂直搜索类广告及展示类广告，例如淘宝、京东、去哪儿网；3.独立分类广告从2014年开始核算，仅包括58同城、赶集网等分类网站的广告营收，不包含搜房网等垂直网站的分类广告营收；4.其他形式广告包括联盟、导航和门户及社交媒体中的广告。
来源：根据企业公开财报、行业访谈及艾瑞统计预测模型估算。
图片来源：艾瑞咨询网，http://news.iresearch.cn/zt/247057.shtml。

图3-3　2012—2018年中国不同形式网络广告市场份额及预测

互联网广告包括以PC端为主的网络广告和移动广告两大部分，剔除两者中重合的部分，即门户、搜索、视频等移动端广告，预计截止到2018年，中国互联网广告市场将突破4000亿元。2014年移动广告市场规模达到296.9亿元，同比增长翻一番，增长率达122.1%，发展迅速。移动广告的整体市场增速远远高于网络广告市场增速。智能终端设备的普及、移动网民的增长、移动广告技术的发展和服务的提升是移动广告市场发展的动力。

3. 网络广告市场竞争激烈

网络广告巨大的利润空间和未来潜在的增长规模使得越来越多的交叉行业或转型或向该领域倾斜。传统的广告代理商构建了互动部或网络部，更多地向网络广告业务倾斜；与互联网广告新特征相匹配的用户服务提供商、网络广告效果评估公司等新兴公司也加入网络广告市场，使得网络广告市场成熟度日益提高；与此同时，作为媒介载体的网站也在互联网广告市场中分得一杯羹，甚至网络广告已经成为很多网站的重要收入来源之一。

网络广告市场生态逐步完善，市场竞争也日益激烈并进入白热化阶段（图3-4）。

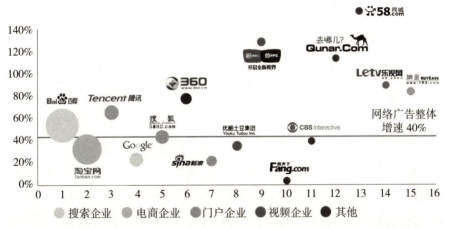

注释：本图中圆的大小表示企业广告营收的相对规模，圆心的高低表示其同比增长率的高低。
数据来源：根据企业公开财报、行业访谈、iAdTracker监测数据及艾瑞统计预测模型估算，仅供参考。

图3-4　2014年中国互联网广告市场各企业同比增长率

2014年互联网广告市场核心企业中，搜索企业、电商企业、门户企业和视频企业各分秋色，被调查企业中大多数都保持了与整体网络广告市场相当或较高的增速。其中，58同城和去哪儿网的增速最快，这与其垂直搜索网站的特性相关；此外，奇虎 360 在搜索方面加强了品牌认知和建设，在搜索上继续提高其流量份额；爱奇艺 PPS 广告营收明显增长，得益于其在移动端商业方面的逐步深入；腾讯广点通通过用户数据挖掘及广告产品竞价机制实现资源有效配置，广告收入快速提升；乐视和网易广告收入大幅提升，与其优质的广告平台及长期的品牌影响力紧密相关。[1]

（二）"互联网 +" 广告的方式

互联网出现之初的广告形式，主要表现为以互联网为媒介载体的信息呈现，包括网幅广告、链接广告、邮件广告、漂浮广告、弹出式广告、按钮广告、以富媒体和视频贴片广告为主的特殊广告等。伴随网络技术的提高，网络应用和功能的多元化，互联网广告的形式也日益多元化。目前，互联网广告主要包括以下几种形式：

1. 搜索引擎广告

搜索引擎是互联网用户获取信息的主要方式之一。搜索引擎广告主要包括按效果付费的竞价排名和搜索栏目冠名，前者通过购买搜索引擎网站中较为靠前的广告位或购买多个关键词，实现与信息搜索者的较高匹配，进而获得精准的传播效果；后者是广告主选择与品牌风格相符的搜索条目进行冠名，达到长期展示的效果。例如，"天气预报"是人们搜索的高频关键词，携程网在此搜索条目进行冠名，仅一句"风雨无阻，携程同行"即可实现加深品牌认知度，并提升品牌内涵的效果。

搜索引擎广告是相对成熟的互联网广告形式，其广告价值得到广泛认可，因此市场份额也最大。通过搜索引擎带来的客户，广告效果直接、精准和快速。

2. 嵌入式广告

与电影植入广告类似，通过在网络游戏、网络视频、网络应用中嵌

---

[1] 艾瑞咨询.2014 年中国网络广告行业年度监测报告［R/OL].(2014-04-01)［2015-09-09］http://www.iresearch.com.cn/Report/2130.html.

入与游戏情境或视频内容相匹配的广告内容，实现广告传播的润物细无声。例如，网络赛车游戏中可以出现汽车品牌广告、饮料广告等；虚拟城市体验游戏中，可以出现一系列与生活紧密相连的消费品广告。由于网络游戏与现实世界接轨性强、覆盖面广、互动性强，以网游为载体的嵌入式广告具有很大的成长空间。

3. 应用软件类广告

随着互联网技术的发展，尤其是移动互联网和智能手机的发展，各种应用软件成为网络用户的拥趸，例如即时通信工具、新闻资讯类应用、移动视频类应用、与日常生活相关的工具类应用软件等。应用软件多数具有较强的互动性和用户精准性，并能够进行智能化管理，软件类广告可以充分利用这一特点，收获不错的广告效果（图3-5）。

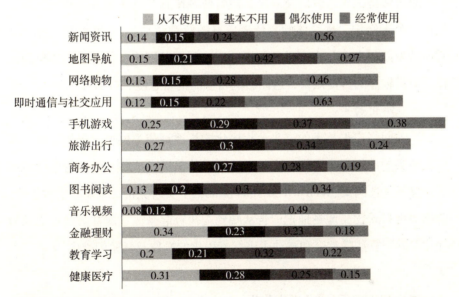

数据来源：艾瑞咨询，http://www.cctime.com/html/2015-1-7/201517951338175.htm，2015年1月7日。

图3-5　2014年中国手机网民应用类型使用分布

4. 病毒式营销

病毒式营销是指通过制造网络事件或应对突发性事件，利用用户口碑传播的途径，在互联网上进行网络营销的方法。由于网络传播的速度快、范围广，用户反应迅速，广告可以像病毒一样迅速蔓延，因此被称为病毒式营销。病毒式营销往往具有出其不意的传播效果，由于传播往往是用户间的自发行为，虽然几乎不需要任何费用，却能产生四两拨千斤的传播效应。

5. 论坛营销

利用论坛的高人气和聚众能力，通过专业策划、撰写软文、答疑解惑、监测汇报等流程，进行高效传播。通过论坛发帖的各种手段和技巧，如置顶帖、连环帖、论战帖、多图帖、视频帖等方式引起用户关注。此类营销方式往往适用于专业的垂直论坛。

6. "意见领袖"营销

通过微博大V、微信公众号、知名博客作者等网络名人，利用其专业地位、个人知识、生活体验等传播信息的营销活动。"意见领袖"通过撰写或转发原创专业化内容进行知识分享，利用其网络公信力获得用户的信任，取得较好的传播效果，进而影响粉丝的消费态度和行为。

7. 程序化购买

伴随网络广告技术的进步，程序化购买逐渐成为网络广告的主流。程序化购买的出现标志着网络广告产业链或价值链的成熟。通过程序化的购买，包括优选购买、RTB（Real Time Bidding）实时竞价，以及非实时竞价，能够实现自动化，流畅地把广告从端到端执行起来，达成社会购买资源最佳化，基于算法的整合和自动去进行流程化的操作及驿站的推广。[1]

二、"互联网"减"广告"

互联网加剧了工业社会向信息社会的过渡，传播环境发生着剧烈变

---

[1] 王跃. 程序化交易渐成中国互联网广告主流［EB/OL］.（2015-08-26）［2015-10-02］. http://www.sootoo.com/content/510230.shtml.

迁。传统广告是工业社会的产物，带有不可消除的"原罪"，在全新并不断裂变的信息网络环境下，传统广告发展缓慢，甚至出现倒退。"广告将死"的声音不绝于耳。

（一）广告将死

中国广告协会报刊分会、CTR（央视市场研究股份有限公司）发布的 2014 年中国广告市场数据显示：2014 年，中国传统广告市场同比下降 1.7%，这是近年来少有的现象；其中，电视广告增长 −0.5%，报纸广告增长 −18.3%，杂志广告增长 −10.2%，广播广告增长 10.6%，户外广告增长 9.5%。传统广告的老大电视首次出现了负增长，虽然降幅很小，但足以改变传统广告市场的发展趋势；虽然广播广告、户外广告仍然保持增长趋势，但也无法改变传统广告颓势。

传统广告发展的不景气也带来了市场的改变。越来越多的企业大幅降低传统广告预算，将广告费用转向互联网广告。海尔公司已宣布不再刊登"硬广"。传统媒体也大幅度和大范围地调整组织结构，增设互联网相关的项目团队。《中国经营报》早在 2013 年即宣布取消广告部。

传统广告未来的发展令人担忧，但"广告将死"是否会成真？显然，这里存在一个概念的偷换，传统广告并不代表广告的全部，尤其是互联网广告的生机盎然更让人觉得"广告将死"是危言耸听，或者仅为引人注目。早在 2012 年，阳狮广告上海和广州首席执行官杨正华就撰文指出："传统广告已一去不复返，传统广告的本质正在改变。"2013 年《哈佛商业评论》第 3 期刊登《传统广告已死》专题文章，用近 30 页的篇幅分别以"广告分析 2.0 时代来临""App 如何颠覆传统广告""广告传播方式革命""创意广告不死" 4 个板块讨论当代广告的运作方式。关于传统广告存废变迁的问题早已是广告行业关注的焦点，但这并不代表所有人都认同这一论断。黄升民教授曾专门撰文："这（传统广告已死）是一种不科学的说法，是编辑为争夺眼球弄的噱头，'传统广告已死'这种说法不严谨。"

全球都在经历技术革命浪潮所带来的冲击和改变，而广告正在改变这一事实无可争议，只是改变的方向尚无定论。也许"广告将死"只是一种情感的抒发，准确与否并不重要，重要的是，传统广告之后，广告的发展方向在哪里？

（二）传统广告的原罪

中国现代广告起步于改革开放后，广告行业充满生机，广告人满怀光荣与梦想，用热情投身于自己所从事的行业。但从 20 世纪末门户网站兴起，到搜索引擎出现，再到 Web2.0，最后到今天的 Web3.0，传统广告业一步步受到冲击，直到今天不得不面对危机。人们渐渐发现，很多营销或广告已经不再把传统媒体作为原点，越来越多的营销事件或广告传播发端于网络媒体，广告和公关的界限不断模糊，广告正在让自己变得不那么像广告，原生广告再现江湖。消费者对广告更加嗤之以鼻，有了搜索引擎，人们更愿意主动寻找自己想要的信息。

传统广告的时代已去，恰恰是互联网的出现让传统广告根深蒂固的缺陷日益暴露出来。首先，传统媒体及其承载的广告被过度"神话"。互联网之前，传统广告创造了一次又一次的市场神话，"世界名牌""全国第一""驰名商标""标王"像魔咒一样让很多企业迅速成为知名品牌，并直接带来可观的经济效益。2013 年，剑南春以 158.813 亿元的价格成为央视广告标王，这是对广告的顶礼膜拜，也是对传统媒体的盲目崇拜。传统广告在这种被"神话"的盲目追逐和围绕中慢慢迷失。自话自说、自我中心、简单粗暴、飘在云端，传统广告离消费者越来越远。

究其根本，信息稀缺赋予了传统媒体神一样的地位。二次售卖是传统广告的盈利本质，媒体与广告主之间买卖着消费者的注意力，借此实现彼此的暴利。但互联网打破了这种信息垄断格局，信息不再稀缺，甚至泛滥，注意力变成了稀缺资源，企业竞相追逐，竞争更加激烈。传统媒体的辉煌一去不复返。

其次，广告以"毁灭媒体价值为生存前提。在信息价值层面上，媒体和广告在某种程度上是对立存在的。可以说，广告曝光越多，对媒体本身的损害越大"。[1]

最后，传统广告效果无法监测或效果模糊。很多广告主说："我知道我的广告费有一半是浪费的，但我不知道浪费的是哪一半。"基于互联网的云计算、大数据及实时竞价等技术可以帮助企业面对并了解每一位消费者，并通过 DMP（数据管理平台）实现保量或报价的广告购买和预算分配。

传统广告的时代已去，并不代表广告没有未来。因为无论媒体环境如何变化，创意形态和技术怎么提升，支撑广告的营销方法论和创意思维是始终是那些在传统广告年代就已经形成的传播学和营销管理的经典理论。

三、透过现象看本质

菲利普·科特勒指出："营销的核心是创造，这一点在互联网时代更加明显。与市场环境一样，营销同样在不断演进变化，这种变化是跟随着用户的脚步向互联网迁移。"

营销 4.0 也好，4E 也罢，都是"互联网 +"所带来的营销变革的各种表象，究其根本，"互联网 + 营销"是在互联网的技术驱动、社会变革驱使、产业跨界融合推动下的经典营销理论的真正践行。从本质上看，以互联网为纽带的营销变革是信息流、资金流、物流、人流的聚合，通过控制和改变信息流，互联网引导资金流、物流和人流聚合集散，最终促使生产、消费、服务和流通一体化。

（一）营销 4.0 的网络广告表征

互联网不至于将广告改变得面目全非，倒改变至深，这涉及广告行业

---

[1] 郭泽德. 传统广告将死社交广告崛起——社交媒体时代广告发展趋势及传播策略研究[J]. 编辑之友，2015(7):9-13.

的产业链条、价值链条、广告购买方式、广告的形式和内容、广告效果等。有关深层机理的改变是本书的主要内容，在后面各章节会有详细的介绍，本部分仅简单讨论基于网络平台的互联网广告呈现出不同于以往传统广告的具体特征。

1. 遍在性让广告无时不在

互联网广域无疆、无时不在的特性使得企业只要想，就能够全球化、全天候、全渠道、全触点地提供各种营销服务。互联网不受时空限制，加之移动互联网的便捷性，企业可以每周 7 天、每天 24 小时面向全球传播企业、品牌、产品或服务的各种信息，进而能够随时保证曝光度、实现网站引流、提高品牌美誉度。

2. 整合性使广告更加立体、丰满

互联网整合了几乎所有传统媒体的传播优势，网络营销既可以是文字、声音和图像，也可以是音频、视频等，互联网广告的创意和表现更加丰富；此外，互联网营销可以实现产品发布、信息传播、网络支付到售后服务的一气呵成，是一种全程化的营销体验。

3. 人性化让广告不再是硬汉

互联网赋予了消费者主权，信息传播变过去的传播者"推"为今天的用户"拉"。因此互联网上的营销传播是消费者主导的，并非强迫性的，理性的、循序渐进式的进行。网络的去中心化也使得网络营销可以实现一对一、面对面的交流。这种平等和交互的对话关系使得互联网营销表现为"以人为本"的个性化传播。

4. 信息科技为广告插上飞翔的翅膀

今天是一个信息科技加速度发展，让人为之疯狂的时代。互联网本身渗透到社会经济生活的方方面面，基于互联网、物联网、云计算和大数据的信息技术也为广告插上了飞翔的翅膀。

从创意表现来看，技术不再是创意的辅臣，大有成为创意本尊的发展趋势（图 3-6）。已经有越来越多的新科技被应用于广告营销创新上来，过去意想不到的创意表现层出不穷。诸如 LBS 技术、光感技术、人脸识别技术、语音识别技术和 AR 现实增强技术等都被加以运用。以蒙牛与百度合作的精选牧场可视化广告为例：通过云技术的应用，消费者只需用手机扫描包装上的二维码，即可随时接收一个不间断播报的"牧场探索频道"。通过展示牧场、工厂生产全过程的视频信息，使消费者身临其境般地了解手中牛奶的生产、加工和制作全过程（图 3-7）。

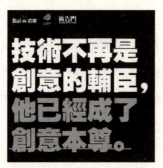

图片来源：http://wangziqiao.baijia. baidu.com/article/81506。

图 3-6　百度与广告门联手推出的"有态度"的概念海报之一

图片来源：http://wangziqiao.baijia.baidu.com/article/81506。

图 3-7　蒙牛精选牧场包装二维码广告

互联网的数据云端化使得消费者的消费行为雁过留声，利用大数据挖掘和分析技术，企业对每一位消费者了如指掌，充分实现精准的信息推送，并对其消费行为进行预测。可以说，互联网营销正是符合定制营销与直复营销的未来趋势。

（二）互联网到底"+"了什么

1. 互联网嫁接的是关系

基于互联网、物联网、移动通信等信息通信技术，人们真正实现了人与人、人与物、人与媒体的高度互联互通。尤其是社交网络的兴起，直接将"关系"推到了幕前。在人类历史上，从来没有任何一种工具或技术，把人们如此近地连接在一起，"时空"不复存在。这个连接也包括企业与消费者之间的连接。

基于这样一张大网，消费者的消费决策一改过去唯央广广告产品为知名品牌的心理暗示，拥有了更多的产品信息渠道，其购买决策也更依赖网络评论和实体体验，线上线下更加紧密结合。而企业必须积极应对消费者决策路径的变化，根据其消费观念、信息途径、网络接触习惯、购买决策的依据来源等，不断寻找能够影响、接近、感动消费者的新方式、新途径、新介质（图3-8）。

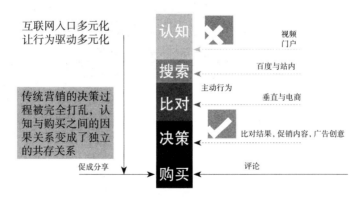

图 3-8　消费者决策路径示意

2. 互联网连接的是数据

互联网连接一切的本质是将一切非数字化的东西数字化，而这正是数字时代最重要的一个核心。数据成为互联网营销的基础，数据促使营销变重动机为重效果。因此互联网整合营销的观念是从数据整合开始到流量整合完成，以效果为评估和结算原则。

互联互通、广域无疆及连接之下的信息对称使得信息廉价甚至免费，信息对称帮助消费者消解了传统广告的自话自说、唯我独尊。

（三）消费者已觉醒

现代的消费者比过去更聪明了吗？购买力和消费需求发生了本质改变吗？并不是！在"互联网+"的平台之上，消费者处于更民主、更自我、既分散又集中的大环境当中，借助充分释放网络特征的各种网络应用的不断推陈出新，消费者的品牌信息渠道、产品的评价标准和购买方式，已完全不同于以往。

消费者已觉醒，消费者主权时代到来了。

面对消费者多元化的需求，"企业的营销模式需要不断创新，需要整合企业全员的平台，为消费者提供更多的平台和空间。高手对决再也不是出奇制胜，而是看谁不犯错误；'精耕细作、决胜终端'已经过时，'终端之外'的模式创新才是营销角逐的战场"。[1]

要实现"互联网+"的提升效果，一方面企业要提升洞悉和创造消费需求的能力，认真研究"互联网+"时代的消费群体特征和消费趋势，利用互联网、大数据、动态定位等新技术，高效整合供应链，更好地挖掘和引导消费需求；另一方面还要提升利用实体商业空间的能力，创造和培育体验时尚、吸收知识、欣赏艺术、消磨时光的新体验场所，满足人们休闲、旅游、文化、社交等更高层次的精神和情感需求。

---

[1] 程绍珊，顾国峰．营销4.0的创新模式升级［J］．销售与市场（管理版），2012（5）．

（四）营销 4.0 是营销 4C 的真正践行

在传统广告阶段，整合营销就是品牌传播的一致化，品牌广告力图在平面、户外、电视、广播等所有传统媒体之上寻求传播的千篇一律；而新整合营销，则是网络、故事、创意等所有内容的系统整合，是 4C 的落地化。基于互联网这个平台，真正做到以消费者为中心，用最适合的方式与消费者沟通，以最直接和距离最短的渠道呈现产品，并实现同步销售，既降低了成本，又提高了企业与消费者沟通的效率。

营销 4.0 就是新整合营销时代，核心就是围绕消费者、成本、便利和沟通等 4C 中的部分或全部创新，点燃营销 4.0 时代星星之火，必将以燎原之势推动企业营销模式的转变。[1] 如果说以前企业拼的是产品，拼的是广告，那么未来，企业拼的是内容。

---

[1] 程绍珊，顾国峰. 营销 4.0 的创新模式升级 [J]. 销售与市场（管理版），2012（5）.

第四节 如何解构"互联网+"营销

本书所提及的"互联网+"营销，是以互联网、移动互联网等信息技术为依托所进行的包括市场调研、选择目标市场、产品开发、产品促销等一系列与市场有关的企业业务经营活动，也包括互联网对市场营销活动所带来的影响和改变。

广告是市场营销战略的外在表现形式之一，通过广告传播，企业的产品定位、目标市场诉求、品牌价值等得以表达。互联网的新游戏规则对整个市场行业的影响是明显的。可以说营销变革催生着广告的变革，而广告行业的变化也从另一个角度彰显着"互联网+"与市场营销的动荡，因此从广告行业变迁的视角审视"互联网+"与市场营销也许不失为一个巧妙的方法。

一、传播学 5W 模式

美国著名传播学者、政治家哈罗德·拉斯韦尔认为传播活动包括 5 个要素，并于 1948 年提出了传播 5W 模式，比较完整、科学地分解了传播活动的过程和内部结构。他认为一次完整的传播活动应该包括：谁（Who），说了什么（Say What），通过什么渠道（In Which Channel），对谁（To Whom），产生什么效果（With What Effects），分别对应着一个完整的传播活动中的传播者、传播内容、传播媒介、受众和传播效果（图4-1）。

图 4-1　拉斯韦尔传播 5W 模式

二、基于 5W 模式的广告解构

广告的本质即传播。如果把传播学的"5W"模式分别与广告传播和营销沟通相对应进行解析，就是广告主、广告创意 / 内容、媒介、消费者、广告营销效果。在"互联网 +"时代，传播模式的颠覆必定会波及营销领域，这里的"5W"都将被颠覆。而对于广告行业而言，大广告、行业重组、广告专业运营能力、媒介融合、消费模式变化等方面的问题都将融入"互联网 +"的思维进行重构。

（一）谁？——广告主和广告公司

广告传播的主体"谁"既包括"个人"也包括"传播组织或机构"，这是广告传播的第一要素。面对互联网环境的复杂多变、思维模式的变迁、商业模式的日新月异，广告主和广告公司都在面临着互联网对整个传统价值链的"肌理性渗透"。"互联网 +"呼啸而来，让在这些领域里占据一席之地的人看到再一次跳跃的机会，同时也面临着无所适从和充满不确定的挑战。

本书中，"互联网 +"广告的"谁"对应本书第五节"大广告，行业重组"的内容。在本部分，作者将就中国广告行业重组、业务调整及生产要素调整进行对应分析。

（二）说什么？——广告内容

广告传播的客体是"说什么"，即"讯息"（或"信息"）。这是广告传播的第二要素，也是最重要的要素之一。只有"诉求"对位，才能准确实现营销沟通。

在信息平权的互联网时代，信息不再缺乏，面对突如其来、无所不在的广告信息，如何能够抓住消费者的眼球，实现流量变现，成为广告公司共同思考的问题。媒介即信息，媒介也已经成为内容的一部分。

本书中，"互联网+"广告的"说什么"对应第六节"新内容，爱上广告"的部分，重点讨论广告营销内容的变化及原生广告重现江湖。

（三）通过什么渠道？——传播媒介

传播媒介是信息的传播载体，媒介特性决定了内容的呈现方式。如果说广告内容解决了"说什么"的问题，面对互联网及由互联网技术生发出的各种新兴信息载体，"怎么说"成为同样重要甚至比"说什么"还重要的问题。因为在互联网时代，媒介不再是自话自说，更不是以一对多，而是建立在网络链接基础之上的人际互动、社交网络和价值创造。

"传播媒介"对应第七节"泛媒介，流量当道"的内容，重点讨论传统媒体与新媒体的碰撞与激荡。

（四）对谁？——消费者

"对谁"在广告传播中即广告信息的接受者。在广告传播中，受众不仅是信息接受者，还是具有消费主权的商品使用者、体验者、评价者和创造者。在"完全以消费者为中心"的互联网商业环境中，消费者得到有史以来最高度和全面的重视。而消费者因为网络平台的自主、自由、开放和共享，可以进行产品和服务使用的体验评价，借此通过口碑传播而加入到营销大军中。

在本书中，第八节"小粉丝，全民营销"将对互联网环境下的消费者进行白描，并对消费者身份地位变迁所带来的营销变化进行讨论。

（五）取得什么效果？——广告效果

"反馈"是传播活动的效果体现，信息接收者接收信息后对传播者做出反应的过程即是一次反馈。在以数据为"金钥匙"的互联网时代，广告效果评估不再是单向传播还是双向互动的简单讨论，广告效果是基于大数据之上的泛消费者研究，包括基于消费者消费习惯、行为、目标、计划等数据的综合评价和考量。"明天我要买什么？"消费者还在思索，商家也许早已预测到。

"传播效果"对应本书第九节"大数据，精准效果"的内容，从大数据的角度讨论营销效果的无限可能。

现状篇

"互联网+"时代，营销生态被重构：广告市场重新洗牌，媒体江山重新布局，原生广告异军突起，顾客主导市场法则，大数据营销拒绝资源浪费。在"互联网+"的刺激之下，新业务、新模式、新公司、新服务不断刷新着营销历史，同时又进一步加速"互联网+营销"的发展，营销无处不在，革新正在进行。

第五节 大广告，行业重组

互联网的新游戏规则对整个市场行业的影响是明显的，营销方式的变化正在催生着行业变革。

一、中国广告产业格局的现状如何

（一）程序化交易广告逐渐成为互联网广告的主要形式

互联网广告根据呈现方式和技术实现的不同可以分为品牌图文广告、搜索广告、视频广告和程序化交易广告等不同形式。互联网早期，品牌图文广告占据互联网广告市场的最大份额。在搜索引擎成为接入互联网的主要端口后，搜索广告开始占据最大份额。近年来，随着电子商务和网络视频的发展壮大，电商广告和视频广告的市场份额迅速提高，已经备受广告主认可。2013年程序化交易广告规模仅为59.6亿元，随着其高增长率的发展态势，现在已经成为主流互联网广告形式。

2014年，根据艾瑞咨询集团发布的网络广告市场数据，在新的划分口径下，中国网络广告市场中关键字搜索广告（不含联盟）占比最大，为28.5%，较2013年上升2%；电商广告份额排名第二占比为26.0%，较去年小幅下降;品牌图形广告份额位居第三,在互联网广告中的份额由 2008 年的 47.4% 下降到 2014 年的 21.2%。

从增长速度来看,门户及社交媒体中的效果广告增长迅速,表现突出,腾讯广点通及新浪微博广告是其中最主要的增长力量。这在一定程度上反映出互联网企业在依靠数据分析和技术驱动,达成更加智能的广告匹配及更加高效的广告资源配置,实现广告营收进一步提高。

除此之外,视频贴片广告受中国网络视频发展的影响继续保持高速增长。2014 年视频贴片广告增长受益于巴西"世界杯"及《我是歌手》《爸爸去哪儿》《中国好声音》等热门综艺节目内容的丰富。此外,大品牌广告主对网络视频青睐,广告预算向网络视频倾斜也成为视频贴片广告持续增长的动力。

(二)互联网广告行业集中度较高

互联网广告市场集中度较高,优质媒介聚集了大部分的互联网流量。2013 年,中国互联网广告前 10 名的公司共占互联网广告市场 73.8% 的份额。美国 IAB 数据显示,同年美国前 10 名的公司占全美 71% 的互联网广告份额。

根据艾瑞咨询集团对企业广告营收的统计数据,2014 年,百度广告营收以逾 490 亿元的成绩高居首位,同比增长 53.5%。淘宝广告以超过 375 亿元的营收次之。二者总计占整体网络广告市场营收的 56.2%,是中国网络广告市场的两大寡头。

在企业营收增速方面,爱奇艺 PPS、奇虎 360 与腾讯表现突出。首先,2014 年爱奇艺 PPS 加大优质内容独播版权的投入,继续发力包括大型综艺节目、自制剧、自制栏目等多项自制内容,在移动端商业化的成果颇丰,通过广告溢价使营收明显增长。其次,奇虎 360 在搜索方面通过不断建设提高了流量份额,不断开拓广告主与渠道商资源,商业化进程持续推进。搜索业务成为奇虎 360 的广告业务核心推动力。最后,腾讯广点通依托自身的强大社交系统，通过广告产品竞价机制和用户数据挖掘实现资源有效配置，增加广告营收。2015 年微信广告资源的开放及广点通移动广告联盟的发展，推动了腾讯广告营收进一步提高（图 5-1）。

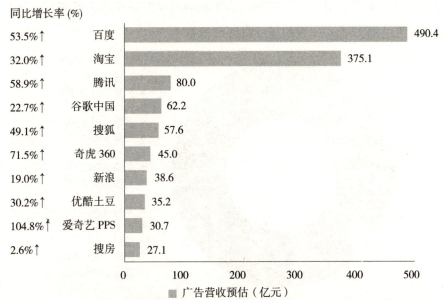

同比增长率 (%)

53.5%↑	百度	490.4
32.0%↑	淘宝	375.1
58.9%↑	腾讯	80.0
22.7%↑	谷歌中国	62.2
49.1%↑	搜狐	57.6
71.5%↑	奇虎 360	45.0
19.0%↑	新浪	38.6
30.2%↑	优酷土豆	35.2
104.8%↑	爱奇艺 PPS	30.7
2.6%↑	搜房	27.1

■ 广告营收预估（亿元）

注释：1. 各上市企业广告营收统计标准以其财务报表中公布的广告营收数字为准，不考虑因税收和返点引起的统计口径差异；2. 搜狐广告营收包括门户和搜狗的广告营收；搜房网广告营收包括营销服务收入与分类信息服务收入；3. 淘宝广告营收由财报及其他公开信息结合艾瑞咨询集团推算模型估算，淘宝广告营收为中国商业零售业务中的核心收入来源，其广告营收不包含佣金收入及其他店铺费用。
数据来源：根据企业公开财报、行业访谈、iAdTracker 监测数据及艾瑞统计预测模型估算，仅供参考。
图片来源：艾瑞咨询网，http://report.iresearch.cn/html/20150201/245911.shtml，2015 年 2 月 1 日。

图 5-1 2014 年中国网络广告市场规模预估 top10

（三）国内主流互联网广告企业竞争加剧

1. BAT 占据 50% 以上市场份额

2014 年中国互联网广告运营商中，百度继续保持领先，阿里巴巴、腾讯紧随其后。百度品牌不断实现技术创新，加之广告主对关键词搜索广告的认可度稳定，使得百度具有较强的竞争优势；占市场份额第二位的是阿里巴巴，随着阿里巴巴 RTB 广告全面布局和广告主对 RTB 广告形式的逐渐认可，阿里巴巴在互联网广告市场更具竞争优势；腾讯除了在品牌广告方面实现较大突破外，在持续对广点通系统进行优化后，社会化营销收入快速增长，尤其是由微信带动的效果广告将成为腾讯未来新的增长点。虽然谷歌不断调整其在中国互联网广告市场的战略并进军移动市场，但其市场份额仍在逐渐缩小，现阶段或将持续萎缩（图5-2）。

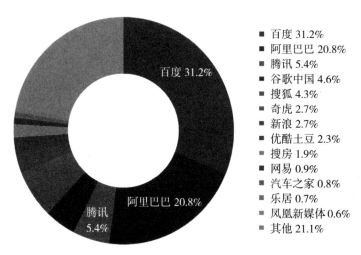

- 百度 31.2%
- 阿里巴巴 20.8%
- 腾讯 5.4%
- 谷歌中国 4.6%
- 搜狐 4.3%
- 奇虎 2.7%
- 新浪 2.7%
- 优酷土豆 2.3%
- 搜房 1.9%
- 网易 0.9%
- 汽车之家 0.8%
- 乐居 0.7%
- 凤凰新媒体 0.6%
- 其他 21.1%

图片来源：艾瑞咨询网，http://report.iresearch.cn/html/20150201/245911. shtml，2015 年 2 月 1 日。

图 5-2　2012—2018 年中国不同形式网络广告市场份额及预测

2. 国内主流互联网广告企业

根据 EnfoDesk 易观智库实力矩阵模型，可通过厂商执行和运营能力、厂商业务创新能力对互联网广告企业进行市场地位的划分和描述（图5-3）。

Enfodesk 易观智库研究认为，从产业发展周期看，中国互联网广告市场目前处于稳定发展阶段，在这一阶段可选取广告市场份额来描述企业市场执行能力；中国互联网广告市场 KSF（关键成功因素法）中，能够推动产业发展的运营商潜力主要以技术、运营能力和未来的变现能力衡量。[1]

---

［1］易观分析 .2014 年中国互联网广告市场实力矩阵分析》［EB/OL］.（2015-01-05）［2015-10-04］.http://www.analysys.cn/yjgd/6325.shtml.

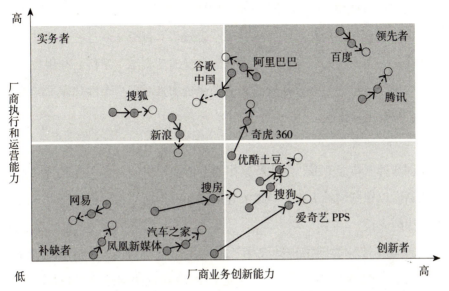

数据来源：易观智库。

图 5-3　2014 年中国互联网广告市场实力矩阵

（1）领先者

根据 Enfodesk 易观智库的中国互联网广告市场实力矩阵模型，我们可以看出创新能力高且仍具有创新驱动力的领头公司有百度和腾讯，而厂商执行和运营能力高且仍具有继续走高趋势的领头公司有阿里巴巴和腾讯。就 BAT 来说，腾讯的增长力是最强劲的。在领先者阵营中，谷歌因创新能力下降而退出，而奇虎 360 因运营能力增强而进入。

2014 年，百度通过直达号服务，强化了搜索入口，构建了从搜索到交易的闭环，搜索引擎服务商自此从营销收入向服务收费转化。阿里巴巴一方面通过加强在 TANX（Taobao Ad Netword & Exchange，是一淘旗下互联网广告的营销平台）平台的 PC 和移动布局，进一步完善其在站外广告的投放资源补充；另一方面，通过与微博、UC 浏览器的合作，丰富了流量渠道，扩充了广告资源库，满足更多广告主的不同广告形式投放需求。腾讯一方面在腾讯新闻客户端、腾讯视频等品牌投放渠道获得了明显的增长；另一方面通过打通移动端 QQ、QQ 空间、微信等拥有庞大用户流量的社交应用群组，使广告主与用户联动，提升了广告效果。奇虎 360 进一步加强完善其在搜索引擎方面的服务，一方面基于自身的"安全"定位，利用技术手段过滤垃圾信息，另一方面基于客户端优势加强对用户个性化需求的推荐引擎，提升用户体验。

（2）创新者

创新者创新能力强，但执行运作能力稍差。2014 年中国互联网广告市场创新者以视频网站为主，且发展速度快，在创新能力和执行能力方面都有较快的成长。

2013 年被称为网络视频元年，2014 年网络视频的点击量迅猛增长，随之发展的就是网络视频广告，这也是 2014 年视频网站广告崛起的主要动力。2014 年，优酷土豆一是建立了自己的广告交易平台，开放长尾流量，提升了广告利用率；二是通过节目定制、内容植入等实现基于内容传播的品牌曝光，弥补了贴片广告的库存局限性；三是与电商深度融合，在品牌曝光的基础上，进一步深化营销价值。爱奇艺 PPS 进行内容创新，通过版权和自制内容协作，深度挖掘营销价值；在应用方面，推出 PC 与移动端同步记录的功能，优化了用户的体验；在终端方面，布局互联网电视，为其多屏营销服务铺路。

（3）务实者

务实者执行能力强，但是创新能力弱。根据 Enfodesk 易观智库的中国互联网广告市场实力矩阵模型，我们可以看出，谷歌、新浪、搜狐这样的老牌互联网门户网站凭着多年的运营经验，以及成熟固定的商业模式，成为市场上的务实者。

新浪在媒体运营等方面具有绝对的优势，但门户业务已经进入成熟期，因而增长缓慢；微博的盈利水平有显著提升，但是随着微信的冲击而增速放缓。搜狐通过大力发展视频业务，在英美剧、自制剧及热播综艺节目方面有较多投资，为搜狐视频带来了超高的人气和流量；搜狗通过搜狗输入法和搜搜引擎，拥有良好的客户基础及资源优势，在向移动端拓展方面也非常顺利，随着腾讯战略入股搜狗，搜狗结合腾讯在入口和流量上的优势应该会有更快的发展。

（4）补缺者

补缺者的创新能力和执行能力相对较弱，虽然流量小，但却是互联网中不可或缺的组成部分，多为垂直网站如搜房网、汽车之家等。这些网站的定位本身就不需要太强的执行能力和创新能力，他们通过在垂直领域深耕细作，在未来或有很强的增长潜力。

搜房网通过房产市场切入中国互联网广告领域，繁荣的房产市场为其提供了更为广阔的发展前景，但是目前，中国房地产市场的互联网化进程相对较慢。汽车之家主要为汽车消费人群提供专业的资讯内容，依靠用户和流量为汽车厂商及经销商提供在线营销服务。未来在移动端置入内容和广告的精准营销系统将会具有较大的发展潜力。

（四）"互联网 +"时代的广告行业市场五力分析

1. 供应商的议价能力增强

广告行业的供应商主要是媒介资源。媒介资源具有稀缺性、排他性、不可替代性的特点。对于广告公司来说，媒介资源在广告产品总成本中占据了较大份额，对广告公司的产品定位非常重要，媒介的优劣严重影响广告执行的效果。

其一，媒介资源因稀缺而具有稳固的市场地位，每一个广告主都不可能成为媒介的唯一重要客户。其二，媒介具有不可替代性，不同的媒介有不同的受众覆盖和传播效果，所以广告主因转换成本太高而很难找到可与媒介产品相竞争的替代品。其三，媒介具有排他性，其广告资源一旦被广告主购买后，其他广告主就不能再使用相同的资源，这也使得媒介的议价能力大幅提升。其四，媒介自身具有垄断性，媒介很容易实现前向联合或一体化，而广告主难以进行前向联合或一体化。

2. 购买者的议价能力更弱

广告行业的购买者主要是广告主。对媒介有需求的广告主很多，而单个广告主的购买数量占卖方销售的很小一部分；卖方是少数且规模较大的企业，资源具有稀缺性，且容易实现垄断；其销售的不是标准化产品而是定制化的产品，不能同时卖给多个买主以降低成本，所以一个广告作品单价很高；广告主难以实现前向一体化。

3. 新进入者的威胁很大

对现今广告行业来说，新进入者主要是互联网广告和移动互联网广告。新进入者进入领域的障碍大小和现有企业对于进入者的反应两个因素影响。互联网广告对于传统广告的替代效应主要源于互联网媒介对于传统媒介的替代。广告行业的进入壁垒主要是媒介资源的垄断，但是互联网广告的诞生源于新媒介的产生，所以其进入障碍非常小。现有企业对于新进入者的反应呈现融合发展的趋势，传统广告公司纷纷增添新的业务部门，以合并来减少竞争。

互联网广告的发展对传统广告市场的影响是依据不同的媒介而定的：出版业受影响最大，广告刊例价格降低，市场减少；影视业虽然增速下降明显，但仍占据最大的市场份额；广播业在新环境下反而市场份额稍有提升。

4. 替代品的威胁小

对于传统广告来说，其威胁主要来自互联网广告和移动互联网广告。近几年以来，在移动网络技术提升和智能终端普及的背景下，伴随着手机和 PC 平台的融合，移动互联网广告正飞速地占领广告市场。竞争力强的替代品价格低、质量好、用户转换成本低。互联网广告尤其是移动互联网广告相对于传统广告来说，价格更低、投放更加精准、转换成本低，具有很强的竞争力。不过，对广告行业来说，移动互联网广告并不是一个单纯的替代品，在某种程度上也可以把它作为互联网广告的一个发展方向。只要各企业能够准确判断广告行业的发展趋势，并积极投身于新产品和服务的开发，这个威胁不是很大。

5. 整体竞争程度稳定

对于广告行业来说，市场竞争并不算特别强烈。整体广告市场呈现垄断竞争的格局，虽然进入障碍较低，参与竞争者范围广，但仍存在明显的寡头；传统广告市场基本成熟，产品需求增速低，但是新媒体市场处于高速发展期，未来市场空间巨大；广告商提供的产品或服务差异很大，广告主转换成本低；一个成功的营销战略往往能够实现相当可观的收入。

（五）互联网广告产业链更加完善

互联网广告产业链由广告主、代理公司和互联网媒体三个部分构成。

艾瑞咨询数据调查发现，互联网广告产业链的完善是 2013 年互联网广告市场规模增长的一大动因，Ad Exchange（互联网广告交易平台）、DSP、DMP 等全新平台在大数据引领的技术革新背景下成为互联网广告的重要环节，这使得广告投放更加智能、管理更加专业，同时也给互联网广告市场带来更多的收益。这是互联网广告的变革趋势。

1. 广告主：互联网广告预算大幅增加，更关注搜索和视频广告

互联网广告市场愈发成熟，受益于用户对互联网媒体的依赖加深，广告主对互联网广告营销的效果愈发认同，投入到互联网广告方面的预算也在大幅增加。据胜三咨询 2013 年对国内 300 位大广告主调研的结果显示，2014 年 83% 的广告主会增加互联网广告预算，整体增幅约 29%，其中 26% 的广告主预算增幅在 30% 以上。在投放效果方面，广告主对搜索和视频广告最为满意，满意度达 52%，视频广告满意度提升明显。[1]

2. 代理商：业务空间大，竞争激烈

2013 年中国广告代理公司数量达到 196460 家，同比增长 10%，其中跨国代理商（隶属于国际 4A 广告公司）250 家仅占 0.13%，本土代理商

---

[1] 中信证券. 传媒行业深度报告：未来五年市场规模或超万亿［EB/OL］.（2014-10-04）［2015-10-05］.http://www.investide.cn/news/108478.html.

196210 家占 99.87%。代理公司总收入约 372.92 亿元，同比增长 12.57%，其中跨国代理商收入 185.79 亿元，占比 49.82%，本土代理商收入 187.13 亿元，占比 50.19%。整体上看，本土代理商离国际 4A 公司还有较大差距。[1]

根据胜三咨询的数据，2013 年代理公司的互联网业务占比仅 18.6%（大约 69.34 亿元），不仅低于互联网广告 20.8% 的市场份额，也远低于美国同类数据。2009 年美国广告代理商收入中，来自互联网业务的收入占比 25.8%，2012 年已达 32.5%（同期互联网广告市场份额在 25% 左右）。随着互联网广告在广告支出中的占比持续扩大，代理商的相关业务量至少应能够超过该占比水平。

3. 互联网媒介：加入行业竞争格局

"互联网 +"时代，互联网平台已经不仅是传统广告行业的合作者（如网络媒体服务商，数据处理分析公司等），依托更加专业和完善的数据优势，企业对广告公司的议价能力大大提升。如今，数据在互联网营销中已经起到非常核心的作用，互联网媒介专业的数据处理能力使他们成为广告公司新的竞争对手。

以移动互联网相关技术为主体的传播公司能够依托移动互联平台和技术优势，在广告市场中迅速崛起。互联网技术的引入可以不断地丰富广告形式，极大地提高了广告的点击率、回应度、互动性、趣味性和转发分享性，通过增加与用户之间的互动方式来提高黏性，为广告主提供更高效的数字营销服务。

二、广告行业业务有哪些新的变化

（一）互联网广告形式变革

从第一批互联网门户诞生到现在，互联网广告的形式发展从图文展

---

［1］中信证券.传媒行业深度报告：未来五年市场规模或超万亿［EB/OL］.（2014-10-04）［2015-10-05］.http://www.investide.cn/news/108478.html.

示、视频贴片到搜索再到基于大数据的程序化交易。依托技术的进步和商业模式的创新，共有以下三次变革：

第一，传统媒体的互联网化，出现了一大批互联网门户、视频和专业类垂直网站，按照CPD/CPM方式主要对展示广告进行售卖；

第二，搜索广告和网络广告联盟，以CPC方式按效果付费，精确契合用户需求，充分聚合长尾流量，依靠中小企业（SME）的自投放搜索广告的市场份额超过展示广告；

第三，依托大数据对展示广告的程序化交易可实现自动、实时、精准定向的效果，通过程序化交易的高速增长，未来展示广告的市场份额又将超越搜索广告。

1. 第一次变革：以品牌客户和展示广告为核心的传统媒介互联网化

20世纪90年代起，随着互联网媒介的飞速发展，传统媒介也开始向互联网发展，传统媒介的互联网化就是第一次互联网广告变革。广告的内容和商业模式没有本质的变革，仍然与传统的纸媒、广播媒体和电视媒体投放一样，以品牌或产品的展示为主，只是传播介质由互联网替代了报纸、广播和电视。随着互联网用户的爆发性增长，互联网广告受众数量已经超过传统媒介，其效果价格比已经超越纸媒，并与电视媒体持平。

2. 第二次变革：随着互联网而生的搜索广告、广告网络

（1）搜索广告

搜索引擎是人们搜集、获取信息的主要入口。互联网用户在百度、淘宝进行的搜索带有某种明确的商业意图，即希望购买某一产品，寻找提供某一服务的提供商，或希望了解该产品服务的相关信息。与此同时，提供这些产品服务的企业也在寻找潜在客户。搜索广告通过搜索推广的关键词定位技术，可以将高价值的企业推广信息精准地展现给有商业意图的搜索者，同时满足网民和企业的双向需求。

与传统的展示广告相比，搜索广告具备以下优势：①目标精准，针对性强，直接为广告主带来客户。在搜索时网民的需求已经通过关键词

表现出来，而搜索引擎将根据网民的需求给出高度相关的推广结果，最大可能地为企业创造商业价值。②按效果付费，只有真实点击才会付费，新客户获取成本低，特别适合中小企业客户。③投放效果可监测。真正发掘互联网的双向互动特点，实时统计投放效果（如点击率、转化率），拨开现象看本质，客观呈现推广效果，可以及时分析优化要点，优化推广效果。④广告预算灵活掌控，广告库存现货购买。广告采买、效果监控全流程通过在线完成，广告主可根据投放效果随时改变广告预算或投放策略，广告位随需随买，节省了前期商务谈判、合同签订、广告排期等人工参与，改变了传统的广告位期货的售卖方式，全部交由后台自动实时完成。[1]

（2）广告网络

90%以上的网站在互联网流量中占比非常小，而这些长尾流量聚合后却能够占据互联网整体流量的15%~25%。面对巨额的商业广告费用，小网站无力单独承受，但聚合起来就可以产生巨大的商业价值。为此，Google（谷歌）发明了新的商业模式：广告网络Google Adsense，目前国内的两大核心广告网络是百度联盟和淘宝联盟。

广告网络利用定向技术较大程度满足了广告精准投放的需求，同时系统化进行媒介采购，解决了最初广告资源买卖双方沟通不流畅和效率低下等问题。通过人群定向、主题词定向等精确定位方式，分析互联网用户行为及合作网站页面内容，将最具竞争力的推广内容投放到合作网站相应的页面，为推广客户和网站主带来推广内容投放效益的最大化。通过网站用户点击该推广内容产生收入，网站主就可以从广告网络获得相应的分成。一般来说，合作网站的初始分成比例大约是50%，之后会根据内容质量、

---

[1]雪球.传媒行业深度报告：迎接第三次互联网广告变革，大数据造就新机遇［EB/OL］.（2014-09-29）［2015-10-05］.http://xueqiu.com/8107212038/31893654.

流量、位置、合作时长等众多因素提高分成比例。[1]

广告网络只能交由具备强大搜索技术的公司建立并维护，如谷歌、百度、淘宝等，这是因为广告网络需要精准的分析和投放技术，需要根据合作网站的内容、人群属性匹配相应的推广内容，而一般的互联网媒介公司无法胜任。

3. 第三次变革：程序化交易平台建立，实时竞价提供良好效果

程序化交易的开端始于 2005 年国外的 Right Media 建立的第一个优质数字媒体广告交易平台。2007 年，随着雅虎收购 Right Media、微软收购 Ad ECN、谷歌收购 Double Click，程序化交易进入高速发展期。

国内程序化交易平台的发展始于 2012 年 4 月谷歌的 Double Click 正式进入中国，随后百度、阿里巴巴、腾讯、盛大、新浪等广告交易平台陆续面世。

当用户浏览某媒体资源时，该媒体将用户信息和广告位信息传送给广告交易平台，广告主根据该信息映射比对自己的大数据资源，通过用户画像、判断价值、决定出价等程序化方式进行购买，如遇多位买家可通过实时竞价方式决定归属。购买完成后，买家的广告内容即出现在该媒体广告位。以上所有步骤在 0.1 秒内完成，用户感觉不到差异。[2]

随着 RTB 营销效果被认可，一方面，企业将更多的广告预算投向 RTB 市场，使得 RTB 市场得到了发展的基础从而实现良性循环。另一方面，企业对 RTB 营销资源的需求也随之增加，带来广告库存的供应的增加，这使得网站将更多的优质广告资源提供给 RTB，因此 RTB 能够产生更好的营销效果。从而构建了良好的循环机制，并推动了 RTB 市场的发展。

[1]雪球.传媒行业深度报告：迎接第三次互联网广告变革，大数据造就新机遇[EB/OL].（2014-09-29）[2015-10-05].http://xueqiu.com/8107212038/31893654.

[2]雪球.传媒行业深度报告：迎接第三次互联网广告变革，大数据造就新机遇[EB/OL].（2014-09-29）[2015-10-05].http://xueqiu.com/8107212038/31893654.

（二）实现一对一沟通的理想化广告传播效果

传统广告的广告制作环节多、周期长、程序复杂，而互联网广告只要通过一次广告投放就能覆盖传统广告营销的全流程：展示广告引起消费者关注，持续跟踪以激发消费意愿，再实现消费者购买，甚至包括后期的品牌维护、接收消费者的反馈并完善售后服务，实现广告的二次传播。

在互联网平台中，广告主能实时接收到消费者对于其品牌和产品的需求、评价与反馈，这正是广告主渴望了解的信息，并有助于完善和发展其自身。这种针对需求进行的一对一营销沟通不仅拉近了广告主与消费者的距离，也最大程度上保护消费者不受无效信息骚扰，增加其接受度和好感度。

（三）程序化交易产业链的形成

1. 程序化交易产业链

程序化交易是互联网展示广告的未来，依托大数据和自动化，使得广告主和目标受众匹配的效率和效果得到双效提升。与传统的网络广告交易模式不同，程序化交易产业链主要依托以下四个平台：ADX（广告交易平台）、DSP（需求方平台）、SSP（供应端平台）和DMP（数据管理平台）（图5-4）。

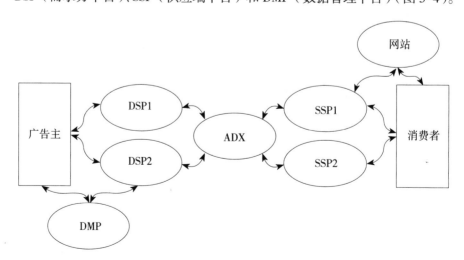

图 5-4　程序化交易示意图

（1）互联网营销 Ad Exchange（广告交易平台）

Ad Exchange 是互联网营销交易平台，类似于证券市场，Ad Exchange 联系的是营销交易的买方和卖方，也就是广告主方和营销位拥有方。

对广告主而言，平台的作用在于收集处理属于营销目标客户的数据，自定义定向、预算和出价，在恰当的时机买入符合需求的营销资源。

对营销位拥有方而言，平台的作用主要包括以下几个方面。第一，营销位管理。主要包括系统化的管理海量营销位，支持固定、弹窗、背投等多种营销位类型，提供无阻代码，在加载营销时不会影响页面其余部分的渲染，保障营销页面展现的稳定性和速度。第二，营销位投放。便捷的创建、管理营销订单和投放计划，并及时跟踪投放效果。支持 HTML（超级文本标记语言）、图片、Flash 等多种类型的营销创意。借助灵活的投放控制能力，能够以符合自己和营销客户期望的方式投放营销。第三，精准定向。能够提供地域、日期、时段、浏览器等多种定位选项，更精确地控制受众覆盖面。第四，收益优化。标准营销尺寸位，从展现量、独立访客、点击量、点击率、收入、时间段等多种维度监控营销投放效果。

（2）互联网营销 DSP（需求方平台）

DSP（Demand-Side Platform）概念起源于网络营销发达的欧美，是伴随着互联网和营销业的飞速发展而兴起的网络展示营销领域。它与 Ad Exchange 和 RTB 一起迅速崛起于美国，在全球快速发展，2011 年已经覆盖到了欧美、亚太及澳大利亚。在世界网络展示营销领域，DSP 方兴未艾。DSP 传入中国后，迅速掀起一股热潮，成为推动中国网络展示营销 RTB 市场快速发展的动力之一。

DSP 专门为广告主提供购买程序和竞价技术，需求方平台允许广告主在平台上设置广告的投放地域、目标受众、广告出价等，从而通过竞价的方式帮助广告主找到更合适的受众人群。

（3）互联网营销 SSP（供应方平台）

SSP（Sell-Side Platform）与 DSP、Ad Exchange 和 RTB 一起迅速崛起

于欧美，属于新兴的网络展示营销领域。供应方平台专门做流量聚合，通过人群定向技术，智能的管理媒体广告位库存、优化广告的投放，助力网络媒体实现其广告资源优化，提高其广告资源价值，达到帮助媒体提高收益的目的。

国外的 SSP 代表公司有 Admeld（已被谷歌收购）、AppNexus、Pubmatic、RightMedia、RubiconProject 等。国内的代表公司有 Avazu（艾维邑动）、Mediav、TaobaoTanx 等。

（4）互联网营销 DMP（数据管理平台）

DMP（Data-ManagementPlatform）将分散的第一、第二和第三方数据进行整合纳入统一的技术平台，并对这些数据进行标准化和细分，让用户可以把这些细分结果推向现有的互动营销环境。该平台主要具有以下三种功能：

第一，数据整合及标准化能力：采用统一化的方式，将各方数据汇总、整合。

第二，数据细分管理能力：创建出独一无二有意义的客户细分方法，进行有效营销活动；

第三，功能健全的数据标签：提供极具灵活性的数据标签，便于营销活动的使用。

2. 推动程序化交易发展的几个关键因素

第一，程序化。广告的自动化交易可以实现即时的自动对接，不仅节省人力物力，而且效率高。

第二，网络平台的认可。由于用户在不同的网站和应用之间切换的时间很快，所以网站进行数字营销的机会可以说是转瞬即逝。网站整合广告库存通过 RTB 拍卖从而将这些易逝的机会成功变现。这样不但通过竞价获得更高的收入，而且解决了广告库存堆积的问题。如此，可供程序化交易的广告流动性也越来越好，库存越来越丰富。

第三，广告资源库存的丰富。一方面，在互联网普及的基础上，网络使用率的提高和对互联网使用黏性的增加为广告市场提供了大量的需求。另一方面，网站和移动应用数量快速增长为广告资源供给提供了大量的平台。在需求和平台方的合力发展下，互联网广告的资源库存近几年来一直保持不断地增长。

第四，精准营销。RTB广告市场拥有海量的广告资源，广告主可以根据自己的需求精准地对目标资源分别竞价，通过广告需求—资源—目标的无缝对接，达到理想的营销效果。

第五，生态系统良性循环。互联网广告库存的供应随着需求的增加而增加，更多优质广告资源随着供需良性互动的加入带动营销效果进一步提升。而营销效果的提升，再反向促进需求的继续增加，进而又鼓励网站将更多的广告资源提供给RTB。这样，就形成了良好的循环发展，也因此成为推动RTB市场发展的强劲动力。企业越来越多的广告预算投向RTB市场，为RTB市场提供了良性循环发展的环境。

质量与流量在程序化交易广告市场中同样重要，这对于吸引广告主和优质的广告资源及构建良好的生态系统来说都是非常重要的，因此从未来的发展趋势来说，程序化交易将会逐步地替代广告网络。

3. 程序化交易的未来

2013年美国程序化交易广告市场规模达到31.365亿美元，占展示广告总体的比例为18.63%，预计到2017年将能达到144.049亿美元的规模，占比41.34%，年复合增长率达到48.5%。中国的程序化交易广告市场始于2012年，虽然发展速度快，但是目前远低于世界主要国家的发展水平，2013年中国通过程序化交易的广告占全部展示广告的比例仅为1.51%，预计2017年该比例将达到10.52%，市场规模将会达到783.7亿美元，年复合增长率达到106.6%。与美国相比，国内市场整体规模仍然较小，发展滞后。[1]

---

[1] 中信证券.传媒行业深度报告：未来五年市场规模或超万亿［EB/OL］.（2014-10-04）［2015-10-05］.http://www.investide.cn/news/108478.html.

"互联网+"时代，媒体资源的渗透融合已经是大势所趋，具有先天优势的程序化购买将成为媒体融合的重要推动力。在中国，程序化购买也更多地将触角延伸到传统媒体。目前，悠易互通已经实现了PC、移动、社交、视频、互联网电视的跨屏程序化购买。未来的"程序化购买+"，将对接更多的媒体资源，连接平面、LED、户外、电影银幕和汽车等媒介，运用领先的技术，通过大数据将线上和线下的所有媒介资源打通，将多方数据形成闭环，使资源更全面地加以整合。

（四）移动应用广告平台功能细分化，竞争有序化

广告平台逐渐分化，竞争更加有序。2014年，随着部分移动广告平台的淡出或转型，移动广告平台的功能将逐渐分化，各自的业务领域也将更为专注。这一方面源于移动广告行业是一个垄断竞争市场，其产品和服务的细分类别繁多；另一方面，广告主的需求并不唯一，这也促使各类移动广告服务提供商可以在各自擅长的领域提供差异化的移动广告产品与服务。在这种背景下，随着行业发展的深入，广告主和开发者（移动媒体）获得服务的选择余地更大，移动广告平台也能通过差异化服务的提供获得较好的营收回报。功能的分化也催生新的职能形态，如移动广告交易平台、移动需求方平台、移动供应方平台等，促使这个行业向成熟发展。

2014年是移动应用广告平台总体规模高速增长的一年，在这一年，整体的移动广告市场开始逐步走向成熟，竞争更为有序化。一方面，行业广告主需求旺盛，品牌广告主预算增加，尤其是在移动端的投入加大；另一方面，媒体环境更加成熟，视频广告、原生广告等更加丰富的广告形式为广告主和媒体提供了更广阔的广告空间。2014年移动端也开始了对程序化购买的探索，并相继有一系列企业开始转向程序化购买（图5-5）。

注释：中国移动应用广告平台的市场规模是按照企业为主体进行核算，因此其中包括各广告平台类企业的媒体直采、Ad network 及程序化购买业务的总体收入，仅包含移动应用广告收入。
资料来源：根据企业公开财报、行业访谈及艾瑞统计预测模型估算。
图片来源：艾瑞咨询，http://report.iresearch.cn/html/20150407/248417.shtml，2015 年 4 月 7 日。

图 5-5　2012—2018 年中国移动应用平台市场规模

（五）广告公司业务转型

1. 公司业务范围出现了转型和改变

移动互联网的巨浪冲击使市场变化和竞争加剧，行业中品牌的不断兴起，快速变化的市场环境，企业需要快速反应和应对变化，因此企业广告主对广告公司的要求变得越来越高。传统广告公司的业务范围在新时代发生了改变，由于移动互联网商业形态的特点之一就是没有明确的业务领域划分，所以广告公司的服务边界也越来越模糊。

企业对新产品的品牌定位、创新策略、营销体系的构建、商业模式创新、终端实效的销售促进等有着越来越高的需求，这对传统广告公司的服务内容提出更高的挑战，广告和品牌咨询服务、公关、营销公司的边界都被打破了。但是，企业不仅要求广告公司实现全能服务，更要求广告公司提供与客户捆绑更加紧密的服务。

2. 广告公司行业构成格局发生了转变

广告公司行业构成格局逐渐发展成为以综合性广告代理公司为主体，并延伸出以数字技术和平台为主导的数字品牌传播广告公司、专业媒体代理广告公司和市场营销传播广告公司。

从宏观格局来看，全球的广告公司已经向寡头垄断转型，国际 4A 广告公司，如 WPP、电通、宏盟集团等都在扩大其公司规模，占尽规模优势；从服务的范围角度来看，国际 4A 广告公司与本土广告公司相比确实略胜一筹。但是，近年来国际 4A 广告公司也开始显示出其缺陷：僵化的作业流程，缺乏灵活性的业务运作思维，业务标准度过高，都与互联网时代企业广告主的需求有一定差距。因此，一些本土中小广告公司利用其某一块领域的专业化业务运作得到了当前广告主的青睐，专业型的广告公司在整个广告行业格局中实现了分众的目的，新形态的广告公司寻找到生存空间和机遇。

3. 广告公司的作用在经济活动中发生了转变

过去广告公司在经济活动中发挥着链条作用，连接广告主与广告媒体，代表广告主和媒介分别向对方提供代理服务，收取佣金。广告公司为广告主提供专业广告代理服务，不但帮助广告主提高销量，而且为广告主建立品牌形象，对企业的长远发展有重要作用。同时，市场经济下的媒体的主要收入来自广告，广告公司代表广告主与媒体进行业务联系，不但节省了时间和成本，更加因为广告公司的专业性降低了双方的工作压力和经营风险。

然而数字媒体技术兴起之后，广告主逐渐洞悉广告业务操作流程，并开始尝试利用资金和技术，逐步建立自己的广告业务部门，专一开展企业的广告业务。新媒体广告平台的开发，使一部分专注于新媒体技术的媒体广告部门开始跳过广告公司直接与广告主合作，广告主为削减代理费用也乐意与新媒体进行直接业务往来。

延伸阅读

DG Media Mind 重新布局：重组为在线广告公司 Sizmek

2014 年 2 月，DG Media Mind 将其在线业务部门分离出来，成立了在线广告公司 Sizmek，以全新的品牌形象在全球开展运营，持续提供互联网广告技术服务和在线解决方案。Sizmek 作为在线广告行业元老级企业，公司旨在通过多媒体渠道拓展、消息优化和数据洞察，扩展富媒体广告系列，以提供更好的消费体验。现如今，Sizmek 是一个开放的广告管理平台，拥有超过 5000 家代理机构，业务遍及 48 个国家/地区，在全世界拥有超过 850 名员工。

Sizmek 之所以成为在线广告行业中分布最广的平台之一，原因有二：其一，Sizmek 为客户提供支持，帮助他们贯穿于广告系列各个组成部分的透明度和控制功能，优化广告流程中的四个关键因素——媒体、情景、内容、受众；其二，Sizmek 始终保持媒体独立性原则，其提供的所有报告、数据和广告系列策略不存在对任何媒体或购买方法的任何潜在倾向。

近年来，中国数字广告行业呈现出巨大的潜力和商机，也有了巨大的发展。Sizmek 的品牌重塑对于其在中国市场的地位来说是一种势在必行的改变。为此，Sizmek 在中国市场投入巨资，在 2011 年花费 50 万美元定制其位于中国大陆的本土服务器、硬件和基础设施，方便发布商灵活地控制广告的发布，同时严格遵守自己的技术标准。

Sizmek 对互联网广告行业的未来报以极大的期许。公司致力于提供稳定的技术、服务和在线解决方案，把建立行业标准视为己任，将与广告主、代理公司和媒体一道共同推进行业稳健前行。

三、广告行业生产要素出现了哪些调整

（一）人才多元融合

广告行业属于智力密集型产业，随着广告发展趋势的变革、广告媒介

环境的变化，广告行业对其核心创造力——人才的需求也在转变。过去，创意内容是广告公司业务的核心，广告公司重要的是创意型人才，而现在技术已经成为新媒体广告行业的支撑，广告公司对技术型人才的需求不断增大；过去，广告公司对人才的需求是单一型人才，各部门专业化分工明确，只要出色的完成本职工作即可；现在，媒介的融合、广告行业业务流程的打通使得复合型人才成为必需品。

1. 创意人才

优秀创意人才历来是广告公司的核心资源。近几年广告行业向互联网和移动互联网端拓展，尤其对了解新媒体特点的创意人才需求大增。新媒体广告运营需要能够把握新媒体运营规律、了解新媒体传播特点，活跃在各大社交平台的原生广告创意人才。

2. 媒介人才

媒介管理人员通过不同的媒介运作模式，深入挖掘公司资源，将以广告为载体的告知性信息传递给目标受众群体。随着互联网广告从门户网站到社交平台再到微博、微信自媒体拓展，媒介人员的技能需要不断更新。

3. 客户业务人才

客户业务人才主要负责帮助媒介平台找到最适合的广告主。这在传统广告中需要很强的公关能力和客户经验，在互联网广告中仍不可或缺。

4. 技术人才

随着程序化交易的实现与发展，网络广告营销越来越自动化、智能化，所以对技术的倚重与日俱增，引入懂得平台操作与维护的技术人才需求越来越迫切。

"互联网+"时代，理想的新型营销者不仅需要具备传统的营销技能，还需要具备符合时代要求的数字化技能。传统技能包括管理品牌，树立品牌地位；使组织围绕品牌远景和战略进行参与；设定消费者目标；在活动设计过程中为代理机构提供指导；分析消费趋势和市场条件。数字化技能包括了解移动设备、社交媒体、游戏和广告背后的技术；提升基于数字化基础的品牌解决方案；为外部数字化供应商提供指导；预测新的数字化趋势。完美的新型技术人才集技术与品牌知识于一身，需要扎实的营销功底和对技术透彻的了解，拥有很强的执行能力。

（二）技术更新换代

1. 实时竞价技术（RTB）

实时竞价（Real Time Bidding）是利用第三方技术在网站上对单个用户展示行为进行分析评估及出价竞价的技术。RTB 允许广告买家根据活动目标、目标人群及费用门槛等因素对每一个广告及每次广告展示的费用进行竞价。一旦竞价成功，广告就会立刻出现在媒体的广告位上。[1]

RTB 购买模式与传统的展示型广告相比，是在每一个广告展示曝光的基础上进行竞价，而传统的展示型广告购买方式有广告位包月、广告位包天、按照每 1000 个展示曝光进行付费，按照每个点击进行付费等。

2. 用户定向技术

用户定向技术（Audience Targeting）是通过对用户行为数据的分析，找出潜在目标客户群的共同行为特征，并选择适当的媒体将广告投放给这些受众。用户定向技术不但节省广告成本，广告效果也更好。

互联网广告的本质并不是广告主购买媒介渠道和时间，而是通过媒体与其潜在客户或目标受众进行信息的传播并影响其消费行为。服务于广告主或者广告代理的 DSP，需要对 Ad Exchange 每一次传过来的曝光机会进行数据分析，根据相关数据来决定竞价策略。这些数据包括本次曝光所在网站、页面的信息，以及更为关键的本次曝光的受众人群属性，人群定向的分析直接决定 DSP 的竞价策略。DSP 在整个过程中，通过运用人群定向技术来分析，所得出的分析结果将直接影响广告主的广告投放效果。DSP 在互联网展示广告的高速发展创新中发挥了极其重要的作用，它使互联网展示广告市场更加

---

[1] 肖鸿江，孙国华.基于实时竞价的网络广告投放流程设计 [J].信息技术，2013(7):130-132.

透明、高效和可控，代表了未来互联网广告发展的趋势。[1]

3. 基于位置的服务

基于位置的服务（LBS，Location Based Service）是通过电信移动运营商的无线电通信网络或外部定位方式，获取移动终端用户的位置信息，并在地理信息系统平台的支持下，为用户提供相应服务的一种增值业务。[2]

利用 LBS 技术一是要确定移动设备或用户所在的地理位置，二是提供与其位置相关的各类信息服务。与定位相关的各类服务系统，简称"定位服务"，这是 LBS 技术的重要价值体现。还有一种"移动定位服务"（MPS，Mobile Position Services），与 LBS 非常相似。只要能定位手机用户当前的地理位置，就可以寻找手机用户当前位置 1 公里范围内的宾馆、影院、图书馆、加油站等服务场所的名称和地址。LBS 和 MPS 技术的实现只要借助互联网或无线网络，就能为固定用户或移动用户提供定位和服务两大功能。

4.H5 技术

H5（全称 HTML5）是一种高级网页技术，在微信朋友圈经常看到的邀请函、小游戏、品牌展示、抽奖等都是 H5 网页。H5 网页具有两大特点：一是提升了 Web 页面的表现性能，二是增加了 Web 应用的功能，如本地数据库等。简单来说，它能在移动端做出类似于 Flash 的动画效果，H5 的本质就是移动端的 Web 网页。

H5 有三种呈现方式，一是幻灯片，二是交互式动画，三是功能型页面。幻灯片式的 H5 可用于新品上线发布、数据报告、活动相册、线下活动邀请函等；交互式动画类型的 H5 制作周期和成本比较高，需要提前规

［1］中信证券.传媒行业深度报告：未来五年市场规模或超万亿［EB/OL］.（2014-10-04）［2015-10-05］.http://www.investide.cn/news/108478.html.

［2］聚品.资本追捧数字营销行业并购此起彼伏［EB/OL］.（2015-12-04）［2015-12-22］.http://money.163.com/15/1204/02/B9V5647300253B0H.html.

划，可用于企业招聘、公关营销、会议及活动、品牌事件的传播等。曾经风靡微信朋友圈的 H5 游戏如围住神经猫、打企鹅、2048 等都属于交互式动画；功能型 H5 是结合用户需求和传播性的轻应用，其成功的关键不仅在于是否有创意的交互体验，还在于如何把握用户需求和能否实现持续有效的后续运营。可用于品牌账号的粉丝运营及结合热点内容的品牌传播。

延伸阅读
Olay（玉兰油）首家携手滴滴 LBS 开启全新 O2O 时代

今天，在"互联网 +"蓬勃发展的时代潮流之下，许多企业都在争夺 O2O 市场。所谓 O2O，并不是单纯地打通线上线下，其核心是通过线上线下的无缝对接，提升用户体验与销售的转化率，实现良性的闭环营销。

2015 年母亲节期间，OLAY 携手滴滴借助 LBS 即时信息推送功能打造的母亲节营销活动，可谓是开创了传统企业与互联网企业战略合作的新模式，创造出一条完美的 O2O 闭环营销路径。OLAY 以"寻找最美的人"为主题，以 H5 的形式号召所有年轻妈妈对自己好一点，开启了母亲节的关爱之旅。用户可以借助 H5 在线上完成 OLAY 免费肌肤测试及专柜测试预约，同时可获取滴滴专车百元礼券，这就激起了用户搭乘滴滴专车前往 OLAY 专柜的体验欲望。同时，利用滴滴打车最新的 LBS 技术，通过电信移动运营商的无线电通信网络或外部定位方式，用户在母亲节当天使用滴滴打车时输入的目的地如果能够覆盖到 OLAY 的专柜，就会收到 OLAY 的活动推送。

OLAY 非常清楚自身的品牌目标，又充分理解移动互联网的本质，与滴滴开创性的合作，跳出了简单资源置换的浅层境界，实现了从线上预约到线下交通再到最终享受测试服务的完美的 O2O 闭环曲线，使用户可以零阻碍地参与体验活动，成功打通了 O2O 模式（图 5-6）。

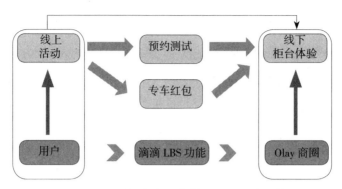

图 5-6　Olay 与滴滴打车的 O2O 活动结构图

（三）资本更加聚集

1. 资本市场看中互联网广告行业

2014 年 4 月 10 日~8 月 31 日，国家工商总局联合国信办、工信部、国家新闻出版广电总局等八部门开展了整治互联网重点领域广告专项行动。2015 年 7 月 1 日，工商总局发布《互联网广告监督管理暂行办法（征求意见稿）》。2015 年 9 月 1 日新修订的《中华人民共和国广告法》（以下简称《广告法》）正式施行。随着国家对互联网广告市场的监督日益加强，我国的互联网广告市场势必得到进一步规范。因此，资本市场对互联网广告行业的有序发展充满信心，更加愿意对互联网广告公司进行投资。

《传媒行业深度报告》中提到，目前资本市场在互联网广告领域中最看中三类公司。"首先，投资方最看好的是拥有优质媒体资源和高用户黏性的互联网媒体公司，如百度、淘宝、网易、优酷土豆等互联网媒体，他们能够获得互联网广告市场 80%~90% 的收入，理应享有较高估值，但随着增速的逐渐降低，其估值中枢也将逐渐下滑。第二看好的是广告技术公司（如 DSP、SSP、DMP 等相关公司），基于大数据的精准营销技术，伴随着第三次互联网广告变革改变行业生态，技术公司具备爆发潜力，具有最大的弹性空间。第三看好的是互联网广告代理公司，依靠其客户资源、数字化全案营销能力和天生的持续外延发展思路，业绩的高速增长可期。更重要的，该类公司是 A 股目前唯一能参与的互联网广告标的，随着互联网广告市场的高速发展，相应标的必将有所表现。"[1]

2014 年以来，数字营销概念十分受资本市场的关注，宽带资本两千万美元领投品友互动、秒针系统获 KPCB（凯鹏华盈，美国风险基金，主要承担各大名校的校产投资业务）领投两千万美元、晶赞科技 A 轮融资两千万美元，还有飞拓无限、品众互动、艾德思奇等公司均获资本青睐。这些新型的广告公司都跟互联网、移动互联网有着直接联系，可见资本市场对互联网广告板块是非常看重的。

2. 广告公司积极运作资本构建产业链

对全球的广告业来说，最大的变革和挑战是互联网的崛起对传统广告行业运作模式产生的颠覆。面对数字化带来的冲击，传统广告行业不得不重新洗牌，公司有着迅速转型和调整业务的需求。而对于资本雄厚的大型广告公司来说，并购是迅速融合数字领域的捷径。通过并购，可以整合媒介资源优势，打通产业链上下游。

2015 年，中国广告市场中并购的交易数量与金额再创历史新高。以吴通集团 13.5 亿并购互众广告为起点，2015 年 A 股市场掀起了新一轮数字营销领域的并购狂潮。如科达股份斥资 29.43 亿元将百孚思等 5 家数字营销公司一并收入囊中，引发市场惊叹；天龙集团斥资 2 亿元收购北京智创 80% 股权和北京优力 10% 股权，紧接着以 13 亿元收购煜唐联创 100% 股权。除此之外，多家业内龙头已经在积极谋划拥抱资本市场，例如作为第三方龙头的秒针系统目前具有极强的上市需求，目标直指战略新兴板[2]。资本青睐数字营销领域，一方面得益于数字化技术日益成熟，广告主的认可度提升，以互动营销、精准营销、定位传播、分众传播等为主要传播形式的广告细分市场在数字媒介、技术与广告行业的融合中产生并走向成熟，成为

［1］中信证券. 传媒行业深度报告：未来五年市场规模或超万亿［EB/OL］.（2014-10-04）
［2015-10-05］.http://www.investide.cn/news/108478.html.
［2］聂品. 资本追捧数字营销行业并购此起彼伏［EB/OL］.（2015-12-04）［2015-12-22］.
http://money.163.com/15/1204/02/B9V5647300253B0H.html.

未来广告业发展的新增长点；另一方面，新兴数字代理公司在广告代理市场中发展壮大，他们与传统营销集团竞争激烈，而并购不仅可以避免直接竞争，还可以取长补短，帮助互联网公司成长。

通过资本运作打通互联网广告产业上下游，使团队、媒介、地域等资源更加集中，资源的聚合提升了效率，降低了运营成本，提高了议价能力，可以加速中国广告公司的优胜劣汰，使广告业向集约型发展。

延伸阅读
蓝色光标收购 Fuse Project

2014 年 7 月，蓝色光标的全资子公司收购美国设计公司 Fuse Project。作为国内发展最快的公关营销集团，蓝色光标的此次收购巧妙地贯通了其整个营销产业链，使公司拥有了更加广泛的产业发展空间。

Fuse Project 是一家国际一流的设计公司，致力于为客户提供全方位的设计服务，涉及科技、时尚、家具和日用品等多个领域。依托 Fuse Project 优秀的设计能力与服务，蓝色光标不仅可以承担客户全案服务业务，而且可以介入客户的前期产品设计阶段，承担包括工业设计、营销推广、产品销售在内的一条龙全套服务，提升客户满意度和客户黏性。同时，通过帮助提高客户产品的工业设计水平，也可以进一步提高客户的品牌价值，反哺营销效果。在盈利模式上，蓝色光标的收入也可以实现从当前的服务费或投放返点收入向销售分成收入的转变。

本次收购行为是蓝色光标实施其营销服务行业"全产业链"布局的关键步骤和"国际化"战略的重要组成部分，全产业链的打通有助于公司切入新业务模式，在面对数字化的冲击中整合媒介资源优势，获得更加强劲的竞争力。[1]

---

[1] 互联网广告公司、电信运营商直接受益［EB/OL］.（2014-12-16）［2015-12-25］. http://www.360doc.com/content/14/1216/16/8507568_433398579.shtml.

第六节　新内容，爱上广告

传统媒体上的广告营销往往被人们厌恶，微博首次投放广告同样引来了用户的骂声一片，这也导致了新媒体领域对广告投放更加谨慎。不过，随着互联网对广告营销影响的逐步深入，以互联网思维和创意设计打造的更具话题性和亲和力的广告，正在改变人们对广告营销的态度。

2014 年，带给新媒体广告营销很大启发的一个案例就是移动互联领域的微信朋友圈广告投放，这不但没有被厌恶，反而引发了用户广泛的兴趣。当人们打开微信朋友圈，想看好友们的动态时，他们看到的既是动态也是广告。广告化作了好友的一条条状态、一张张图片。这种广告方式正一点一滴地渗入人们的生活，却没有引发人们的反感与回避。

在大数据与互联网思维共同影响的环境下，广告营销的内容生产领域正在发生变化，其中最为显著的改变就是正在令消费者对广告从厌恶变为享受。这种改变的发生是必然的：广告商、媒介和用户之间希望达成广告主营销效果、媒体商业化、用户体验优化三方共赢的局面，这就需要更加私人化、自然无缝隙的沟通，正是这种需求推动着广告内容生产发生变革，让人"爱上广告"（图 6-1）。

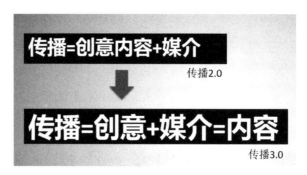

图 6-1　"互联网 +"时代的广告传播新解读

一、广告营销在内容上发生了哪些变化

　　对于起步较早的诸如脸书、Instagram（照片墙）等国外社交媒体来说，Feed（信息源）流广告早已风生水起。这种 Feed 流广告就出没在社交网络的信息里，几乎与你能看到的其他内容样式一模一样，甚至你还可以对它点赞、评论、查看好友们的评论等。不同于传统广告，Feed 流广告大多根据网络用户的年龄、性别、喜好等标签进行精准匹配，以此将广告推送变得更加准确；同时，Feed 流广告使用算法为每位用户个性化地定制广告，从而极大地消减了广告的骚扰程度，甚至让人乐在其中。其实，Feed 流广告的例子涵盖了当下的广告营销在内容方面几大主要变化：内容"隐身"，无痕嵌入；内容创作迎合社交需求；内容诉求精准匹配个人喜好；强调情感共鸣、娱乐价值和物质奖励。

（一）内容"隐身"，无痕嵌入

　　多项调查结果一致显示，当用户使用一个产品，尤其不是必需品的时候，体验的重要性就变得格外突出。一些当下比较流行的新媒体例如BuzzFeed（一个美国的新闻聚合网站）或者 VICE（是一个属于青年文化的平台），它们的整个页面上几乎没有任何横幅广告，只留下那些隐蔽于网站环境的广告，十分整洁美观。曾经有人提出，这些新媒体在做

"隐身"广告的同时，其实可以不必放弃贴片广告，以赢得更多利润。但这些新媒体还是选择完全割舍贴片广告，以整洁的页面来改善用户的体验。在硬广告泛滥的各路网站中，完全无贴片广告所带来的审美效果就是独特而美好的体验，因此"干净"的页面悄然变成了一种竞争力。

那么，如何在不损害用户体验的情况下把广告植入其中？其实可以充分借鉴影视作品中的广告植入。回顾影视植入广告的历史，在1980年的《魔头对捕头》中，马龙·白兰度给乔治·斯格特递了一块 Milk Duds 牌的糖果，此后该糖果销售量得到明显增长；1982年的《E.T.》外星人中，亨利·托马斯给 E.T. 一块巧克力糖，该牌子的糖果当年多卖了65%；1983年的《乖仔也疯狂》中，汤姆·克鲁斯戴起雷朋的太阳眼镜，结果这款太阳眼镜迅速脱销，次年销量增加了50%。影视作品的启示可以更进一步，即令广告彻底融入产品，有机地结合并最终做到无痕嵌入。

没有广告，又全都是广告。一条微博、一段视频、一款小游戏、一套表情图片都可以成为广告。基于"内容即广告"、与媒介环境高度融合、与受众心理无限贴近等特点，广告内容生产者根据媒介特性的不同进行量身定制，使这种"隐身"的广告越来越受到青睐。

用户浏览网站通常都是出于获取信息、娱乐、消磨时光等原因，而广告效果的成功就主要依赖于广告内容与编辑内容的融合、与网站的融合，这样用户对于广告信息的消费就能获得跟整体网站内容同样的体验。

其实，如果精心设计，广告营销的整个过程及全部内容都可以完美地嵌入到互联网中，成为网络页面设计的一部分，也是消费者浏览体验的一部分。

例如，我们所熟知的豆瓣网，其特色之一就是小众化的界面风格，而该网站上的图片广告无论是在整体风格、色调抑或是细节设计上，都完美地融入了网站。比如，你看到的《我把真"芯"献给你》这种温暖美图，其实是英特尔的广告；你看到的某漫画调侃图《妈妈我们去海岛洗肺吧》，实则是海南旅游的广告。

为了完美嵌入，甚至可以完全隐去产品的特性或促销等信息，只凭借对消费者情感诉求的迎合来达到劝服目的。

近期的一项研究成果表明：商业特征越淡的广告，越倾向于捕获更多的视觉注意。传播中的广告信息通常会遭遇干扰，从而受到不同程度的干扰，因此最终的效果可能被受众心理感受、信息形式、媒介形象等诸多复杂因素制约。信息传播相关理论指出，消息源产生的信息必须借助于适合传递的形式。如果既在内容中过度兜售，又忽视用户体验，就会严重损害广告传播效果，这也就是传统互联网广告的弊病。实证研究认为当广告促销信息输出概率为 0.58 时，点击到达率最高，即广告内容中仅有一半或更少信息是关于产品本身的促销时，互联网广告能够达到最佳的投资回报率，传播效果更佳。[1]

（二）内容创作迎合社交需求

研究显示，在当下比较流行的网络广告营销的探讨中，社交媒体与网络广告营销的关联度最高。

在很大程度上，社交网络的发展使互联网广告营销进入依靠人际传播和群体传播的阶段。如今，网络参与性与互动性的提升使得社交平台构成了一张巨大的人际网络，用户之间可以建立各种各样的联系。因此，只要某个内容具有吸引性，一旦传播出来，受众就会完成主动的转发和自觉的推荐，完成一种"借力打力"的传播，传播的规模也会像病毒分裂一样迅速拓展。同时，社交平台技术的日渐成熟，增强了传播的便捷性，使得传播效率显著提升，并且成本进一步降低。以微博、微信为典型代表，通过便捷的"@某人"或"分享到朋友圈"即可完成信息传播，而这样的庞大用户规模和便捷性促使传播规模从小到大，营销效果由弱变强。

互联网媒体的广告营销模式可划归为四类："一对多"的广播式营

---

［1］喻国明.镶嵌、创意、内容：移动互联广告的三个关键词——以原生广告的操作路线为例［J］.新闻与写作，2014:48-52.

销；发动用户参与广告主的线下活动式营销；广告主和用户、用户和用户之间的互动式营销；为广告主提供以"精准"为目标的数据库式营销。[1]

不难发现，参与度已经成为互联网时代广告营销最为重要的一个因素，这也解释了为什么社交媒体与网络广告营销关联度最高。

其次，考虑到圈子的同质性，通过社交平台分享和转发的广告在精准投放上更有优势，同时还可以带来黏性更多的目标用户。广告营销融合于社交媒体，获得了交际圈的功能，让受众以朋友的姿态出现的现象在互联网时代的广告营销中愈发普遍。

根据尼尔森的调查结果显示，针对社交媒体上存在的广告，1/3 的用户选择忽略，多于 1/4 的用户表示喜欢看朋友分享的广告。伴随社交需求的日益旺盛，乐于分享友人广告信息的用户比例无疑会大于 1/4。

因此，互联网背景下的广告营销需要充分借助社交媒体这一平台，在消费者的社交行为中传播品牌价值。

例如，用户第一次登录 BuzzFeed 的时候，网络会弹出页面大字询问："是否要用 Facebook 账号登录？"而下面还有一行小字："或者你也可以用比较陈旧的方式登录。"语言措辞上显而易见，BuzzFeed 非常注重用户的社交属性，对于他们而言，每一则新闻、每一篇文章，都是可以投放广告的。

广告主在创作广告内容时，以受众即朋友的姿态，使得其传播形式贴合交际圈之间的分享。得益于交友诉求及社交平台分享，广告的传播范围和话题性获得了较大提升。

微博用户常常可以看到的"某类型电影 Top10"之类的盘点，就是这方面比较突出的一个例子。在这种盘点的内容中，评点经典电影时总会将正在热映的电影作为广告植入其中。基于随手转发的互动分享，可以

---

[1] 罗雄伟 . RTB 广告的运作特点及其未来发展隐忧 [J] . 中国传媒科技，2013(12).

促成 AIDMA（Attention 注意；Interest 兴趣；Desire 欲望；Memory 记忆；Action 行动）模式中产品的认知阶段的完成，同时在一定程度上提升产品的美誉度。[1]

（三）内容诉求精准匹配个人喜好

互联网、物联网、云计算……以通信和计算为代表的数字化浪潮席卷而来，我们正在大跨步地迈入一个信息技术同数据融合的时代，一个飞速发展的大数据时代。无时无刻，大数据在人类生产生活的方方面面创造着巨大的价值。大数据时代对广告业生态系统产生了深远影响，特别是在内容生产层面，数据驱动正发挥着越来越重要的作用。

为什么我们需要大数据？这就不得不说到当下受新媒体影响的一个社会表现——碎片化。首先，根据相关研究理论，社会阶层分化的同时其内部也在持续分化出各种群体，而这些群体在利益要求、社会地位等方面都具有差异性，即多元化。而社会阶层多元化引发了消费者细分、媒介小众化等趋势，使得消费、媒介等"碎片化"。随着新兴媒介的勃兴、传播通路的激增、海量信息的堆积，信息环境进一步加剧了受众碎片化、部落化、群族化的特征，无差异的受众被细分为各种小众部落：月光族、背包族、追星族、御宅族、SOHO（家居办公）族、都市轻熟男等，这些碎片化的群体对媒体内容、表现形式、传播载体、互动分享等都有着各自不同的偏好，仅仅用年龄、教育、收入等基本情况已不能完全描述。[2]如今的营销理论中往往强调精准的目标消费者，他们的个性化需求愈发被重视。

对于"碎片化"难题，大数据给出了精准的解答。数据挖掘技术能从大量庞杂、琐碎的数据中提炼出深度数据，同时，又把这些"碎片化"

---

[1]喻国明.镶嵌、创意、内容：移动互联广告的三个关键词——以原生广告的操作路线为例[J].新闻与写作，2014:48-52.

[2]李亦宁，杨琳.大数据背景下广告产业生态的嬗变与重构[J].当代传播，2014(2).

的分散受众重新聚合，实现对目标人群的全面描绘。比如，从人们的网络关联、消费行为数据、浏览信息痕迹这些繁杂的数据中描绘出他们的消费观与行为习惯，并将人群重新分类。利用大数据技术解决"碎片化"难题已经成为普遍趋势。例如，品友网络公司人群数据库的人群属性细分标签已多达 3155 个；传漾公司搜集的网络 Cookie（信息记录程序）达 9 亿个，并将其划分为 33 个兴趣大类、168 个兴趣中类、857 个兴趣小类。[1]

显而易见，利用大数据技术可以根据各种条件来完成消费群体的划分，借此分析用户的关系结构及惯有行为模式，进而精准地将广告推送至乐于接受的受众。然而，分类分析受众距离广告的精准推送之间还差了一个重要环节——速实现品牌与用户之间的信息匹配。

较为传统的方式是充分利用已经收集到的用户偏好和产品信息，为二者之间搭寻最佳匹配。如今，更好的方式是围绕产品的信息，依据目标受众和媒介的不同来精确化定制广告内容。

这也正是说明，大数据时代，广告内容的生产是基于数据和针对特定用户的个性化偏好进行精准匹配。

例如，利用大数据文本语义分析来实现广告创意同目标受众的自动契合。三星公司在其最新推出的一则广告中讽刺了苹果手机的某些弊端，并且每条评论都生动形象同时切中要害。这一创意正是来源于数十万条用户在网上对苹果手机的评论，甚至连广告词也是直接改编自网友评论，从而成功引发了众多用户的共鸣。这就是从客户的状态评论、论坛回帖、电子邮件等大数据中生产精准匹配的广告内容的案例。

利用大数据创意素材，也可以达成这种契合。大数据技术渗透到广告核心的创意环节，借助一些强大的创意自动化技术，广告主可根据受众兴趣、时间地点、社会属性等进行各种创意变体，达成千万数量级的创意素材的自动生成，产品、公司 Logo（商标）等所有元素都成为自动

---

[1] 李亦宁，杨琳．大数据背景下广告产业生态的嬗变与重构［J］．当代传播，2014(2).

广告的一部分：如针对温暖或寒冷气候，采用主题图片以匹配用户自身所在的环境，或直接推送适合这一季节的产品广告；对于 TBG Digital（是一个美国数字广告公司）、Triggit（是一个需求方广告平台）等媒体购买公司，只是需要将数万张产品照片上传至数据库，系统便会根据该用户的兴趣特点，进而自动生成相关广告。[1]

（四）强调情感共鸣、娱乐价值和物质奖励

美国互联网营销策划大师瑞安·霍利迪在他的知名作品《一个媒体推手的自白》中认为：预测消息是否会广泛传播的一个重要衡量标准就是读者会产生多少正面或负面情绪，不论话题是什么，只要能激起读者的正面或负面情绪，消息就会变得热门，情绪越极端传播效果就越好。[2]这一观点毫不掩饰地强调了感性诉求对于广告营销内容的重要性。

近期的一项研究成果在一定程度上表明了相似的观点，研究结果显示：感性诉求程度高的内容倾向于捕获更多的视觉注意。通常，用户都是在搜索或观看其他信息时无意间接触到互联网广告，并不是刻意浏览这些广告，应该算是边缘路径的认知，而娱乐价值和情感诉求都有利于引发用户边缘路径的认知。新媒体的出现让时间变得"碎片化"，受众的有效可支配注意力成为宝贵的资源，广告能够"抓住眼球"吸引注意才是王道。[3]因此，具有娱乐性及感性诉求突出并易引发共鸣的广告是最佳选择。

对于社交媒体的用户来说，具有价值和新颖的内容是朋友圈分享的根本。所以，广告营销的内容创作需要把创意和实际价值作为重要的考量标准，以利于其内容在社交网络中的有效传播，产生较大影响。这里的实际价值就包括了情感关怀、娱乐价值等。如今，自媒体遍地开花，

———————

[1] 李亦宁，杨琳.大数据背景下广告产业生态的嬗变与重构［J］.当代传播，2014(2).

[2] 沈维梅.微传播，大营销——互联网思维下广告理念的变革［J］.青年记者，2014(27):86-87.

[3] 潘韵竹.从传播过程"5W"模式看原生广告在微信平台的运作［J］.互联网天地，2014(9).

无论哪个商家都很难再用固定的一种广告形式来吸引用户，使受众获利成为营销效果的关键。比如，为消费者带来娱乐体验、与受众产生情感共鸣、物质奖励等。

1. "游戏 + 红利"

2014 年，微信抢红包成了新年最热门事件之一。腾讯利用游戏和社交融合的方式，设计出了这个引领拜年新潮流的营销产品。它使得朋友之间多了一个互动游戏，人们在体验的过程中增进了互相沟通，产生了很多欢乐，并没有人在意它的营销本质和抢到的红包到底是多还是少。

在此之前，利用消费者普遍存在的"获利"心理，微信推出的集赞发礼包及微博推出的转发有奖活动都赢得了一定的关注和用户参与，但是参与者的被动地位导致这些营销方式在受众面前很快就没有了新鲜感。这一点在微信红包上得到了较大的改善，参与者可以及时分享朋友圈来获得愉悦体验，达成病毒式营销。

2. 情感共鸣的故事

感人的故事一直是较具吸引力的广告内容，在品牌营销中，企业家传奇的创业经历、死磕自己的情怀、工匠精神等，甚至是生活中平凡而渺小的感人段子都能够成为激发受众情感共鸣的品牌故事。同时，在用社交媒体与用户的沟通中，使其不断完善，变成用户的一种娱乐方式。一旦品牌故事在社交网络走红，品牌粉丝规模可能获得巨大提升。另外，企业还可以号召粉丝进行故事发掘，培养粉丝自发说出品牌背后的故事，维系并发展企业品牌的口碑。

二、原生广告是什么

2013 年以来，"原生广告"成为业界和学界讨论的热词，被誉为是在互联网时代广告把企业本质与媒体自身逻辑相融合的转型之作。关于原生广告的定义版本不一，狭义上认为原生广告对用户来说是具有价值、并且能够与媒介环境融合的一种广告体验。中国人民大学喻国明教授给出的定义是："原生广告是内容的风格同页面保持一致、设计的形式镶嵌在页面中，还要符合用户使用原页面的各种行为习惯的广告。"[1]凤凰网全国营销中心总经理付继仁简练地将其概括为："原生广告是内容营销的最高形态"。喻国明教授着眼于互联网广告的发展趋势，将原生广告视为互联网广告的未来趋势分析其价值要素；付继仁的概念则突破了传统的广告范畴，将原生广告的实质拖入到品牌营销的阵营。虽然着眼点不同，但是两人在对原生广告的具体阐述中都不约而同地指出原生广告的核心要素是"嵌入媒体环境""提供价值内容""依托互联网平台"。

（一）原生广告兴起背景

1. 互联网广告遭遇瓶颈

相比传统媒体的广告，互联网为多媒体提供了良好的平台，因此具备范围广阔、数据精准、娱乐互动等优势。媒介占有率不断提升的互联网聚集了巨大的受众群体，成为在任何领域都极具影响力的强大力量。然而，在互联网广告的蓬勃发展中，还是会遇到一些瓶颈。

最为显著的是，消费者已经在互联网领域积累了一定的经验，可以觉察出哪些是内容、哪些是广告，这也造成了各种硬广告逐渐失去应有的作用和传播影响力，导致其市场不断萎缩，例如弹出式、横幅式、前插式广告等。更为糟糕的是广告位越来越多，这种做法表面看好像能够增加广告收入，但实则加剧了恶性循环：更多的广告位让用户体验变得更差，使得广告的价值更低。

另外，在移动互联网广告领域，虽然在流量上取得了较大突破，却由于各种移动终端展示效果参差不齐而带来两种后果：广告很容易被用户忽略和误点击，移动广告也因此而饱受诟病。这种移动端发展的不确

[1]喻国明.镶嵌、创意、内容：移动互联广告的三个关键词——以原生广告的操作路线为例[J].新闻与写作，2014:48-52.

定性，导致互联网广告的未来并不明朗，正在等待着出现新兴的广告形式来提升市场。

2. 数据驱动广告变革

大数据时代的降临，使得广告行业有了新的变革，这种变革体现在庞杂数据的收集及对内涵的挖掘上。在信息社会里，从海量数据的产生到收集，数量的巨大及时刻发生的更新和变化令人难以想象，一般工具难以捕捉、管理、分析；在对数据内涵的挖掘上，从 IBM 总结的大数据"4V"特征——数量（Volume）、速度（Velocity）、多样性（Variety）、真实性（Veracity）可以发现，想要保证数据质量获得更多价值，就必须具备分析和处理这些大数据的能力。

大数据的应用不仅加速了信息社会的变革，同时改变着人们的生活方式。大数据赋予了营销体系参与者新的力量，在营销体系中，大数据带来的影响不仅是数据量几何级的增长，还有从量变到质变的颠覆性变革，大数据从媒体、消费者、广告与营销战略策划、效果评估四个层面影响了传统营销体系，也给营销体系参与机构赋予了新的力量与可能。[1]

原生广告作为传统广告以大数据技术为基础的创新，是从理念到形式和内容的变革之作。

（二）原生广告概念介绍

2013 年，作为新兴的概念，原生广告被认为是广告营销的新生命。原生广告注重对形式的创意营造，把广告变成内容自身的一部分，让消费者按照日常习惯即可获得原有的体验，这种理念在业内获得了较多认同。

原生广告的品牌信息都融于内容，受众在体验内容的同时可以没有隔阂地自然接受，而这种方式的关键所在就是用户体验。原生广告

---

[1] 黄升民，刘珊. "大数据"背景下营销体系的解构与重构 [J]. 现代传播，2012,34(11):13—20.

将品牌信息融入各种热门话题、故事、事件中传播给消费者的同时，还会用各种手段去鼓励消费者自己生产内容，并借助社会化媒体来将其丰富、延续下去，让每一位消费者都有机会充当品牌营销的好帮手。比如，策划一个跟品牌相关的趣味话题让消费者充分参与，在不断推动话题发展的过程中建立品牌关联。通过这些方法，用户体验作为突破口让品牌广告与内容融合，实现了消费者和品牌的精准互动与协同创意。

在形式上，原生广告可谓多种多样，有故事、赞助、视觉、移动社交媒体等，其特点体现在内容、品牌、价值、整合与原创性几个方面，即将广告嵌入用户体验之中，广告不打断用户体验、不产生干扰，同时品牌要推送对用户有实际价值的内容。

具体来看，现在市场上的原生广告可大致归纳为六种类型：板块嵌入、付费搜索、推送窗口、促销栏、带有原生色彩的植入广告及其他种类（表6-1）。

表6-1 原生广告类型

类 型	模 式	案 例
板块嵌入（In-Feed Units）	板块嵌入类型的原生广告是直接将广告插入用户的信息流中，比如脸书的动态时报、推特首页，或是腾讯手机Qzone中的信息流。In-Feed Units是最具变现能力的原生广告类型之一，也是被使用最为广泛的类型	脸书、推特、腾讯手机Qzone
付费搜索（Paid Search Units）	此类原生广告最常见的就是搜索结果上方的搜索排名。例如，用户使用谷歌搜索关键字时，搜索结果的上方会出现黄底的区域，这个区域的广告类型就是Paid Search Units。只要存在搜索行为，Paid Search Units就会有市场，所以此类原生广告的需求高，变现能力强。同时，Paid Search Units不管是在形式设计或功能操作方式都与原网站相似，故融入的程度也更高	谷歌、必应、百度

续表

类 型	模 式	案 例
推送窗口（Recommendation Widgets）	Recommendation Widgets 和原本平台的内容、操作方式皆不同，它是一个外嵌的版位。此类型的原生广告是将广告版位固定在博客中的类似"推荐小工具"的地方，通常会用粗体标示"你可能有兴趣的内容""推荐给您"等来告知使用者它是一则广告。实践证明，编辑推荐、用户推荐、各种榜单式的推荐对用户具有一定的吸引力	Gravity 的"what you missed"
促销栏（Promoted Listings）	Promoted Listings 是一般位于页面内用来推广其他产品或品牌的广告单元，常被购物平台所使用。与付费搜索类型相似，当用户搜索一件商品时，广告平台会同时推荐某些特定品牌。包括亚马逊、淘宝在内的许多网站都在使用 Promoted Listings 的广告模式，例如在淘宝上看到的那些推广的其他产品图片列表	亚马逊、淘宝
带有原生色彩的植入广告（With Native Element Units）	简单理解这种广告样式相当于在广告中看内容，广告是一个大容器，与整个页面的风格相适应，从而嵌入在整个内容页面中。比较常见的是赞助频道	Martini Media 的"learnmore"
其他种类（Custom/Can't Be Contained）	定制化的原生广告类型没有限制，可以根据顾客需求及媒体环境，定制出其他各种各样的原生广告形态、内容及展现方式。例如，在线音乐服务平台 Spotify 的定制原生广告，或是 Tumblr（中文名：汤博乐，成立于 2007 年，是目前全球最大的轻博客网站）的赞助博客页面，都是定制化原生广告形式的一种	Spotify、Tumblr、Flipboard

在广告效果上，原生广告表现优异。尼尔森的一项调查将原生广告同 5 个传统贴片广告进行了对比，结果显示：原生广告对品牌提升程度高达 82%，消费者对原生广告的接受程度也大于普通的贴片广告。[1]市场上的很多案例也反映出与调查结果相同的结论，比如作为原生广告的脸书赞助广告，其在点击率上完胜横幅广告，并最终成为脸书达成收入变现的一个重要模式。原生广告的效果斐然可见一斑。

[1] 张晓静.大数据时代原生广告的传播价值[J].新闻知识，2014(11):51-53.

（三）原生广告的优势

1. 广告融于内容，融于媒介

在视觉设计和语境上，原生广告完全同媒介相融合，二者高度契合，边界逐步模糊，广告并不会破坏媒介整体的和谐。依靠大数据，原生广告与内容有机融合，从而可以有目的地推送内容。媒介利用技术手段分析关键词，精准匹配内容与目标用户，把广告变得内容化，扩大了"润物细无声"的渗透功能优势。

形式上，原生广告的优势在于变化繁多，媒介载体也不只局限于互联网。在复杂的媒体环境中，信息的接触点被放大，原生广告无论生产视频或图文，其形态都适合于不同媒介，从而达到快速地全媒体适配。大数据技术将会分析并筛选出视觉展现更加适合的多媒体形态，并同挖掘出的各种消费者需求进行匹配。总之，多样化的广告发布形式随载体而变动，这种由单纯的展示到与内容有机的融合正可谓随需而变。

2. 真正做到"以消费者为中心"

原生广告做到以消费者为中心，首先是围绕消费者来定制有共鸣和价值的内容。为了刻画出栩栩如生的消费者画像，原生广告借助数据价值研究对消费者的兴趣、行为、偏好等方面进行多维度的分析，从而提升消费者的品牌认同及忠诚度。原生广告通过对消费者从问题产生直至需求解决链条进行分析，完整还原其决策过程，进而提供符合消费者需求的定制化产品与服务。同时，原生广告还充分利用碎片化的空间来布置这些内容。比如，推文广告、瀑布流式排版适合在脸书、推特、微信中使用，无障碍的展示信息方式能使消费者无意识地长期停留在广告页面。

另外，创造消费者体验与口碑分享的情境。Fred Wilson 认为原生广告是一种从 App 用户和网站体验出发的盈利模式，由广告内容所驱动，整合了网站和 App 本身的可视化设计，借助大数据挖掘与分析同消费者点对点推送内容，成功创造出令消费者乐于接受的消费情境，而消费体验良好的消费者会通过社交平台进行口碑分享，在关系网络中真实地展现对品牌的态度和评价，扩大了传播范围。[1]

（四）关于原生广告的争议

1. 理念是否"新瓶装旧酒"

从印刷时代的软文、电视时代的节目植入到互联网时代的内容营销，都是在通过融入媒介环境，用内容隐藏广告，从而获得最大化的传播效果。以软文为例，媒体上那些宣传企业产品或形象的文章，如果是出售版面收费刊发，就属于软文。软文为了更好地融入媒体环境，会配上报花及插图，注明专题报道、热点透视等字眼激发读者的阅读兴趣。除了软文，热门节目、影视等植入广告更不胜枚举，因此，有一种观点认为原生广告不过是在卖概念，玩"新瓶装旧酒"的文字游戏。

对于原生广告属于老旧概念翻新的观点，喻国明教授认为并非是这样。一方面，原生广告将广告营销过程嵌入互联网社交的网络之中；另一方面，原生广告将广告本身嵌入网络页面的设计和浏览的体验之中，原生广告实现内容和媒体的"嵌入"基础来源于对结构化和非结构化大数据的挖掘、分析、整合和创新，通过对巨量数据的分析筛选，可以获得具有指向意义的营销内容和媒体安排，比如消费者容易受到何种媒体的影响、他们通过什么入口进入网站、浏览网站时他们会做什么等。购买行为的全过程可以实现实时监控，几乎在活动的同时就可以获得数字化的数据，从而指导和优化营销，使内容最大限度地匹配媒体，满足消费者的偏好。[2]

2. "隐身"依然危险

一种意见认为，即使是像脸书推出的 Sponsored Stories（受赞助的内容）这样被公认为最成功的原生广告，也会面临因用户反对而不得不关

［1］张晓静. 大数据时代原生广告的传播价值［J］. 新闻知识，2014(11):51-53.
［2］张晓静. 大数据时代原生广告的传播价值［J］. 新闻知识，2014(11):51-53.

闭的困局。受众的广告识别能力在不断提高，原生广告在融入语境时稍有闪失，就会让受众感觉被打扰，而其产品也将被受众厌恶。

多数观点认为，相较于传统广告，原生广告是派生于消费者需求的广告内容与形式，将其作为出发点并不断优化，可以有效消减消费者对广告产生的反感和抵触情绪。正如此前所述，数字媒体带来了消费者的海量数据，这使得广告主和代理商能够通过大数据分析来挖掘消费者需求、预测消费者行为轨迹等，从而实现原生广告"源于生活"的情境植入，最终促成有效的推荐或购买。

3. 成本是严峻挑战

原生广告的内涵是提供价值，而形式又必须合乎媒介语境，因此广告代理机构就要花费更大精力来制作适配各种媒体的广告。例如，投放于凤凰网的广告内容与凤凰网的受众特征符合，形式上也接近新闻报道的写实风格；投放于脸书上的 Sponsored Stories 则具备了契合社交网络的各种元素。原生广告的制作难度引发出一个问题：成本是否会成为原生广告的严峻挑战？

原生广告的前期投入较大，而后期才能在成本上形成优势，并非每位广告主都有足够的信心与耐心。正如爱德曼公关的首席内容策略官 Steve Rubel 所言："卖方和买方并没有完全同步，我怀疑一些媒体推广原生广告将有一段艰难时期，因为买方尚未意识到原生广告的优越之处，因此，广告价格看起来高出广告主预期。"[1]

然而，成本问题似乎能够借助不断提升的大数据技术而得到妥善的解决。对于原生广告来说，基于大数据技术实现精准定位和投放，克服传统运作流程中的不确定性，可以有效解决效益与投入二者的矛盾。

首先，大数据技术能够将投入原生广告的营销投资决策明确化。借助数据分析确定广告投入资金，明确预算后再准确计算如何根据特定

---

[1] 张晓静. 大数据时代原生广告的传播价值 [J]. 新闻知识，2014(11):51-53.

渠道、任务、位置来进行资金分配。比如，分析消费者的媒体消费习惯及消费模式如何影响其购买行为的数据，可以确定各种媒体的支出与回报率，将资金使用在成本较低但回报较高的媒体上，在实现财务赢利目标的同时节省成本；又如，33Across 绘制的社交图谱包含 2 亿多人的 cookies 信息，以此为基础建立的品牌社交图谱能够根据购物数据判断企业的忠实用户是哪些，精确地设定目标并节省投放成本，以此解决了"我知道我的广告费有一半被浪费了但不知道浪费在哪儿"的问题，并尽可能带来最高的回报。[1]

其次，媒体的认可与投入正成为提升原生广告效益的重要因素，也是原生广告突破成本限制的重要条件。广告制作投入过程由广告主、代理商、媒体三者共同参与，成本与效益则体现了三方的合作程度。现阶段，媒体不仅在为原生广告的可信度做第三方背书，还开始逐步接受原生广告制作者的任务。脸书创始人扎克伯格认为："我们在产品设计方面的一个原则就是，让付费内容在形式内容上同自然内容保持一致。"通过社交网络的数据分析，脸书可以在不到两分钟之内收到回应，而这些通常要耗费传统机构几周的时间来获取，并且成本比脸书高，这也为脸书的原生广告运作提供了强有力的支持。2014 年 3 月，新浪微博及凤凰网正式宣布"原生信息流广告"系统全面上线，这也意味着自制内容能够更好地实现媒体契合。

4. 效果评估太难做

目前，制作与投放原生广告存在以下问题：广告主目标复杂，往往想兼顾长远的品牌发展和短期的销售成绩；在持续性的指标方面缺乏明确要求；营销评估数据过于依赖媒体提供和分析。原生广告需要比传统互联网广告更加精准的效果监测，才能够使广告效果数字化和更加直观。

---

[1] 张晓静. 大数据时代原生广告的传播价值 [J]. 新闻知识，2014(11):51–53.

　　首先，大数据的精准评估是通过对消费者在媒介上的消费行为进行追踪、分析获得的数据，进而评估各因素在消费者购买决策中起到的作用。其次，大数据的精准评估可以判断消费者的情绪分类，从而预测消费者的购买行为。大数据时代的广告应锁定目标消费者进行精准投放，原生广告效果的量化得益于大数据挖掘与分析。

　　此外，原生广告的效果分析，应有更加复杂的衡量方式及指标，因为相较于传统广告，原生广告是基于消费者的大数据为内容来源。比如，用户的共鸣度、品牌的联想度等都是原生广告效果评估里衡量内容价值的应有指标。所以，促进原生广告的制作与投放效果就需要以其营销目标为基础，建立科学的效果评估体系，而如何建立这一评估体系，也就成了原生广告面临的又一挑战。

　　传统广告通常是对投放媒介进行数据监测来完成效果测评，比如监测某网站投放广告后点击率的变化，以此评估其投放价值的大小。如今，大数据的运用使广告评估不再依赖点击率，而是把用户的参与分享放在更加重要的地位。大数据通常包括停留时间、反弹率、放弃率、分享数、评论数等，把这些作为用户参与度的基础数据，可以反映消费者与广告内容互动的时间及质量。然而，用户参与度的量化评估还是比较困难，一些用户只把内容标注为书签或转发而没有实际阅读，这种转发数量的增长不代表这些用户的真正参与，因此很难量化评估。

三、原生广告是大势所趋，我们该怎么做

　　从广告营销在内容方面的几项主要变化就能够发现，想要创作出较为成功的内容，需要做好以下几方面：针对喜好，个性定制；趣味话题，社交背景；情感切入，引发共鸣；营造场景，强化互动。由于广告营销领域的理论研究总是滞后于行业实践，而经典案例更是层出不穷，所以在此将以众多具有代表性的案例分析为主，结合具体案例来探讨符合当

下及未来发展趋势的广告营销内容该如何打造。

（一）针对喜好，个性定制

1. 可口可乐"昵称瓶"营销案例

可口可乐利用大数据技术，收集海量社交媒体数据，并提炼出"昵称瓶"作为核心的创意内容，是非常成功的营销案例。

其实，可口可乐昵称瓶的创意源于此前在澳大利亚反响不俗的"Share a Coke"广告，他们的做法是在产品包装上印上澳大利亚人最常见的名字，例如 Amy、Kate 等。可口可乐公司在中国市场对此进行了本土化处理，将社会化媒体上使用最多的热门关键词印在可乐瓶上。此后，公司选择与一家名为 Ad Master 的科技公司合作，利用社会化媒体聆听系统对社交网络中过亿热词大数据进行捕捉，将使用频率最高的热词抽取并以三重标准（声量、互动性、发帖率）来删选，最后选出 300 多个既积极向上又契合品牌形象的特色关键词。结果证明，这些昵称拉近了消费者与可口可乐品牌之间的距离，销售结果显示，2013 年 6 月初，昵称装可口可乐在中国的销量较去年同期实现了两位数的增长。

可口可乐大中华区互动营销总监陈慧菱表示，公司希望在夏天把快乐带给所有可口可乐的消费者和喜欢可口可乐品牌的大众，随着社会化媒体的地位日益凸显，在产品中体现"接地气"的一面很重要，这也正是可口可乐昵称瓶活动的初衷，而大数据则在打造消费者喜欢的内容中发挥了巨大作用。[1]

2. 淘宝"双 11 千人千面"营销案例

2013 年"双 11"期间，淘宝推出的"千人千面"活动是基于大数据的广告营销。在活动预热期间，淘宝官方以用户的浏览、关注、收藏、添加购物车等行为作为数据基础，进行大数据分析，然后在"双 11"期

---

[1] 陈巍巍. 可口可乐借数据打造"换装盛宴"[J]. 计算机世界，2013（33）.

间针对不同消费者提供个性化的营销推送方案，力图使每位消费者都置身基于其个人此前行为所专门打造的个性化淘宝推广网页，所谓"千人千面"就是打造每个消费者的专属会场。

淘宝的"双 11 千人千面"营销正是利用大数据技术打造出了针对个人喜好的个性化营销内容，在几乎每位用户所看到的广告内容都不同的情况下赢得了一致好评。

3. 支付宝"十年账单"营销案例

2014 年 12 月 8 日，支付宝发布了"十年账单日记"，这一营销内容迅速成功刷屏人们的社交网络。虽然此内容遭到了腾讯的"封杀"——无法直接在微信朋友圈中打开，但是很多用户选择了跳出微信后在浏览器中打开，足以看出该内容的吸引力。究其原因，人性在攀比、炫耀方面的需求得到了支付宝的"十年账单"的迎合，而这在随后也引发了激烈的社会讨论。此外，"十年账单"是其他营销活动难以模仿复制的，因为它源自于淘宝对用户十年来庞大优质的数据积累及大数据精准分析的强大能力。

4. 天猫"微代言"营销案例

天猫正在尝试一种"微代言"的商业模式，"微代言"主要依靠阿里巴巴的大数据分析和匹配，这个流程包括：第一步，品牌方会先列出几个明星作为代言候选人；第二步，通过阿里巴巴的大数据系统对品牌的消费群与明星的受众群进行匹配，推荐最合适的人选；第三步，由品牌方直接和艺人经纪公司去谈。这种"微代言"短则一天，长则三四个月，并且代言范畴仅限于互联网。天猫正在撮合越来越多的"淘品牌"与明星的结合，仅仅两个多月的时间，已有 26 家经纪公司先后参与到了这项"微代言"合作当中，这包括华谊、光线、拾捌文化等国内大的经纪公司。截至 2015 年 3 月 24 日，天猫的"明星库"已经达到了 300 多人的规模，并且已经有 21 位明星与 22 个品牌达成合作。

"'微代言'的前景在于，在大数据精准匹配消费者个性与喜好的基础上，商家可以根据自身的营销内容和明星需求，随时预订明星的肖像或更深度合作的权益。某种层面上，阿里巴巴正在成为一家庞大的大数据广告营销公司，其他商家从这里获得的广告营销内容都针对消费者喜好有着精准匹配。"[1]

（二）趣味话题，社交背景

1.Flying Pie 比萨店 "It's Your Day" 营销案例

Flying Pie 最早是美国爱德华州的一家小比萨店，凭借其推出的 "It's Your Day" 营销活动，现在它的分店已经开遍全城，在网络上更是拥有大量活跃粉丝。"It's Your Day" 的活动规则是每周会选择一个名字公布到比萨店的网站上，然后邀请叫这个名字的人来他们的店里免费做一个比萨。做完比萨后，店员会和制作比萨的人做有趣的动作并合影，然后定时把这些照片上传网络。随后，店员会让制作比萨的人写出一个名字，由此决定下一周比萨的制作者，并公布到网络上。

其实，Flying Pie 的成功在于它借助了社交网络的巨大力量。一方面，到店免费制作比萨的人会将体验分享给自己社交圈的朋友，赢得朋友的关注和羡慕；另一方面，由被人际关系中的朋友选中，人们会因为朋友介绍和活动本身的趣味性而感到快乐，即便朋友没有去参与实际的体验活动，这也会让他们感到兴奋，并且主动将信息分享给其他朋友，形成社交网络的趣味话题。就是这种持续不断的趣味社交传播，带给了 Flying Pie 极高的品牌知名度及美誉度，更带来了可观的商业利润。

2. 嘉士伯啤酒 2010 年世界杯营销案例

2010 年的足球世界杯期间，嘉士伯啤酒公司将其制作的三段主题为"不准不开心"的搞笑小视频上传到互联网，推出仅两周就在各大网络平台及 SNS 等社区网站播放超 580 万次。

[1]郑道森.签下300明星做"微代言"，阿里又要颠覆明星代言［EB/OL］.（2015-04-03）［2015-11-05］.http://www.jiemian.com/article/257151.html.

"嘉士伯"并非本次世界杯赞助商，但是借助趣味性的话题及社交网络，成功把世界杯赛事和自己的产品对接，也成功达到了引发目标受众群体兴趣和关注、提供产品信息、宣传品牌形象等多重目的。

3. 沃尔玛NBA（美国及加拿大职业篮球联盟）球衣营销案例

2014年NBA总决赛临近时，沃尔玛为了刺激它的NBA球衣销量，在脸书上发起了一项投票活动：以球衣代表球队，让用户选择对两支球队球衣的投票来支持喜欢的球队。不同以往的是，投票选项并非写明"投热火队"及"投马刺队"，而是在双方球衣下面分别对应了"like"和"share"，即支持热火队就为这则球衣广告点赞，支持马刺队就分享这则球衣广告到自己的脸书账号上。

这项设计的讨巧之处在于：用户无论作何选择都能让广告传播。果然，情绪正达到沸点的球迷们让这项本属于广告营销的投票活动迅速风靡了脸书。可以说，沃尔玛利用热门话题和社交背景打造出了非常出色的广告内容，使其NBA球衣的营销取得显著成效。

4. ALS冰桶挑战营销案例

2014年最为风靡网络的活动之一当属"ALS冰桶挑战赛"，它吸引了包括各界明星在内的众多网友的广泛参与。"冰桶挑战"顾名思义，要求参与者在网上发布自己被冰水浇遍全身的视频内容，而该参与者还可要求其他三位朋友参加活动。活动的规则很简单，被邀请者要么选择24小时内接受挑战，否则就要为对抗"肌肉萎缩性侧索硬化症"捐助100美元。

官方表示"ALS冰桶挑战"的意图是让世界上更多的人了解"渐冻人"这种罕见疾病，同时也通过活动的募捐款来资助相关医疗事业。虽然该活动不属于商业营销，但仍不失为一个经典的营销案例，在营销内容设计上充分发挥了趣味性与社交背景结合的巨大能量。

实际上，社交网络中有影响力群体的时间非常宝贵，一个设置过于复杂的游戏如果导致时间耗费比较长，社交达人们很可能压根就没有时间参与。所以，营销活动的内容方面，"冰桶挑战"规则设计里面隐藏了很多成功要素：在自己的社交媒体账号上发布自己的挑战视频——借助了社交网络；冰水浇身——彻底地满足了大众群体和草根们的围观心理，既有趣又够搞笑；点名三个好友——仍是出于社交背景考虑的一条设计：参与者选好友发起挑战必定会首先考虑最要好的朋友，由于互相熟悉，他（她）对朋友接受游戏的可能性比较了解，即使朋友出于"给个面子"的角度也会参与挑战，因此被点名者接受挑战的可能性很高；24 小时内接受挑战——时间限制可以有效保障活动的时效热点。

5. 电影《后会无期》营销案例

被网友戏称为"国民岳父"的韩寒作为电影《后会无期》的导演，也是电影营销领域的"专家"。作为作家，韩寒一贯有着幽默犀利的语言风格，这正是一名互联网"段子手"的特质。更加难能可贵的是，韩寒还非常重视与粉丝之间的互动，在电影《后会无期》的整个拍摄和宣传期间，韩寒不知疲倦地驻扎在微博阵地，持续发布趣味性话题引发关注。

例如，韩寒发出微博"后会无期，相聚有时，7 月 24 日上映"24 小时之内，该条微博获得了 33 万次转发、15 万次点赞及 9 万条评论；电影临近上映前，韩寒在其微博上发布影片主题曲《平凡之路》的 MV，朴树消失多年的声音瞬间激起浪潮，该条微博最终获得了超 40 万次的转发及 12 万条以上的评论，《平凡之路》造就了影片上映前最犀利的宣传。据统计，《后会无期》最终票房 6.5 亿元，作为韩寒的处女座电影，《后会无期》无疑取得了巨大的成功，微博趣味话题营销功不可没。

（三）情感切入，引发共鸣

1. 凤凰网"钓鱼岛专题"营销案例

2013 年，凤凰网针对中日钓鱼岛争议制作了"钓鱼岛争端"专题，作为这一专题广告主的上汽集团，为其品牌"荣威"在专题页面中推送了一系列诉诸爱国主题情感的网幅广告和漂浮广告，取得了较大反响和良好的营销效果。

实际上，这一案例就是以爱国情感切入，引发了大众对品牌的情感共鸣。在这个案例中，"荣威"的爱国诉求广告与凤凰网的专题新闻节奏合拍，凤凰网进行的精准推送，也就是通过新闻专题的方式，将品牌的营销受众圈定为关注这一事件的群体。

2. 淘宝微电影营销案例

淘宝受真实事件启发，为自身品牌量身打造了一个5分钟的短视频，此视频在优酷上线后立即引发广泛关注。视频内容大致是：4个小伙伴为了实现儿时"参加汽车展览"的梦想，居然将一辆富康车成功改装成兰博基尼，其中所需零件全部是通过淘宝网买到的。

视频勾起了人们潜藏在内心的对儿时岁月和心中期盼的怀念与感慨，共鸣过后，网友们不仅感到了兴奋与鼓舞，还记住了"淘宝，八亿商品，支撑你的梦想"这句广告词。淘宝的这则广告以儿时梦想切入，情感诉求非常到位，引发了消费者们强烈的共鸣。

类似的案例还有百度的《央金的水窖》、伊利的《花甲背包客》、金士顿的《记忆月台》……这些都是广告主为其产品和服务专门定制的微电影，并在网络进行传播。

3. 罗永浩"锤子"手机营销案例

在罗永浩筹备其创业产品"锤子手机"的过程中，依托个人微博，渲染理想主义，持续更新关于手机的理想设计描述，同时还不断在巡回演讲中强调和塑造"匠人精神"，吸引粉丝群体的认同。手机尚未成形，就已经让社会对其产品产生了广泛关注与期待。

在"锤子"手机的营销中，老罗充分借助理想主义和"匠人精神"打造宣传内容，让其手机的目标消费群体——80后、90后们产生了情感共鸣，从而对手机产品产生了巨大期待，用较低的成本创造了巨大的营销效果。

4. 电影《失孤》营销案例

当下电影营销的一个成功模式就是，结合电影内容、风格进行二次创作并将创作内容在社交平台进行互动传播。在这个过程中，以情感打动人心成为多数电影营销团队重点考虑的策划内容。

以刷爆朋友圈的《爸，我想你了》H5 为例，大众点评从电影《失孤》中提炼出了"不在身边的父爱"这个主题，为用户打造了一款"父子照相馆"，用生肖取代父子的真实形象，降低参与门槛的同时，让用户感受到一种别样的父爱气息，而最终《失孤》形象的出现，也让用户对电影有了极为强烈的情感体验和观影期待。

5. 90 后少女创业者《对不起，我只过 1% 的生活》营销案例

2014 年 12 月 13 日，微博账号"伟大的安妮"发布了《对不起，我只过 1% 的生活》，这套组图迅速在微博上发酵走红，并很快扩散到了微信朋友圈。一天内，两大社会化网络均被其"攻陷"。截至 12 月 15 日，该组图在微博上获得了累计转发 43.69 万次、评论 8.9 万次及点赞 34.73 万次，其所带来的转化也高的惊人——"伟大的安妮"14 日下午发布微博称《对不起，我只过 1% 的生活》已有超过 6000 万的阅读量，超过 30 万用户下载了她创业开发的 App "快看漫画"，该 App 在 AppStore 里的下载量最高时排名免费榜的榜首。

怎样创作感人的、容易引发共鸣的故事来用于营销？《对不起，我只过 1% 的生活》可以算作典型案例。仔细解剖这个故事内容，可以很清楚地看到其高明之处。《对不起，我只过 1% 的生活》故事的内容精髓包括以下几个方面：鲜明而有正能量的主题——励志与梦想、个性化的人物——90 后少女创业者、新颖而可视化的传播形式——漫画、故事的核心矛盾点与冲突——成长与创业中的坚持与特立独行。以传播学的角度，个性化人物、鲜明主题、丰富并有冲突的情节、感同身受的细节这些要素缺一不可，目的就是要有代入感，引发受众共鸣。

（四）营造场景，强化互动

1. 大堡礁"世界上最好的工作"营销案例——百事可乐"我要上罐"

2009 年，澳大利亚昆士兰旅游局发布"世界上最好的工作"招聘启事，以此招募大堡礁的护岛人岗位。看似招聘启事，实则是最好的景区宣传广告。果然，这一招聘启事吸引了全球关注，获得了来自 200 多个国家和地区的 3 万多份申请。当时，人人都希望能在竞聘中胜出，与这则招聘主题相关的文章、图片、视频等在各种网站、播客、博客中广泛传播，实现了宣传大堡礁旅游信息的目的。

虽然表面上只是工作招聘启事，但是"大堡礁护岛人招聘"可以算作是强化内容的互动性以提高营销效果的经典案例。通过充分利用互联网在互动性上的优势及有针对性的内容构思，澳大利亚昆士兰旅游局成功将招聘转化为了一场出色的营销。

类似澳大利亚昆士兰旅游局"世界上最好的工作"的还有 2011 年的百事可乐"我要上罐"活动。仅仅需要在百事可乐官方网站上传个人照片，在投票中胜出者就可以在百事可乐罐上秀出自己的风采。毫无疑问，很多青少年都想让自己的图像出现在世界知名品牌上，结果也证实了这种具有强互动性的营销内容的成功，此举最终吸引了成千上万名青少年的参与，营销效果令百事可乐公司非常满意。

澳大利亚昆士兰旅游局"世界上最好的工作"和百事可乐"我要上罐"这两个营销案例都是通过策划网络事件，借助内容的强互动性吸引网民关注、参与和分享，进而在互动中完成广告营销。这种依托传统互联网的互动式营销成绩显著，随着移动互联网的兴起，营销内容的场景化与互动性在移动互联领域的表现会更为突出。

2. 腾讯微信红包营销案例

移动互联网领域，营销内容最具场景化与互动性的案例之一当属场景化移动网络拜年。2014 年，最流行的拜年方式及话题当属微信"抢红包"。作为腾讯公司一次出色的营销运作，"微信红包"凭借着"社交＋

游戏"获得了巨大成功。人们在参与抢红包的过程中，在意的并非红包的多少或者是否陷入腾讯营销圈套，而是朋友间多了一个有趣的互动游戏，从而获得了很多在时间和空间上都非常方便的沟通机会，这给人们带来了很多欢乐。

我们无法知道腾讯公司在开发微信红包之初是否想到它竟能造成如此大的影响，微信红包的意义已经超越了营销本身，它颠覆了存在已久的传统发红包方式，营造了移动互联下的新场景，让中国人发红包的习惯借助微信这个强关系平台有了革命性的变化，人们正在形成春节发红包的新习惯。

3. 维多利亚的秘密"摩擦摩擦"场景应用营销案例——真维斯光棍节"拆炸弹"游戏营销案例

2014年7月初，维多利亚的秘密在移动端上线了一款"摩擦摩擦"的场景应用，一时间风靡网络。该应用的首页是一张被雾化的照片，用户如果用手指轻轻擦拭就会出现一位清晰的模特，随后用户可以滑动浏览并进入品牌介绍页面，点击抢购。

类似的还有2014年"双11"期间天猫真维斯上线的一款游戏：在20秒钟时间内为男神或女神"拆炸弹"。整个玩游戏的过程其实是完成了真维斯的一场换装秀，这样的广告营销方式增强了用户对品牌风格的印象。同时，这款小游戏还具有其他营销效果，即向用户显示游戏排行榜之前，真维斯将获得手机用户的姓名和手机号等用户信息。

第七节　泛媒介，流量当道

　　媒介是人类历史长河中的船舶，承载了人类文明，促进了经济社会的发展，不断更新变革着人们交流沟通和信息传播的方式，从以口语表达为主的口语传播时代，到以文字为载体的印刷传播时代，再到以广播、电视为代表的大众传播时代，直到今天以互联网及其相关信息技术为载体的网络传播时代，媒介的发展不仅变化着人们生产、保存和传播信息的方式，同时也使得信息生产和传播的效率得到无限提高。不同于报纸是人"眼睛"的延伸，广播是人"耳朵"的延伸，电视是人"神经"的延伸，互联网在实现上述延伸的基础之上，还充当着人的手和脚，甚至还当起社会关系管理的管家，彻头彻尾地改变了人们社会生活的方方面面。这种改变激发了整个社会关系的调整，作为经济"晴雨表"的广告首当其冲成为最早触"网"的商业环节之一。

　　媒介即信息。从有广告之日起，媒介就在广告传播中扮演了不可或缺的角色，自始至终决定着广告的形式、内容、运作模式，甚至决定着广告主、广告代理公司及消费者之间的关系。互联网经历了Web1.0的门户时代，Web2.0的搜索时代，到今天表现为双向互动社交网络的Web3.0。有人说，目前还不是真正意义上的Web3.0，Web3.0时代是基于云计算、大数据和物联网等互联网相关信息技术，"以消费者为中心"市场导向下的新商业文明时代，"每个个体时刻联网、按需供给、实时互动"。"互联网＋"营销涵盖了包括沟通、公关、数据、优化、研发和客户管理等在内的方方面面，渗透到企业运营的整个价值链中。但互联网有别于传统营销模式的，首先是其特有的媒体属性。互联网创造了传统营销所没有的泛媒介平台。广告传播环境重构，传统媒体不再一家独大，企业有了更多元、更优质、更有效的广告传播渠道，传统广告遭遇滑铁卢，"流量"代替"收视率"成为新的交易货币。

一、传统媒体遭遇了什么

（一）传统媒体受众流失

伴随互联网的普及应用，尤其是以智能终端为载体的移动互联网的发展和普及，人们的媒介接触习惯发生了质的改变。报纸、电视、杂志等传统媒体的受众使用率大幅下降。如果说 2011 年以前还是传统媒体的天下，电视、广播、报纸、杂志分别以其独有的特色分食受众市场的大蛋糕的话，自 2011 年起，互联网尤其是智能终端就以其兼容并包、开放、自由、共享、去中心的优势特色不断吸引着人们的眼球，并以加速度的发展趋势迅速吞噬其他媒体的市场蛋糕。如表 7-1 所示，在过去的 5 年中，报纸和杂志所受影响最大，逐渐被移动终端的各种应用取代，订阅用户数量锐减；而智能手机和平板的渗透率则逐年大幅提升。

电视的高渗透率，与电视受众人群的分布广泛有关，同时也是人们的媒介消费惯性使然；而广播渗透率的微幅提升，与其相对固定的、高黏性的司机人群密不可分，特别是近年来私家车的骤增催生了更多的广播听众；报纸以上班族和老人为主，但智能终端，尤其是平板的视觉舒适性和移动性大有替代报纸的趋势。根据中国互联网络信息中心的《中国互联网发展状况统计报告（第 36 次）》数据，中国互联网网民已经达到 6.68 亿，接近总人口数的一半。如果在互联网发展早期，网络用户群还相对年轻、高学历和小众化的话，如今，互联网尤其是智能手机终端的用户群体已经涵盖老幼妇孺全阶层。

表 7-1　中国媒介渗透率（2011—2015）[1]

项目	2011 年	2012 年	2013 年	2014 年	2015 年
电视观众	93.5%	93.8%	94.2%	94.5%	94.8%
台式电脑 / 笔记本网络用户	37.5%	40.7%	43.4%	44.8%	46.0%
智能手机用户	16.6%	27.1%	34.5%	40.0%	43.1%
功能手机用户	51.2%	47.8%	45.8%	43.3%	42.0%
印刷媒体读者	34.0%	33.0%	30.0%	28.0%	26.5%
杂志读者	12.1%	11.4%	10.8%	10.3%	10.0%
报纸读者	33.0%	32.0%	29.0%	27.0%	25.5%
平板电脑用户	6.3%	9.1%	16.3%	19.7%	22.3%
广播听众	16.7%	17.0%	17.5%	17.7%	17.8%

　　虽然电视和广播的渗透率保持了相对稳定的发展态势，但渗透率只能说明媒体的到达情况，并不能解读媒体市场的真正分布。根据表 7-2 所示，在使用时间上，除广播外，传统媒体均出现了大幅下滑，尤其在 2015 年，中国受众每天使用数字媒体（包括智能手机、平板电脑、功能手机和桌面 / 笔记本）的时间第一次超过了传统媒体，占据总的媒体使用时间（6 小时 8 分钟）的 50.4%。电视的渗透率虽然高达 94.8%，遥遥领先于其他媒体，但电视媒体的使用时间却逐年下降，CAGR（复合年增长率）为 –0.8%。智能手机、平板电脑和功能手机的 CAGR 则分别为 27.5%、

　　[1] 2015 中国社交媒体核心用户数据分析［EB/OL］.（2015-07-08）［2015-11-09］. http://mt.sohu.com/20150708/n416405832.shtml.

36.0% 和 62.7%，并大有继续增长的态势。

表 7-2　中国受众每天媒体使用时间分布（2011—2015）[1]

项目	2011 年	2012 年	2013 年	2014 年	2015 年	CAGR
数字媒体	35.8%	40.5%	45.4%	48.5%	50.4%	0.2%
移动媒体（非语音业务）	15.4%	21.0%	26.9%	30.7%	32.9%	1.3%
智能手机	7.3%	12.5%	16.3%	18.8%	20.3%	27.5%
平板电脑	1.7%	3.4%	6.5%	8.4%	9.5%	36.0%
功能手机	6.4%	5.1%	4.1%	3.5%	3.1%	62.7%
台式电脑／笔记本	20.4%	19.4%	18.6%	17.8%	17.4%	−11.8%
电视	55.5%	51.7%	47.6%	45.1%	43.6%	−0.8%
广播	3.7%	3.6%	3.4%	3.2%	3.1%	0.8%
印刷媒体	4.9%	4.3%	3.6%	3.2%	2.9%	−7.4%
报纸	4.4%	3.9%	3.2%	2.8%	2.6%	−5.1%
杂志	0.5%	0.5%	0.4%	0.4%	0.3%	−7.4%
总计（时间）	4:58	5:14	5:39	5:57	6:08	5.4%

（二）广告营收下滑

受众流失的直接结果是媒体广告份额的急剧下降，进而直接影响了媒体的业务营收。根据中国广告协会报刊分会、央视市场研究股份有限公司发布的 2014 年中国广告市场数据显示，中国传统广告市场同比下降 1.7%，电视出现了首次负增长，增幅为 −0.5%，虽然降幅很小，但足以改变传统广告市场的趋势。

---

[1] 2015 中国社交媒体核心用户数据分析［EB/OL］.（2015-07-08）［2015-11-09］. http://mt.sohu.com/20150708/n416405832.shtml.

我国传统媒体所面临的遭遇和挑战，在世界范围内同样上演着。美国的《纽约时报》近 5 年来的收入较前 5 年减少 300 亿美元；韩国发行量最大、市场占有率达 70% 的《朝鲜日报》，近两年来，其发行量也在以 20% 的速度下降。这是互联网的技术革新、应用创新和受众消费习惯变化所带来的冲击，与制度无关。

（三）传媒行业重新洗牌

从世界范围来看，当前传媒产业的演变存在两大趋势，并形成"新媒体＋移动"主导的方向。[1]

1. 市场竞争格局出现逆转

截至 2015 年 5 月，上线不到 4 年的移动终端 App《今日头条》，累计激活用户数达 2.5 亿，日活跃用户超过 2000 万。当用户使用微博、QQ 等社交账号登录今日头条时，它能在 5 秒钟内通过算法解读使用者的兴趣 DNA，用户每次动作后，10 秒更新用户模型，越用越懂用户，从而进行精准的阅读内容推荐。[2]

互联网的技术智能化和大数据的挖掘分析能力使得传统媒体的竞争日渐乏力。以内容优势见长的传统媒体变成了新媒体的内容生产商，而把"用户"看的与"内容"同样重要的新媒体则既能借力传统媒体，又依靠社交媒体的 UGC（用户生产内容）迅速发展，并不断推陈出新，让人应接不暇。2005~2015，经过十年的发展，互联网已经彻底代替了传统报纸成了传媒的创新旗帜，并大有替代电视、广播的发展趋势。

2. 移动互联网正式占据主体

2014 年，中国手机网民规模首次超越传统 PC 网民规模，占比 84%；

［1］朱春阳，张亮宇，杨海. 当前我国传统媒体融合发展的问题、目标与路径［J］. 新闻爱好者 2014(10):25-30.

［2］陈粲然. 泛阅读产品"今日头条"是如何基于微博兴趣图谱做个性化推荐的.（2015-10-15）［2015-11-28］.http://www.pingwest.com/demo/jinritoutiao-reading/.

到 2015 年 6 月，手机上网使用率提升至 88.9%。这是一个新的信号，标志着互联网行业向新的平台转变，以智能手机为代表的移动互联网正以几何增长态势彰显着自身的实力，成为最大的信息消费市场、最活跃的创新领域，重构了互联网服务的模式与生态，也正式成为传媒行业的主导者、改革者和创新者。

移动互联网是"以移动网络作为接入网络通路的互联网及其服务"，包含"移动网络""移动终端""应用服务"三大要素。移动互联网一度被业界认为是"互联网 +"移动通信网络，是互联网在移动终端上的延伸，安卓系统、iOS 运作模式及 Windows Mobile 等正是这一延伸的直接产物，但伴随着移动互联网的蓬勃发展，这一"互联网迁移化"的认知共识已经被彻底颠覆。"新的计算革命已经开启，智能硬件、可穿戴设备甚至汽车互联网、新型机器人沿着移动互联网的发展道路不断向各个产业领域蔓延，促进经济乃至社会变革"。"移动网络 × 互联网"的乘法效应正在开始发挥效力（图 7-1）"。

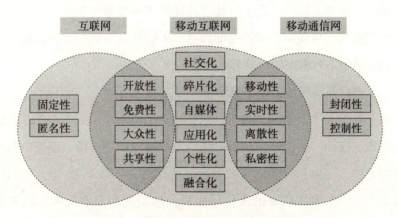

图 7-1　移动互联网乘法效应示意图[1]

（1）移动互联网增长打破"摩尔定律"

英特尔创始人之一戈登·摩尔提出的"摩尔定律"认为：每 1 美元所

[1] 张茜. 移动互联网广告营销研究 [D]. 哈尔滨：黑龙江大学，2014.

能买到的电脑性能，将每隔 18~24 个月翻一倍以上。这一定律揭示了信息技术进步的速度。"移动智能终端自 2007 年起步以来高歌猛进，在 2010 年末首次超过 PC 同期出货量，其后进入高规模高增长阶段，至 2013 年其出货量首次超过功能手机，约为 PC 同期出货量的 3 倍，以年出货 10 亿部的市场体量成为当今市场容量最大的电子产品分支"。移动互联网的发展速度已经远远超过摩尔定律（PC 的发展以一年半为一个发展周期）定义的产业发展周期，这无疑预示着以移动互联网为主旋律的一个新的技术周期的到来。

（2）移动互联网已经成为人们生活中不可或缺的部分

移动互联网以其移动性、便捷性不断向第一和第二产业延伸，快速融入诸多实体产业，改变了诸如交通、餐饮、服装、旅游、金融等领域，在人们的社会生活中加速渗透。支付宝、滴滴打车、微信红包，移动互联网通过不断推陈出新的网络应用和服务一次次颠覆人们对原有生活和互联网的认知，并且这种融入、改变、延伸的范围与深度正不断加深。在技术推动、创新驱动和需求拉动之下，加之移动终端的技术智能化、功能集成化和价格低廉化，移动互联网将逐渐渗透到人们社会生活的方方面面，并成为人们生活中不可或缺的一部分。

（3）移动互联网抢滩传媒市场

除了改变了人们的社会生活和消费方式，移动互联网正通过信息获取、娱乐、视频、阅读等多方面的移动应用抢滩传媒市场。根据中国互联网络信息中心《中国互联网络发展状况统计报告（第 36 次）》，中国网民中分别有 77.4% 和 59.7% 的人使用手机获取新闻和观看视频。越来越多的互联网用户放弃电视，或者边看电视边玩手机；传统体育赛事开始在网上直播，网络用户甚至愿意为数字内容买单；当当网在销售纸质图书的同时，读者可以同步购买电子图书。移动互联网正在替代传统媒体，发挥提供信息、娱乐和教育的功能（表 7-3）。

表 7-3 　2014.12—2015.6 中国手机网民对各类手机应用的使用率 [1]

应用	2015 年 6 月		2014 年 12 月		半年增长率
	用户规模（万）	网民使用率	用户规模（万）	网民使用率	
手机即时通信	54018	91.0%	50762	91.2%	6.4%
手机搜索	45434	76.5%	42914	77.1%	5.9%
手机网络新闻	45959	77.4%	41539	74.6%	10.6%
手机网络音乐	38556	65.0%	36642	65.8%	5.2%
手机网络视频	35434	59.7%	31280	56.2%	13.3%
手机网络游戏	26699	45.0%	24823	44.6%	7.6%

　　消费者的关注目标正在向数字领域，尤其是移动领域转移，广告收益紧随其后。即便在数字市场内容，注意力和广告收益也是不断向移动领域转移。根据 BI 首席执行官 Henry Blodget 在《2013：数字产业的未来》报告中所提的数据显示，人们在互联网门户网站上所花的时间越来越少，在搜索引擎、社交网站上花的时间越来越多，新兴网站和服务正在蚕食门户网站的蛋糕。相应地，搜索广告、显示广告、视频广告和社交广告等移动领域的广告都在大幅增长。全球主要国家的移动广告都呈快速发展的态势（表 7-4）。

表 7-4 　2011—2016 年全球主要国家移动广告增长情况 [2]

国家	2011 年	2012 年	2013 年	2014 年	2015 年	2016 年
美国	132.6%	220%	71.6%	56.9%	42.9%	32.4%
加拿大	79.6%	77.3%	70%	59.9%	60.2%	43.1%
瑞典	150%	170%	65%	40%	25%	20%
英国	144.8%	120%	65%	55%	50%	25%
挪威	80%	120%	70%	50%	30%	25%
芬兰	80%	90%	68%	50%	30%	20%
德国	73.7%	85%	65%	62%	55.4%	46.3%

---

[1] 中国互联网络信息中心 (CNNIC). 中国互联网络发展状况统计报告（第 36 次）［R/OL］.(2015-07-23)［2015-09-21］.http://www.cnnic.net.cn/gywm/xwzx/rdxw/2015/201507/t20150723_52626.htm.

[2] 李岚. 移动化、社交化：视听新媒体融合发展新态势［EB/OL］.（2013-07-24）［2015-11-16］.http://media.people.com.cn/n/2013/0724/c367198-22312399.html.

国家	2011 年	2012 年	2013 年	2014 年	2015 年	2016 年
荷兰	120%	75%	65%	45%	40%	35%
西班牙	72.3%	75%	58%	54.3%	49.1%	45.3%
丹麦	120%	70%	55%	50%	40%	20%
意大利	44.9%	66.3%	60.9%	50.3%	44.6%	29%
法国	43.6%	48.7%	53%	49.1%	41.3%	38.5%
中国	135.6%	138%	100.5%	74.4%	63.8%	31.2%
印度尼西亚	132%	110%	90%	85%	85%	75%
澳大利亚	79.6%	65.5%	36.8%	32%	23%	15%
韩国	60%	40%	20.5%	15%	11.1%	10%
日本	35.4%	27.2%	16.5%	15%	8.1%	6%
全球	74.6%	105.8%	61.6%	49.5	40.2%	29.6%

除了用户转移的因素，移动广告的用户 ID 化、大数据化、移动化、社交化和广告效率化等突出优势也促使门户网站和传统媒体加速业务和广告服务转型。新浪已经计划把使用了 15 年的门户首页重新进行调整；腾讯的传统 PC 端收入已低于移动端的收入。"各大门户型网站的移动化转型，以及移动媒介广告投放的持续增长，都印证了主流终端从网络时代走进了移动互联时代，以智能手机为代表的移动终端将会是未来社会的主流媒介。"

（四）视频主宰，内容为王

随着 4G 移动技术的发展，过去因为通信技术受限的很多应用，例如手机游戏、终端音视频分析等迅速发展和升级。

1. "视频时代"来临

如果说互联网开启了"读图时代"的大门，移动互联网则推动了"视频时代"的到来。4G 的推广和普及应用加速了视频的生产、制作、传播和观看，没有了技术和流量的限制，人们不再满足于图片的有限信息，既需要视觉冲击，还要立体丰满的信息和视听感官的综合。与此同时，网络用户开始用智能手机自拍视频，将所看、所听、所做的事，随时拍摄纪录，既丰富了网络视听内容，也促使媒体在业务上不断创新来适应人们对视频的需要，各种各样的自拍视频应用也大量涌现。

2013年11月《纽约时报》推出在线视频服务内容"The New York Times Minute"，每天6点、12点和18点分别推出一分钟最新新闻报道，以满足网络用户信息快速消费的需求。在4G技术的支持下，电视新闻采编也可以通过智能手机来实现最快速的新闻采集和回传，保证了新闻的及时性。

与此同时，基于4G的移动互联网还满足了网络用户自制视频的需求。各种"微视频社交应用"应运而生，网络用户通过智能手机上的"微视频社交应用"拍摄、制作和编辑微视频，并发布到社交平台上，实现了生活、工作、学习和社交的实时沟通。在电影院、餐厅、游乐园、剧院、路上等任何场合随处可见人们用手机自拍或拍摄的情境，"无视频无真相"，网络用户自制视频既为传统媒体提供了更可靠的信息来源，又丰富了网络平台内容，也满足了自身与朋友和他人进行交流的欲望。2014年伦敦春季时装周，当现场舞台灯光关闭之后，所有的观众都拿出手机录制视频，模特甚至在走秀的时候也会自拍，并立刻更新到推特上。在移动互联网时代，眼睛无处不在，拍摄随时发生，任何事情和人都不可能被隐藏，除非事情没有发生过。2015年10月12日，李亚鹏和王菲的女儿李嫣的美拍视频在社交网站上被疯狂转发，虽然事后视频被迅速删除，但视频已以光速传遍网络。因为先天唇裂，李嫣自出生起就被父母小心翼翼地保护着，9年间无缝隙的保护却被移动互联网瞬间打破。只要有一丝可能，移动互联网无孔不入，这就是移动互联网的奇妙，也因此带来了风险。

4G移动互联网时代，移动视频的生产和分享还会疯狂增长。可以预见，在未来，视频将代替文字和图片成为信息消费的主流。

2. 全民继续"娱乐至死"

移动互联网不可免俗地从工具属性发展到娱乐属性，最后走下神坛，成为具有生活属性的工具。"提供娱乐"是传统媒体的最重要功能之一，移动互联网的移动便携性使得人们可以充分利用碎片化的时间观看视频和生活化的内容，真正实现见缝插针的放松休闲。伴随 4G 的普及应用，移动智能终端上最受欢迎的内容之一必将是娱乐化和生活化的信息内容。虽然人们接收信息和获取娱乐的平台转移了，但"娱乐至死"的精神将贯彻到底。

3. 内容的规模化定制

基于 SNS 的社交网络特性在移动互联网上被无限放大。除了传承互联网的开放、共享、大众和移动通信的实时、私密、移动等特点之外，移动互联网又衍生出具有独特优势的社交化、碎片化、个性化等特点，这些独特的优势使得移动互联网拥有了更强的生命力，使得用户生产内容可以实现规模化的定制。

互联网时代信息泛滥，个性化、定制化的信息需求日益增长。通过 RSS（简易信息聚合）、云端存储、大数据挖掘和分析等技术，可以实现网络用户信息内容的规模化定制，既降低了成本，也可以克服信息大众与个性的矛盾，解决信息生产的盲目性和目标群体的不清晰，最终实现信息生产和传播的个性化和定制化。

二、传统媒体为什么受到如此冲击

与移动互联网的技术优势相比，传统媒体无论在信息传播模式、传播时效、传播费用、传播介质还是受众定位等方面，都存在着先天不足。

（一）传统媒体的捉襟见肘

1. 模糊笼统的受众定位

传统媒体的受众群体相对宽泛，根据媒体属性、内容定位和受众调查，可以在后期了解受众的大致构成，并主要以社会属性中的性别、年龄、职业等指标进行粗略划分。由于没有事前调研，很多电视节目、报纸栏目或电台频率定位都是依靠策划者的经验，甚至是直觉判断，定位不准确，收看／阅读／收听效果很低。这种定位不明晰，不能满足互联网环境下的小众化、细分化、定制化、精准化的信息需求。在互联网环境之下，平台及其产品都是以用户为导向，加之对数据和用户行为的抓取和分析，很容易做到对用户的精准定位，或者是对平台用户属性的描述，而这恰好与广告客户的期望形成高度匹配，判断用户的需求，做到精准投放，获得更高效的传播效果。

2. 单一原始的信息传播

基于互联网的信息传播远远不止信息呈现这么简单，而是可以利用或简单或复杂的技术实现更深层次的互动，甚至可以直接实现商品交易，不但强化了传播效果，而且可以直接为销售引流，成为销售环节的入口及信息传播的出口。而在此层面上，传统媒体能做到的却少得可怜，仅仅是单向的信息传播，任何的互动都要依靠其他沟通工具或平台来完成，比如电话、短信、微信、信件、邮箱、微博等。这种不能简单及时的互动方式拉长甚至阻碍了受众从思考到行动的过程，很大程度上降低了转化率。

3. 难以衡量的传播效果

传统媒体曾经拥有的近乎垄断的信息霸主地位，使得广告主别无选择，非它不可，因而广告效果的衡量也就显得不那么重要。加之传统媒体单向传播的局限，受众反馈不能及时获得，传播效果很难量化。单凭发行量、收视率、收听率和阅读率等数据，不能真正反映广告传播效果，更不用说广告转化情况。因此，传统媒体的广告投放就出现了"我知道广告费用浪费了一半，但我无法知道是哪一半"的尴尬。

广告投放往往是企业的整合营销策略的最终实现，通常会由多种媒体、多种渠道组合完成，包括促销、公关等推广行为也会共同推进，这也会加大传统媒体广告投放效果衡量的难度。

而互联网因其用户 ID 化、数字化、在线化、云存储及互动性等技术优势，消费者购物可以在互联网上一站式实现，广告信息点击、浏览、产品购买，甚至评价或转载等消费相关行为都可以记录在案，"流量"即效果，并可以时时获得。根据反馈效果，广告主还可以随时调整营销策略和广告传播计划，大大优化了广告传播效果，提高了广告转化率。这是传统媒体自愧不如的先天技术缺陷。

4. 无法更迭的传播时效

传统媒体无论是其制作方法、制作技术、制作周期，还是审查机制，都严重影响了传播时效。以报刊为例，从采集、编写、到审核、刊印，再到发行，日报的制作周期最快也要一天的时间，这无疑无法适应互联网环境下的信息瞬息万变、所见即传播的快节奏。无论是舆情应对，还是效果优化调整，抑或只是争抢第一时间，传统媒体都显得步履维艰。

此外，单一的媒介特性也使得传统媒体上的广告创意备受局限，即便是视听合一的电视广告，在互联网超链接、富媒体、社交互动的技术面前，也显得枯燥、单调和功能单一。在场性是互联网技术的综合体现，通过 LBS 位置信息，可以为不同的消费者呈现与其环境相匹配的原生广告内容，增加广告的即时性、生活性和亲近感，缩短用户与产品之间的心理距离，提高广告传播效果。

5. 相对高昂的传播费用

传统媒体因信息稀缺而形成的几乎垄断的市场地位，以及版面空间和时间资源的有限，使得传统媒体资源价格居高不下。这从央视每年数亿元的"标王"广告就可见一斑。而在互联网平台上，时空概念不在，广告费用甚至可以实现实时竞价购买，使得企业花的每一分钱都能掷地有声。加之社会化媒体上存在着庞大分散的社会自然人，通过其自发转发或评论等传播行为，甚至可以实现广告效果的乘法效应。

6. 携带不便的传播载体

传统媒体如电视、广告牌属于不可移动媒体，只有当用户处于场景中才会发生触媒行为；而报纸、杂志也往往体积偏大，几十个版面或几十个页面，受众携带多有不便，这使得受众不可能随时随地关注媒介。

互联网媒体，尤其是以智能手机、平板电脑为终端的移动互联网媒体，因其便携性、移动性、功能多元化等特点，用户完全可以随时随地获取信息、休闲娱乐和购物消费。因此互联网已经远非媒介概念，更不是以一个单独的形态出现，而是融入到了人们的生产、生活的方方面面，这是传统媒体望尘莫及的。

（二）传统媒体应对乏力

互联网发展之初，传统媒体由于体制原因和自身的转型意识不足，并没能及时应对互联网呼之欲来的挑战和冲击。传统媒体对于自身的品牌效应、优质内容和运作模式都有着天然的自信，认为互联网只是一个新的传播平台，二者之间仅是技术实现和传播形态的差异。因此，在布局新媒体业务或与互联网融合上，传统媒体总是抱着"传统媒体为体，新媒体为用"的发展思路，高高在上，或开设网络平台完善业务，或设置新媒体部门，却并没有在人员、资本、技术和机制上真正实现革新。很多传统媒体的创新，尤其是扩大互联网业务也大多成为传统媒体集团的投资陷阱，无法跟上互联网媒体产业的发展节奏和速度。

此外，体制内的帮扶也在某种程度上加大了传统媒体变革的惰性。一些主管部门为帮扶传统媒体共同应对互联网的冲击，不断提高互联网媒体发展的门槛，意在限制其迅猛发展的势头，而不是推动互联网媒体的创新经验如何在传统媒体行业中演变推进。这种以牺牲互联网发展、为传统媒体赢得变革时间的行为，不仅阻碍创新扩散，降低行业创新发展的速度，同时也为传统媒体传递了错误的信号，使得传统媒体错误地以为在目前的媒体格局下，自有行业规则制定者来控制市场，自身不会被抛弃，进而使得传统媒体丧失了自我变革的动力和愿望。

三、传统媒体如何做互联网的加法

面对互联网的冲击，传统媒体无论在收视率、收听率、发行量，还是在被关注度、传播力和影响力，抑或在广告经营等方面，都不同程度地陷入了困境。创新转型和融合发展，已成为传统媒体面对"互联网+"不得不迈过去的坎儿。中央全面深化改革领导小组于 2014 年 8 月的第四次会议审议通过了《关于推动传统媒体和新兴媒体融合发展的指导意见》，提出传统媒体和新媒体深度融合的观点，指导意见认为，传统媒体的广告市场转型同样需要具备互联网思维，要坚持与新媒体优势互补和一体化发展，形成立体化、多样性的融合发展。从意见可见，中央对传媒业的发展已经站到了战略的高度进行决策，这无论对传统媒体还是广告市场转型都是难得的发展机遇。

截止到目前，国内传统媒体寻求突围，完成蜕变的根本即是创新整合。

（一）基于优势自建新媒体平台

"互联网+"强调的是思维的转变，即以互联网为主体，充分考虑互联网的技术、数据、产品、服务和用户中心的本质特征，变内容运营为平台运营、变新闻思维为产品思维、变受众为用户，实现由内容传播者向服务提供者的角色转换。这既包括传统媒体自身的业务转型、技术提升和布局调整，也包括基于自身优势培育和发展创新型的新媒体产品。

"浙报传媒在面临传统盈利模式被颠覆之时，提出了'新闻+服务'的概念，就是用服务来集聚用户，用新闻来传播价值，新闻免费，服务收费，以此解决了自身商业模式的问题"。[1]上海报业集团对其旗下传统媒体采取了"关、停、并、转"布局，重点孵化、培育了"澎湃新闻""上海观察""界面"等创新型新媒体产品，并逐渐优化了解放网、文汇网、新民网等传统新闻门户网站。改变之后，"澎湃新闻"发布当天上午下载量即接近 3 万，"上海观察"收费用户已接近 16 万。

---

[1] 周茂君，杨娜．"互联网+"时代我国传统媒体的转型路径 [EB/OL]．（2015-09-23）[2015-11-19]．http://news.163.com/15/0923/04/B45V8CTH00014Q4P.html.

在中国的传媒制度环境下，光有"互联网＋"思维并不能真正实现传统媒体的创新转型，如若真正落实"互联网＋"思维，在不断加速的市场发展和变革中争取主动，还需在传统媒体中进行体制外转型，即传统媒体自身改革和新媒体创新发展两条腿走路。上海报业集团"率先探索一体化发展的体制机制"，"澎湃新闻"即是这一探索的尝试，尽管资本投入巨大，风险有之，但这种"体制外转型的意义在于为传统媒体理清思路、整合资源、化解阻力，为进行重大利益调整赢得时间"。[1]

（二）变"＋互联网"为"互联网＋"

传统媒体的创新改革道路虽然风险性小、可控性强，但相对于新媒体行业在过去 15 年迅猛发展快速积累起来的速度优势和体制优势而言，传统媒体的改革之路也存在着发展速度缓慢的可能。2014 年 4 月刘奇葆就传统媒体转型撰文，文中指出：传统媒体融合发展要增强借力发展的意识……要通过多种形式，充分利用别人成熟的技术、平台、渠道和手段借力推进，实现更好更快的发展[2]。

伴随互联网企业的规模壮大，以 BAT 为首的互联网企业，纷纷入资传统媒体，"借船出海"，完成社交化、社区化、平台化和产品化的"媒体四化"转型，即以大数据为引擎，向多产业链延伸，以重新构建融合型枢纽式的媒体形态。[3]腾讯与解放日报合作建立大申网，百度与上海报业集团合作运营百度新闻上海频道，阿里巴巴数字娱乐事业群与SMG（上海东方传媒集团有限公司）合作"娱乐宝"项目，即是互联网拥抱传统媒体的直接体现。

---

［1］朱春阳，张亮宇，杨海.当前我国传统媒体融合发展的问题、目标与路径［J］.新闻爱好者 2014(10):25-30.

［2］刘奇葆.加快推动传统媒体和新兴媒体融合发展［N］.人民日报，2014-4-23.

［3］《中国媒体融合发展报告》课题组.中国媒体融合发展报告（2013）［M］.中国铁道出版社,2013.

（三）打造全产业链的传媒生态圈

前文已提到，互联网和移动互联网对传统媒体的最大冲击是颠覆了其既有的盈利模式，虽然获取信息是人们最根本的媒介接触目的，但正如哥伦比亚大学迈克尔·舒德森教授所言，"以什么形式阅读新闻并没有那么重要。新闻是必需品，但报纸不是。"因此，传统媒体的生存之路还在于打造基于品牌效应、优势内容和专业权威的全新产业链，布局大传媒生态圈。

互联网企业的成功路径在于"内容＋服务＋渠道"，通过内容导入流量，借由服务增加黏性，再通过渠道构建，整合线上和线下，最终打造自身的企业王国。以阿里巴巴为例，电子商务是其内容起点，发力支付宝、余额宝等支付和理财服务，入股第一财经和新浪微博弥补内容上的短板，收购 UC 浏览器获取流量入口渠道。同时不断加强线上与线下的联合，收购银泰、入股苏宁，带动传统行业的大变革。

传统媒体领域，中央电视台、上海文广、芒果 TV 在构建传统媒体和新媒体产业链，实现多元媒体融合方面表现突出。上海文广将自身定位为互联网公司，优化已有平台，推动传统媒体网站升级；借力成熟平台，布局移动互联网传播渠道；自建新平台，提升内容生产的核心竞争力，通过多屏联动打造中国互联网电视的第一入口，完善基于"内容＋平台＋服务"的互联网媒体生态圈。中央电视台以强大的内容资源为主导，辐射电视、PC、移动各端，率先打造跨媒体、广覆盖的多屏传播平台，并通过移动互联网上的社交媒体增强观众黏性。

湖南广电的全媒体战略自 2006 年就初见端倪，从成立湖南快乐阳光互动娱乐传媒有限公司开始介入新媒体领域以来，湖南广电始终围绕"内容"做文章，以大视频、娱乐、创意、人才等关键词构成的芒果生态圈为核心，步步为营，构建全媒体集团。2010 年，挂牌成立芒果传媒，以期建立全国最大的娱乐内容生产商和营销商；2014 年，提出以内容驱动，全面进军新媒体，全版权打造芒果 TV；2015 年，芒果 TV 与湖南卫视联合投资 10 亿元，强化"独播"策略，加强内容自制力量。到今天，由金鹰网、芒果 TV、芒果圈、芒果游戏乐园共同构建的"芒果网络生态圈"已现雏形。

在上述几家广电媒体的融合实践中，强化内容优势，实现多屏联动，关注用户需求，完善自身服务，将新媒体和传统媒体放在同等重要的战略地位，最终构建多元媒体生态圈成为共识。

四、媒体融合大势所趋之下的"流量"当道

流量，在网络技术中，泛指网络用户数量。"手机流量"，是一个数字记录，记录一台手机上网所耗的字节数，单位有 B、KB、MB、GB。在以智能终端为主要载体的移动互联网时代，传统媒体，甚至门户网站已经不再是传媒格局的中心，人们的媒介消费时间越来越向移动互联网转移。网络用户之所以大规模向移动互联网迁移，一方面得益于移动互联网自身的优势特征，另一方面则得益于 4G 通信技术的发展和迅速普及。2013 年 12 月，工信部颁发 4G 牌照给三大运营商，中国进入 4G 时代。可以说，正是 4G 网络的快速普及加速了媒介形态的变化，并实现了移动互联网在 2014 年的井喷式发展。GSMA Intelligence 公司预计中国市场 2020 年 4G 的连接数将会达到 9 亿。手机流量成为侧面观测移动互联网发展的一个重要指标。

狭义来讲，"流量"即"网站流量"，是指网站的访问量，用来描述访问一个网站的用户数量及用户所浏览的网页数量等指标。网站流量主要统计指标包括：独立访问者数量、重复访问者数量、页面浏览数、每个访问者的页面浏览数（Page Views per User），还包括某些具体文件 / 页面的统计指标，如页面显示次数、文件下载次数等。从媒介属性角度来看，网站流量等同于电视收视率、广播收听率或报纸阅读率。

传统媒体称霸的时代已去，新旧媒体融合创新发展，构建大传媒圈已成大势所趋，基于互联网平台的流量统计成为广告主进行广告效果衡量的重要指标之一。无论在传统广告阶段，还是在网络广告快速发展的今天，广告效果唯两个指标不可或缺，即用户规模和用户匹配。基于这两个指标可以将新媒体划分为四种类型，借由这种划分，广告主可以有针对性地进行互联网选择，并进行广告投放。

（一）网络广告的首选高地——搜索引擎

高流量和高匹配度的互联网平台是广告主的最优选择，以百度和谷歌等搜索引擎表现最为突出。网络信息泛滥，搜索引擎成为网络用户进入互联网的必选工具之一，加之关键词搜索的指向性非常明显，通过条件筛选和对流量进行细分与适配，信息搜索用户可以与广告产品形成精准的匹配。但针对此平台的广告投放面临着点击欺诈和过量广告降低平台体验的风险。如何在用户体验、广告投放适度匹配及提升公信力等方面有所作为，成为搜索引擎网络平台需要解决的问题。

（二）网络金龟"小而精"——垂直媒体

此类网络平台以高用户匹配度见长，虽然用户规模小，但因为定位准确、用户明确，备受广告主青睐。此类网络媒体或平台很多，以智能手机应用最为常见，例如聚焦女性的"美丽说"和"蘑菇街"，以科技创新见长的虎嗅、36氪，以电影资讯为主的Mtime时光网等。伴随着移动互联网向社会生活的逐渐渗透，面向网络用户的各种应用层出不穷，这些应用将会涉及汽车、金融、旅游、理财、出国、投资、健康等日常生活的方方面面，由于其非常明确的专业划分、用户定位，未来基于移动网络的广告定位会更加准确。

此类新媒体平台面临的最大挑战是技术支持的各种应用不断推陈出新，市场份额被大量的应用不断瓜分，媒体内容价值被碎片化、去中心化，网络用户更加分众化和窄众化，虽然定位准确，但规模体量过小成为硬伤。解决办法是整合资源，通过兼并巩固行业地位；提升广告的有效到达率，并通过提升服务质量，强化用户体验，提高广告转化率。

（三）网络巨无霸"大而无当"——门户网站

此类平台表现为高流量和低匹配度，以新浪、网易、搜狐和腾讯等综合性门户网站为代表。这类网络新媒体更像传统媒体的中央电视台，拥有庞大的用户群体，但受众细分并不清晰，老幼妇孺皆可。如果广告主在此平台进行广告投放，较易建立高知名度，但不利于广告转化，很容易出现投放无效的结果。为解决这一问题，此类媒体平台需对产品和内容进行垂直细分，设置不同的栏目或板块，通过流量导入，实现与广告主目标客户群的精准对位。

（四）网络世界一切皆有可能——小众新媒体

低流量、低匹配度的网络平台对于广告主的吸引力几乎为零，以自媒体、公众号和小众网站为代表。互联网时代，一切皆有可能。借助社交网站的互动、用户生产内容、分享、开放等特征，如果广告内容能够出奇制胜，也许此类网络平台也能够创造网络奇迹。

第八节　小粉丝，全民营销

受众，通常指传播过程中信息的接受者，包括报刊读者、广播听众、电视和 VCD 等电子媒介的观众。然而随着互联网产生，其实际含义得到不断地更新和拓展。在目前互联网经济环境下将"受众"定义为在媒体指导下的拥有已知的社会经济轮廓的潜在的消费群体。

在互联网媒介普及和多样化的社会中，人们对于网络的依赖愈加明显，它不但能够传播信息，使人对周围环境做出适当的反应；互动性更可以使人在与他人的信息交流和经验分享中获得认同感。近几年，互联网的发展促使了更多新媒体形态的诞生，如移动终端手机、平板电脑及在此基础上衍生并发展的微博、微信等各类社交媒体，它们不仅改变着信息的传播机制和媒介行业的竞争格局，更是深刻地改变了网络受众的思维方式与消费行为。同时，中国网民数量在逐年增加，"据中国互联网络信息中心 2015 年 7 月发布的《中国互联网络发展状况统计报告（第 36 次）》中的调查显示，截至 2015 年 6 月底，我国网民规模达到 6.68 亿，半年共计新增网民 1894 万人，互联网普及率比 2014 年年底提升了 0.9 个百分点"。[1] 这

---

[1] 中国互联网络信息中心 (CNNIC). 中国互联网络发展状况统计报告（第 36 次）［R/OL］.(2015-07-23)［2015-09-21］.http://www.cnnic.net.cn/gywm/xwzx/rdxw/2015/201507/t20150723_52626.htm.

些网民其实都是互联网广告营销的潜在消费者，庞大的互联网消费市场必然不能被商家忽视，只有抓住消费者才有营销的意义。这些消费者已经不同于以往传统媒体消费者，他们在人群特点、信息接收方式、消费心理和消费模式四个方面均有较大不同。

一、互联网背景下消费人群的主要特点有哪些

（一）年轻化

截至 2014 年 12 月，我国网民以 10~39 岁年龄段为主要群体，比例合计达到 78.1%。根据 iConsumer 2015 中国网上消费者调查，中国的网络消费者呈现年轻化态势，35 岁以下人群占到了总量的 67%。这意味着 80 后、90 后成为广告营销的主要目标，也是未来消费市场的中坚力量。相比起传统渠道的广告营销受众，这个群体有他们独有的特点：第一，他们思维活跃，追求时尚和刺激，因此更乐于接受新鲜而有趣的事物；第二，小众的生活方式迅速流行起来，比起"从众"，他们更加追求"个性"和自我表达，拥有很强的自我意识，希望通过各个方面来彰显出自我价值。体现在消费行为的转变上，就是越来越多的年轻消费者舍弃主流的品牌，转投小众品牌以此来表达自己的独特之处；第三，相较于之前几代人，他们在海量的广告浸泡中长大，从小就被各类产品和信息包围，导致生活和思考方式与前代人有很大差异，消费行为变得更加情绪化、感性化、冲动化；第四，网络是他们最喜欢的媒体形式之一，他们每天将大量的空闲时间花费在社交软件、网络游戏、移动手机等上面，却几乎很少通过报纸来获取信息。

延伸阅读

百度"世界杯刷脸吃饭"

以餐饮业为例，在热衷于餐饮 O2O 的用户中，蚂蚁金服商学院的调

查报告显示，90 后用户占到了 32.3%，80 后用户占到了 50%，而其他年龄段的用户总共占比 17.7%。2014 年，世界杯再次来袭，广大球迷在看球期间的外卖需求激增，手机百度借世界杯大潮推出了百度外卖功能，正好顺应了用户需求。同时为此推出"世界杯刷脸吃饭"活动，并大获成功。操作流程也非常简单，用户通过搜索外卖，或者通过手机百度的钱包里的外卖入口，即可进入刷脸叫外卖专区，只需要按照操作提示自拍之后，后台就会调用百度人脸识别技术对自拍照进行识别并打分，接着就可以根据打分值获得一定金额的优惠券。刷脸之后，手机百度会自动引导用户进入外卖的界面，用户只要根据自己的需求选择相应的外卖商家及产品，下单使用百度钱包支付即可使用刷脸换来的优惠券，方便且实惠。活动在全国范围内引发了巨大反响，仅微博评论转发数就超过1200 万，微信转发次数和评论数达 689 万，共有近 1300 万人次参与，上传图片 4500 万张，重复参与率高达 13 次 / 人，手机百度由此产生的外卖订单，也增长到了 16 万单。用户纷纷对活动给予高度评价，极大提升百度品牌美誉度，有效拉近百度品牌与用户的距离。同时公众对百度的人脸识别技术给予了很大认可，关于人脸识别技术的视频被点击播放近 400 万次。

"世界杯刷脸"的营销活动无疑是非常成功的，看上去既好玩又让用户有机会享受消费折扣，然而，这背后折射出了百度在图像识别领域多年的技术积累优势，以及通过移动搜索向用户提供线下服务连接的能力。"百度作为国内互联网三大巨头之一，又是搜索领域里专家中的专家，将自己最擅长的东西应用到了营销领域"。[1]

现在网上流行"长得好看能当饭吃"这样一句话，而"自拍"是大多数年轻人的爱好，百度借用人脸识别技术将"拍照"巧妙地与"外卖"这两种行为嫁接起来，既满足了消费者自拍的欲望，又让他们在"衣食住

［1］TOP 东家 .2014 十大营销事件 ［EB/OL］.（2014-12-07）［2015-11-19］.http://blog.sina.com.cn/s/blog_6987e6c50102v5wo.html.

行"的"食"上获得优惠。五官长得越标致，领到的现金优惠券越高，这种低参与门槛的趣味激励措施，会引起更多消费者的关注和好奇心；与此同时，可以设想，总会有争强好胜的消费者会不厌其烦地摆拍各种姿势，以期获得更高的分数与更多的优惠；同时该应用还抓住了人内心对外貌的攀比心理，从而吸引更多的人参与到活动中来。

（二）模糊到清晰

人们对物质和精神消费的选择随着社会经济的发展而不断地扩大，随之而来的是整个人类社会的生活方式和意识形态也逐渐趋于多样化，同时传播技术和传播理念的不断发展让广告商和媒体更加重视对于消费者的研究，从而使社会群体的细分越来越显著。在传统媒体时代，人们所接受的信息大多来自大众媒体，那个时候，受众对于广告商来说是模糊的，被动地接受着外界的信息，比如电视台播什么，受众就只能看什么。一般人很难以个体或小范围的形式出现在广告商和媒体面前，只有精英人士才会时常受到关注，对于广告商，他们也只能通过报纸的发行量、电视台的收视率来衡量自己广告的传播程度，很难对消费者的接受度有精确的把握。到了分众营销的时代，受众开始细分，但仍是以群体的方式出现在广告商面前，每种不同的消费群体的消费习惯开始被重视和研究，例如写字楼中的电视广告和电梯广告大多针对的是上班族，而不同风格的电视栏目中插播和植入的广告也根据其观看群体的不同分类。在当今的互联网时代，受众被广告商进一步细分，并且由于移动互联网的发展创造出了一批新的受众，用户在使用网络媒体、社交软件等自我选择的过程中，网络行为和消费行为更加容易被追踪和收集，大数据的运用使得消费者需求变得更加的清晰化和精准化。在消费者不断被细分的过程中，他们也逐渐由隐在角色变为显在角色，不再仅仅只是被动地接受信息，而是有了更多的选择和表达的权利。

延伸阅读

《纸牌屋》大数据营销

《纸牌屋》的大数据营销为影视内容的策划、生产、制作、推广和播出提供了一个全新的模式，也让全世界意识到了大数据的力量。《纸牌屋》的播出平台同时也是出品方的Netflix最早是一家互联网随选流媒体播放和DVD光碟在线出租公司，因为这部美剧，Netflix在一个季度内新增超300万流媒体用户，同时股价累计涨幅超三倍，而这正是源于其对"可寻址用户"观影行为的挖掘、分析和有针对性的内容创作。

Netflix拥有一整套完整的用户行为数据库和精准度很高的推荐引擎系统。借由大数据存储和挖掘分析技术，Netflix会时时记录数千万用户包括登录、收藏、分享，甚至是暂停、快进、回放等在内的观影操作行为、评分评论及搜索请求等数据信息，并将其转化为代码留存作为内容生产的元素加以记录。《纸牌屋》正是基于数千万用户的客观喜好，确定了主题、内容、导演和播出方式，甚至为了邀请凯文·史派西担纲主演，专门等了10个月开拍。而事实证明，从对用户的洞察到精准定位，再到用户的接触及转化，大数据都精准、高效并成功地引导了Netflix的创作行动。

此外，通过推荐引擎开发大赛，Netflix根据用户偏好进行内容推荐的精准度非常高。根据官方公布的数据，3/4的订阅用户都会接受Netflix的观影推荐。因此，《纸牌屋》的播出形式也不同以往，通过推荐和集中播放，《纸牌屋》风靡全美乃至全球，让Netflix赚了个盆满钵满。

（三）SOLOMO 消费群兴起

SOLOMO是一种营销模式的专业名词，由"Social"（社交的）、"Local"（本地的）、"Mobile"（移动的）三个单词开头两个字母组成，[1]

---

[1] 何玺.SOLOMO：企业立体化营销之路 [J].销售与市场（管理版），2011(12).

即社交化、本地化、移动化，它代表着未来互联网的发展趋势。在这个互联网高度发达的世界，我们已经从零售商霸权的时代进入了消费者主权时代。今天，消费者们不但是 Social Consumer（社交消费者）、Local Consumer（本地消费者）同时还是 Mobile Consumer（移动消费者）。相比传统媒体的广告受众，他们在消费过程中发生了两大变化：全天候和全渠道。

首先，从时间上看，消费者停留在互联网上更加灵活，他们希望随时随地都能买到自己想买的东西。以网络购物为例，淘宝的 12 大消费群体中，最大的消费群体是"夜淘族"，有 2200 多万人，大多是在凌晨 0~5 点下单购物；同时，智能设备的移动性也加剧了时间的碎片化程度，购物频率从定期购买到随时购买，大量的消费者开始利用碎片时间进行网络购物，定期去百货商店、超市购物的人群开始减少。其次，今天的消费者是全渠道的消费者，不管在哪里，都可以买到自己想要的东西；移动互联网的出现，让电脑不再成为束缚网络使用的枷锁，消费者们能够在任何时间、任何地点使用网络，利用网络，他们不再局限于单个渠道，而是开始出现在社交商店、淘宝网店、移动商店和地面实体店。智能手机和平板电脑等智能设备的出现是无线应用发展的里程碑，加上电信运营商、第三方支付的移动支付业务日趋成熟，许多大型电子商务企业都抓住此次机会，相继推出移动客户端应用，并且在这两年运营期内取得了非常好的效果，因此移动电子商务的发展前景可能远比 PC 端更加广阔。

现在，商家在创建了企业的社会化媒体营销地图的同时，还在进一步开发企业自己的电商 App，以期能够获得更大的市场。不能少的是，越来越多的企业还在此基础上开发了社区电子商务业务，通过本地化和移动应用，让消费者进行深入体验，最终将理性和感性认识相关联，为品牌的二次传播和深入人心奠定坚实的基础。"通过'So''Lo''Mo'的融合，品牌所需传播的信息可被大规模共享和重组，目标受众从传统的静态接受转为主动参与。品牌信息通过人际关系、地理位置、移动应用等链条，与目标消费人群形成更加紧密的联系。"[1]

消费者行为习惯的巨大改变，让社交平台成为未来品牌传播矩阵中越来越重要的一部分，本地化和移动化将依靠社交关系的发展而繁荣，最终成为社会化营销潮流中不可或缺的中坚力量。

（四）消费者开始参与到生产中

在传统工业思维中，企业提供产品或服务，通过代理、营销、推广等手段让消费者购买其产品或服务，从而赢得市场份额、获取利润。如今，互联网打破了传统终端的束缚，电子商务的蓬勃发展将层层代理的复杂终端打破，销售者不仅能够参与到产品的营销环节中，还可以与生产商直接进行沟通与对接，提出他们对期望产品的意见，从而成为产品生产的一份子。

相关调查表明，"有 80% 的受访者表示同意如果其他人对自己所分享的经历与体验予以关注或有所受益，就会产生一种成就感；有 82% 的消费者愿意与那些有共同兴趣或话题的人建立联系，倾听他们的经验与建议，并积极分享看法与感受。"[2]这意味着在未来的品牌营销过程中，企业必须改变与消费者的交流方式，并开发出与他们进行有效互动的新方法。例如让每个消费者成为产品的生产开发人员，充分考虑消费者的意见、依据消费者需求定制产品，使他们参与到符合自我个性的产品生产环节当中，这样才更加符合这个信息不断透明的互联网和社会化媒体时代的发展步伐。"在这个参与的过程中，消费者参与到生产环节是激励消费行为的手段，使消费者成为产品众筹者中的一员是对消费者消费价值的鼓舞，"[3]他们在商品生产出来之前就已经提

---

［1］何玺 .SOLOMO：企业立体化营销之路［J］. 销售与市场（管理版），2011(12).

［2］益普索 . 消费心理与行为演进特征趋势研究［J］. 广告大观（综合版），2012(1):105-107.

［3］丁家永 . 正在改变市场的营销观念［J］. 金融博览，2015(5).

前完成了购买行为。

延伸阅读
众筹营销——娱乐宝、服装定制

以互联网为代表的现代信息科技已经对人类社会产生了巨大影响，近年来，互联网也将影响扩大到备受关注的金融领域。2011 年，作为互联网金融的一种全新融资和营销方式，众筹被引入国内。2014 年，众筹逐渐被国人所熟知，并迅速在各个领域活跃起来。

2014 年 3 月 26 日，阿里巴巴数字娱乐事业群发布"娱乐宝"，网民出资 100 元即可投资热门影视剧作品，预期年化收益 7%。首批登陆娱乐宝的投资项目有：电影《小时代 3》《小时代 4》《狼图腾》《非法操作》，大型社交游戏《魔法学院》等。其中，影视剧项目投资额为 100 元 / 份，游戏项目的投资额为 50 元 / 份，每个项目每人限购十份。娱乐宝上线两天内，已有超过 24 万人抢先预约了自己喜欢的影视娱乐项目，过了一把"投资人"的瘾。据官方统计，首期项目总投资额达到 7300 万元人民币。与此同时，一些服装企业邀请不同的消费者在自己的众筹平台上参与"定制个性 T 恤"的活动，没有广告商轰炸似的围击，消费者主动参与到定制活动中来，不仅提高了品牌的接受度，也让企业的品牌形象在消费人群中得到了强化和加深。

从众筹的核心概念出发，可将其看做是一种融资方式，一种售卖方式，已与营销范畴擦边，而随着众筹模式在国内外的快速蔓延，其营销潜力不断彰显。众筹的结果，本身就是一份市场调查；众筹的过程中，可以与用户交流，帮助改良产品、优化项目，对于公关能力较弱的初创公司来说，众筹无疑是一次难得的曝光机会。因此，众筹营销，筹的不是钱，而是市场。

二、消费者的信息接收方式出现了哪些新的变化

"接受是个体适应外界事物的一种行为特征，是个体对对象的一种接纳，吸收和内化为自我的过程。接受方式代表了受众对于信息的处理态度，信息传递方式的不同会相应的引起接收方式发生不同程度的改变。"[1] 互联网及相关技术的发展极大地改变了媒介传递的方式，同时也改变着受众的信息接收方式，这些改变都将影响广告营销的手段和模式。

（一）接收渠道的多元化

在传统媒体时代，人们都从同一个途径获取同样的信息，国家级、权威级的媒体，仿佛金字塔尖，自上而下发布着各类信息，人们只能简单获取信息，无法参与其中。而现在，随着移动互联网的不断发展，使得移动设备的普及率不断提高，用户不再忠实于一个媒体或客户端，混合使用使得人们的生活变得越来越"移动化"和"分散化"。有数据表明，"跨屏"用户已占互联网用户总数的91.8%以上。其中，"人们交替使用电脑+手机是注意力跨屏最常见搭配，总占比达到57.3%。此外，有50.1%的用户交替使用电视+智能手机，24.0%的用户交替使用电脑+手机+平板电脑，12.1%的用户交替使用电脑+平板电脑，6.5%的用户交替使用手机+平板电脑。"[2]不可否认，由手机、平板及电视所组成的多屏时代已经到来，现在"我们都是屏幕人"。

面对人们信息接受渠道越来越多元化，对于广告营销来说，跨屏才是未来，用一个屏幕已经不能涵盖所有的时间和在线活动了。知名市场调研公司 Nielsen 曾进行"视频广告关注度指数"研究，目的在于调查哪些屏幕设

---

［1］易艳馨.适应受众变化对策研究［D］.南宁：广西师范学院，2011：15.

［2］吴勇毅.大视频时代，如何实现跨屏营销［J］.信息与电脑，2014(7):69-71.

备在观众群里最受欢迎。报告结果显示，一边看电视，一边使用智能手机、PC 和平板电脑的用户超过了一半；在所有屏幕中，超过一半的用户会被第二设备搞分心，这让他们无法回想起曾看过的品牌广告。多屏设备对消费者对于一个品牌的记忆程度有着巨大的影响力。这意味着广告商如果想要通过某一屏幕播放的广告内容改变消费者对某品牌的态度或销售自己的产品，比起以往都更加艰难。对于不同设备里出现的内容，人们已经习惯性的进行搜索，同样的广告，若不能考虑同步多屏联动，将很难达到预期的宣传效果。

面对多屏的困境，广告商需要更加细分消费者，针对不同的屏幕思考不同的创意，投放不同表现形式的广告，让品牌在多屏之间实现贯通。同时，目前百度、谷歌等互联网巨头都在不断地尝试彻底打通跨屏数据和提高数据精准性，这些努力都将为未来的多屏广告营销提供了巨大的便利。

（二）时间碎片化

在当今社会，互联网，尤其是以智能手机为代表的移动互联网等媒介新技术的出现与融合，使信息的传播方式呈现加速度发散的状态，加剧了信息的碎片化。在以互联网为基础发展起来的新媒体在信息、媒介和受众上都呈现出明显的碎片化倾向，之后，随着移动互联网的发展和普及，消费者的信息接收时间也被分割成各种小块，昔日白天看报、晚上看电视的场景已经一去不复返。这种短而快的媒介使用方式，让人们的阅读习惯变得零散而破碎。如今，人们可以随时随地通过智能手机、平板电脑等移动上网设备在等车、排队甚至上厕所的时间里刷微博、看视频、使用社交软件等。人们利用这些零散的时间接受海量的信息，不再愿意花费大量的时间和精力在网络上观看长篇的内容，轻松、趣味性强的浅阅读越来越被受众所喜欢，例如网络上"段子文化"的兴起，与大众的碎片化阅读方式就有着密切的联系。对于这种碎片时间的利用，需要的是简短、相关性强和有记忆点的信息，用"短平快"的传播方式在交互中为移动互联网用户提供有效信息，微博和微信朋友圈的快速兴起就是极佳的证明。

延伸阅读

社交网站中的"注意力经济"

作为一种新型的传播手段，微博一经问世，就以其速度快、范围广、内容精炼的优势赢得了无数用户。以新浪微博为例，自2009年8月正式上线起，用户数以每周50%的速度增长，当年用户数量就达到了500万。根据2015年7月中国互联网信息中心发布的《中国互联网络发展统计报告（第36次）》，截至2015年6月，我国微博用户规模为2.04亿，占网民使用率30.6%，[1]这些数量庞大的用户群体让微博诞生了许多"网络红人""段子手"，同时也成功地让一批微博受到广泛的关注。微漫画的兴起就是一个典型的案例。微漫画是以微博形式发表的微型漫画，是微博客价值延伸的一种时代化表现形式，伴随着漫画和动画成长起来的80后、90后正是微博的主力用户，于是漫画与微博融合成就了微漫画。微漫画源于推特，与微小说、微视频、微访谈等一脉相承，以图片为其表现形式，文件小于5M。可以说，微漫画是另一种形式的微小说，但是它美观、有趣、易读，完全符合人们的阅读需求和期望。许多画手在微博上成名后，进一步出书、出席行业活动发布微博广告，成功利用了受众的碎片化时间达到了自我宣传和营销的效果。究其原因，首先，微漫画具有微小说短小、精悍的特点，便于快速阅读，人们在很短的时间内就可以看完一个情节完整的故事，为受众制造一秒钟阅读快感；其次，微漫画内容大多取材于现实生活，容易让受众产生情感共鸣，从而在短时间内对其产生深刻的认同感；最后，微漫画在微小

---

[1] 中国互联网络信息中心 (CNNIC). 中国互联网络发展状况统计报告（第36次）［R/OL］.(2015-07-23)［2015-09-21］.http://www.cnnic.net.cn/gywm/xwzx/rdxw/2015/201507/t20150723_52626.htm.

说的基础上加入了图片作为其表现形式，相较文字更富想象力，同时又具备了快速即时的特性。这三点特性，让微漫画在这个时间碎片化、越来越强调"注意力经济"的时代获得了成功。

社交网站营销已经不再是一个新鲜的话题，但是营销效果却未见衰减。2014 年对于阿迪达斯来说是艰难的一年，它的股价下降了 38%，并且在北美市场甚输给了 Under Armour，跌落到了市场第三的位置。在 2015 年 3 月，阿迪达斯一口气推出了 50 种颜色的板鞋，为了配合这一新款发布，阿迪达斯在社交网站上频频出击，赚足眼球。阿迪达斯与设计师 Pharrell Williams 将 Adidas Originals Super Color 系列的诞生过程拍成了幕后花絮，在新款球鞋开卖之际将视频放在了脸书上，短短几天就获得了 60 万的点击率；除此之外，阿迪达斯还将这些鞋子摆出各种造型并拍照上传至 Instagram，轻松收获了超过 30 万的点"赞"，在开售之前完成了非常漂亮的市场预热工作。显然，消费者对于这种短时间内快速吸引注意力的广告营销方式一直买账。

（三）从单向到双向

伴随信息接收渠道的日益多元化，受众的自我意识和主导意识大大增强，他们有了强烈的参与要求，个性化需求也更加鲜明。传统媒体的传播方式表现为"点对面"的单向传播，互动方式非常不便，观众的反馈意见常常需要通过电话、书信等方式传送至媒体；互联网的"点对面"双向传播使得受众与媒体和其他受众的互动更便利，成本更低廉，人们对于交流沟通的需求很好地得到了满足。社交软件就是网络交互性的最好体现，例如现在应用范围最广的微信。互联网大大消减了广告主与消费者之间的隔阂，消费者可以通过网络向企业提要求，表达自己的意愿，从而不再是广告信息的沉默受众。

有调查表明，"80% 以上的消费者认为，如果厂商在设计开发产品时能够提供让消费者互动参与的机会，他们会乐于参加并给出有价值的想法。因此基于在线的品牌社区（一群招募的会员在一个以消费者洞察与研究为主旨的在线平台有组织地开展互动），借助各种有效的研究技术与方法获取持续的品牌消费者洞察，发现有 70% 以上的消费者同意如果能够有机会让厂商了解自己的意见，即便没有报酬，也会愿意积极分享他们的感受或体验。"[1]互联网时代，新媒体的互动性让受众逐渐参与到营销中来，并开始扮演"顾问"的角色。消费者对于品牌的每一个评价、每一次朋友圈转发，每一个点"赞"、每一次使用分享等都会存在于网络中，除了官方发布的信息，这些消费者的自主评价也会在其他人搜索相关内容时同步出现在屏幕之上，从而对其他消费者的品牌态度和购买抉择产生影响。只有企业及时地获知和把握这些来自消费者的反馈，并作出应对，才能在未来的广告营销中占据一席之地。互联网为企业带来了许多或直接或间接的好处，但是水能载舟亦能覆舟，企业同样可能因为一个互联网事件而使品牌的根基受到动摇。鲜明的品牌价值观、广告内容与社会热点的结合度都在未来的广告营销活动中显得愈发重要。怎样将信息经济转化成为信任经济，并且游刃有余地运用于互联网的广告营销中是所有广告主、广告商及媒体都需要深刻思考的问题。把品牌转换成自媒体平台，吸引粉丝关注，从而使内容迅速传播，这才会让消费者对品牌的信心更加稳固。

延伸阅读

"圈粉"经营中的新商机

社交媒体既为人们提供了交流、展示的人际平台，也为善于与粉丝互动的公众人物、小众设计师提供了无限商机。英国新锐鞋履设计师 Sophia Webster 即是其中的获益者。作为知名鞋履设计师的助手，Sophia Webster

[1] 益普索.消费心理与行为演进特征趋势研究[J].广告大观（综合版），2012(1):105–107.

从最初的默默无闻，借由粉丝的需求指引和设计灵感，设计了"新娘款"靓鞋，赚足了时尚圈的赞赏目光，获得了社会和经济双重效益。

因为在 Instagram 上不断分享自己的设计照片，Sophia 吸粉无数，同时也在其中了解并发现了消费者的需求。

2014 年，Sophia 为好友设计了一双写着"Wifey for Lifey"的婚礼鞋，备受消费者关注。很多粉丝都留言表示，希望能够得到一双同样的婚鞋。而另外两款 Coco 冰蓝宝石缎面高跟鞋和 Evangeline 天使之翼的高跟靓鞋也因为非常像"新娘款"被迅速抢购一空。为此，Sophia 专门开辟了新的生产线，专为"准新娘"而设计婚鞋，销售效果非常好。

社交网站对于品牌运营者的意义不再是售后服务和单纯的信息推送，品牌忠诚的培育、新产品开发的概念探索及商机发现等都有可能在社交网站上被捕获。在移动互联时代，信息传播是基于关系链的传播。品牌商和广告商与消费者的互动产生了诸如存在感经济、点赞经济、想象力经济等信息交互性较强的虚拟经济体。没有交互和对话，就没有品牌影响力，消费者在双向互动中更能理解品牌意义。可以预见，社交网站将是品牌大战的又一个新的战场。

（四）从单纯接受变为传受合一

在大众传播时代，传播者是信息传播的掌控者，而作为消费者的受众则被边缘化，大众媒体传播什么，受众就接受什么，议程设置更是缩小了他们选择信息的范围。随着"互动时代"的来临，受众正慢慢从单一的接受者转变为传受合一的角色。目前，网络受众仍以年轻人为主，他们注重个性，表达自我、释放自我、实现自我的意愿十分强烈，在这个能够互动的网络中，很少有人愿意继续做被动方，他们希望能够积极掌握主动权，通过发布图片、文字和视频达到自我表达的目的。网络论坛、社交网站、社交软件等为受众的角色转变提供了渠道，人们可以将自己的照片、音频、视频等上传到网络。尤其是社交网站上的分享已经成为一股强大的力量，每个人都是自媒体，社交网络中的出现的舆论领袖、草根红人对于消费者的影响逐渐增强。现在，消费者已经成为广告传播闭环中的一员，同时扮演者接受者和传播者两种角色。

Curiosity China 根据腾讯公布的 2015 年业绩报告制作了 2015 微信用户数据报告，报告显示，"在 2015 年第一季度末，微信每月活跃用户已达到 5.49 亿；而另一组数据证明，微信对于社交的影响力已经毋庸置疑，超过一半的用户每天打开微信超过 10 次，而 57.3% 的用户通过微信认识了新的朋友，或联系上多年未联系的老朋友，同时微信直接带动的生活消费规模已达到 110 亿元。"[1] 而根据腾讯智库调查对于 2014 年朋友圈的广告调查，超过一半用户对朋友圈广告的出现并不惊讶，89.8% 的用户反馈称自己在朋友圈里看到过好友发的广告，这反映出朋友圈已成为用户选择发广告的平台之一，对于这种来自好友的广告行为，用户的参与率约为 35%。可见社交媒体已经成为广告营销的重要阵地之一，转发和分享功能的出现更是极大地增强了广告的宣传范围。

延伸阅读
社交媒体的互动营销——ALS 冰桶挑战

2014 年，因为在短短一个月内集得 4180 万美元（约合 2.57 亿元人民币）捐款，互联网世界无人不知 ALS 冰桶挑战，可以说，它是将公益活动与营销结合的最成功案例之一。它充分利用了社交媒体的自传播、鲁棒效应和无限链接等特性，并将其无限扩大。

ALS 中文全称是"肌萎缩侧索硬化症"。患有此病的美国波士顿学院著名棒球运动员 Pete Frates，为了能够让更多的人关注到这一疾病，发起了此次遍布全球的冰桶挑战。社交媒体上被点名的人或者选择将冰水从

---

[1] 腾讯公司 .CuriosityChina：2015 微信用户数据报告 [EB/OL] . （2015-06-01） [2015-11-23] .http://www.199it.com/archives/351990.html.

头倒下，并拍摄视频发到网站上；或者捐款 100 美元，并点名三位好友继续挑战。由于是公益互动，ALS 冰桶挑战从传入国内开始，就获得了各界公众人物的关注和参与。从小米的雷军、百度的李彦宏，到娱乐圈各路明星，冰桶活动在炎热的夏季热度无限。

可以看到，ALS 冰桶挑战活动之所以如此成功，得益于不可或缺的几个特性：简单易复制；挑战公开可见，被挑战人被动参与，确保活动的可持续性；大 V 参与，增强鲁棒效应（见图 8-1）。

图 8-1　ALS 冰桶挑战

三、消费者的消费心理出现了怎样的变化

在现代社会的发展过程中，人类通过自己的努力，摆脱了各种各样的压迫与束缚，这也是人们实现最大的自由和平等的过程。伴随着互联网技术的发展和新媒体的出现，受众在信息、知识、情感等方面自由交流的需求得到充分满足，消费者根据自己的生活、学习、工作、社会交往等方面的需求，开始自主寻找可用信息。网络时代产生的新型社交方式也被人们普遍接受，消费者拥有更多的机会了解企业并与其互动，同时，日益提高的物质生活水平也让他们对产品和服务提出了更高的要求。

（一）从被动到主动

20 世纪 50 年代前，商品短缺，竞争缺乏，消费者的需求难以得到满足，因此是生产驱动、追随需求的生产商大权在握的时代。到了 20 世

50 年代直至 21 世纪前，供过于求，渠道为王。传统的购买模式 AIDA 包括四个方面，分别为 Attention（注意）、Interest（兴趣）、Desire（欲望）和 Action（行动）。因此生产商和零售商为了销售产品而通过广告给消费者创造需求，营销成为整个市场的主要驱动力，品牌广告和促销无处不在。但进入 21 世纪之后，权力的天平开始向消费者倾斜，在产生兴趣到做出购买决定的这段时间里，消费者会主动、有意识地去网上搜索和了解产品的详细信息，例如价格信息、质量信息、他人对该产品的评价等。他们拥有至高无上的选择权，加上信息革命所带来的变革，消费者控制市场，生产商或销售商不得不主动与其建立亲密对话。

　　一项调查表明，"有 56% 的受访者同意如果一个品牌厂商不断通过各种广告宣传来试图影响或改变其想法，那么他们就会感到厌烦并有逆反情绪；同时，有 63% 的消费者表示了解品牌厂商的营销手法，总是能轻松、清楚地判断出他们每个广告宣传想要达到什么目的；有 62% 的消费者会花些时间与心思去琢磨品牌厂商通过各种广告到底想要传达什么样的信息；有 55% 的消费者会在看电视或上网的时候尽量避开广告（如换台、关闭广告窗口、做些别的事情等）。"[1] 因此，网络广告营销中，像传统媒体时代一样向受众输出硬广告已经不再是最优选择，借由原生广告"润物细无声"地渗透，让消费者自己选择营销内容才会取得更好的效果。

延伸阅读

吸引粉丝主动关注——微博大号"同道大叔"的运营始末

　　"同道大叔"是微博上一个知名的星座博主，通过几年的运营，现在粉丝众多，并且已经带领团队创业发布了 App"陪我"。他正是靠着微博一步步进行自我营销，逐渐拥有了广泛的关注。2013 年 6 月刚刚开微博

---

［1］益普索 . 消费心理与行为演进特征趋势研究［J］. 广告大观（综合版），2012(1):105-107.

的时候，"同道大叔"依靠无偿给粉丝画漫画吸引关注，但是一幅画只能针对一个粉丝，还不足以吸引大量粉丝的关注；之后，他开始通过借势热点、恶搞明星海报等方式吸粉，但是由于这个方法并不稳定，缺乏规律性，因此转发量时高时低无法稳定。直到 2014 年 1 月 25 日的一条关于十二星座失眠的漫画微博引发大量粉丝关注，发布当晚转发就接近 4 万条。2014 年 6 月，"同道大叔"开始推出"大叔吐槽星座"系列，用幽默诙谐的文字及配图，内容以 12 星座在恋爱中的不同缺点为主，吸引了大量"星座控"网友，他们在看后纷纷对号入座，直呼"一针见血"。之后同道大叔找到自己的微博定位，从不同角度写、画星座，认真揣摩用户心理，让每一个人都可以找到自己的星座。此后同道大叔每篇博文一旦发布即引起大量粉丝转发，一年之内，粉丝从 10 万涨到了 500 万以上，同道大叔也因此成了微博大号。可见精准的定位对于微博营销的运营影响十分显著。

对于用户心理的洞察是这个微博号能够成功的重要原因。当人们谈论星座时不只是想看其本身，关注和讨论它，而是想通过它来琢磨他人，甚至寻求与某个人相处的方式，对于越来越封闭的现代人，星座已成为情感交流的一个突破口。而同道大叔的微博内容紧紧围绕这些，同时配上简单的漫画和犀利的文字，从而吸引了大量的微博用户。

（二）越来越重视消费的精神体验

随着经济的发展，中国消费者的购物版图已扩大至全球市场。富裕的中国消费者成群结队远赴纽约、迪拜、米兰和东京购物，他们回国后更加懂得欣赏产品质量、品牌传统和客户服务；同时随着人们经济水平和消费能力的提高，人们对于商品价格已经不像多年前那样敏感，而是更愿意为自己喜欢的商品和服务付出一定程度的溢价。对于这些消费者来说，他们更在乎的不是积累物质，而是积累体验。

互联网时代，各类产品的成本越来越透明化，所有产品的售卖价格在消费者心中早有定夺，企业单方面的定价行为在这个时代将行不通。消费者在面对互联网时产生的幻想、情感和兴趣的心理——即所谓"个人体验"对消费行为有着重要的影响,"消费者行为是一个消费者受内在动机驱动而寻求个体心境体验的情感经验过程,"[1] 如对休闲活动消费、审美观点、象征物含义、对于多样性变化的追求、对于享乐消费的反应、产生心理情绪的原因、在艺术上的渴望、白日梦、创造行为、情感、娱乐等很多行为就只能从消费体验中得到深入的理解。现在,消费者们并不愿意购买具有实用性但体验差的产品,却甘愿用高几倍的价钱去购买有内涵、有趣味、有格调的产品。Epsilon 国际部执行副总裁兼董事总经理鲍东明表示:"企业仅着眼于价格和品牌知名度的竞赛现已告一段落。中国消费者每天都有更多选择,他们变得更加精明,要求更高。"这意味着,消费者在付账购买商品和服务的时候,期望得到的不仅仅是产品,还包括产品背后所包含的售后服务、设计美感及精神理念的认同等。

据 Econsultancy 通过采访全球 6000 多名营销、数字和电子商务人员后发布的 2015 年大数据营销趋势报告显示,消费者体验也越来越受到营销人员的重视,22% 的受访者将"消费者体验"作为 2015 年最令人振奋的继续,比 2014 年的数据增长了 20%;同时,78% 的受访者非常同意(28%)或同意(50%)试图为消费者提供个性化消费体验。

(三)消费者专家化,选择多元化

现代传媒手段随着科技的发展发生着日新月异的变化,人们获取信息和知识的手段也在不断进步。受众从"应声虫"变成了"解读者",逐渐远离了媒体强大宣传攻势的影响,成为能够不断自我调节、自我启蒙的理性主体。互联网提供了更多的信息获取渠道,这使得消费者更加睿智、更加理性。专业性网站的发展、网络社区中消费者们的心得交流使消费者获得了更多的产品比较机会,普通消费者也慢慢成了专家,不再盲目地对商

---

[1] 刘绍明.价值观对消费者行为研究的意义 [J]. 当代经济,2012(11):144-145.

品和服务进行购买，他们愿意进一步主动掌握知识和分享信息，对性能和价格进行多方比较和交流后再下决定。

在消费心理方面，受众们不再对媒体宣传进行盲从，他们更加有自己的想法，也更加容易怀疑宣传的内容。调查表明，"消费者认为网络上消费者或第三方发表的评价比品牌厂商自己发布的信息更加真实可靠，超过60%的消费者感觉现在大多数品牌的广告宣传都是在自卖自夸，向消费者灌输他们的想法，很难令他们信服；有56%的消费者认为自身的需求与感受和其他人有很大不同，在选择品牌与产品时会更有主见，而较少听信品牌厂商的宣传介绍；80%以上的消费者会经常查看与关注那些由真实用户发表与分享的产品使用体验与回馈；还有80%以上的消费者会对从不同渠道所了解到的各种品牌、产品信息进行比较，并判断其真实性和可靠性。"[1]信息传播的方式越来越多元的今天，传统媒体已经不再是信息获取的唯一途径，受众也不再是单一的接受者，他们还兼具制造、分享信息的能力，甚至成为自媒体主动发布信息。而且，消费者的选择空间被大大地拓宽了，可以根据需求对于商品和服务进行主动性的选择。

延伸阅读
先了解，后消费——大众点评

大众点评网发布的《中国城市生活消费十年变迁（2003—2013）》报告中显示，互联网正在润物细无声地渗透进人们的生活之中，在这十年间，人们的生活习惯发生了天翻地覆的改变。十多年前，人们出门对于服务商家的选择更多的是靠"运气"，直到最后付款时才发现其实口味并不合自己的心意，服务不够热情，价格也不实惠。到现在，本地生活平台的出现让消费者能够在网上对海量的商户服务信息进行了解和判断，对于品牌和

---

[1] 丁家永. 正在改变市场的营销观念 [J]. 金融博览，2015(5).

商家的地址、营业时间、价格、服务等内容都可以在家中就能透彻了解，同时还能够享受网上的团购、电子券、会员等优惠活动，既从一开始避免了盲目消费行为，又为消费者省去许多时间和精力。

显然，这种消费者之间相互交流消费体验的方式受到了人们的欢迎，"截至2013年第一季度，大众点评月活跃用户数超过6000万，点评数量超过2500万条，收录的商户数量超过260万家，覆盖全国2300多个城市。"[1] 其实，同样把上"点评""看点"评作为习惯的还有商户。"日本料理店'将太无二'的员工把大众点评的客户评价'奉为圭臬'。一名店长曾经表示，'每天上大众点评看顾客的点评已经成了我们工作的一部分，一种生活习惯。'这里不仅是他们及时发现店面问题的平台，也给'将太无二'带来口碑和品牌等诸多无形资产。"[2] 越来越精明和谨慎的消费者也促使着商家不断改进和提升，为消费者提供更好的产品和服务。

四、消费者的消费模式出现了哪些新的变化

2015年6月11日，谷歌发布消费者网络行为报告，最新数据显示，中国（大陆地区）的智能手机使用率达到了74%，消费者对智能手机的忠诚度已经形成。2014年，许多手机移动应用迅速崛起，无论是游戏、购物、搜索、社交或是其他功能的App都拥有十分广大的用户群体，移动互联网对传统消费模式的改变已成为必然趋势。除了可见的移动消费比例增加，随着资讯时代和互联网商业模式的快速融入，以"体验＋社交化"为特点的新兴消费模式越来越受到人们的重视；同时，将线上线下消费巧妙结合的O2O模式也发展迅速，在零售、旅游、餐饮、演艺等传统行业都占有着重要的地位。

[1] 大众点评网.中国城市生活消费十年变迁（2003—2013）［EB/OL］.（2013-05-07）［2015-11-27］.http://m.ctocio.com.cn/os/440/12608440_m.shtml.
［2］姜虹.互联网改变了消费模式［N］.中华工商时报，2013-5-28

（一）移动端消费异军突起

从各大电商 App 的普及开始，到各种打车软件的广泛运用，再到微商数量的剧增，不难发现，自 2014 年开始，移动端消费呈现出爆发性增长态度，消费者的购物习惯从商场转移到线上之后再次被改变。艾瑞咨询最新统计数据显示，2014 年，第三方移动支付市场交易规模达到 59924.7 亿元，较 2013 年增长 391.3%；2015 年第一季度中国的移动购物市场规模达 3623.4 亿元，同比增长 168.3%，远高于网络购物市场 45.2% 的增速。天猫披露的数据也表示，2015 年春节期间六成网购消费者都使用手机进行网购。根据商务部的《中国电子商务报告 (2014)》，"2014 年，我国电子商务交易总额增速（28.64%），是国内生产总值增速（7.4%）的 3.86 倍；全年网络零售额增速较社会消费品零售总额增速快 37.7 个百分点。"[1] 从上文的数据中可以看出，无论是网络购物，还是电子支付在未来都将大比例的转向移动端，移动消费规模将会持续增长。

延伸阅读
随时随地的消费——淘宝"双 11"

现如今，手机已经成了"购物利器"，半夜要抢着下单，上班下班要在交通工具上忙着付款，就连吃饭也要参加秒杀活动。2014 年的"双11"，商家在移动端的参与度与往日相比简直是天壤之别，许多商家从半年前就已经开始着手准备。前些年，移动端还仅仅只是引流工具，许多移动页面都是直接从 PC 端那里复制而来。

然而，"截至 2014 年 11 月 11 日 24 点，天猫'双 11'移动端的成交额占比已达 42.6%。回放一天整，天猫'双 11'移动端成交额从 11 日

[1]中华人民共和国商务部.中国电子商务报告［EB/OL］.（2015-05-18）［2015-11-27］. http://www.199it.com/archives/348193.html.

零点就一路攀升，只用了 75 秒，就突破了 1 亿元。随后，一路直线飙升，到早上 7 点 36 分，移动网购的成交额数字已刷新到 100 亿元。回顾 2013 年的'双 11'，阿里移动全天成交额为 53.5 亿元，而 2014 年不到 1 小时就突破了这个数字。最终，全天移动交易额达到 243 亿元，是 2013 年移动交易额的 4.54 倍。在服饰领域，无线成交占比抢眼，截至 2014 年 11 月 11 日中午 12 点，天猫有 4 家服装服饰商家销售额过亿元，其中来自移动端的成交占比超过 50%。同时，2014 年'双 11'期间支付宝各项业务数据也迭创新高，不断刷新着纪录。截至 11 日中午 12 点，支付宝平台上的移动支付已经突破 1 亿笔，远远超出去年同日的 4518 万笔。"[1]回顾历年"双 11"，交易额度都在几何级增长。多年以前，人们购物的选择地点只能是商场，没人能够想到，国人的购物习惯居然会因为互联网而产生天翻地覆的改变。现在，人们只需拿起手机或者打开电脑，有网络的地方即可购物，购物已经成为日常，不再需要走得腿疼拎得手断，人们的碎片时间可以随时随地用来埋单。

（二）线下体验—线上购买，线上查询—线下购买

电子商务和移动互联网正在快速改变着中国消费者购买商品和服务的方式。正是由于 SOLOMO 消费群体的出现，线上查询—线下购买和线下体验—线上购买这两种消费行为越来越广泛的被人们所接受，消费者可以灵活地交替出现在线下门店和线上购物网站中，通过体验、分享、对比和查询选择最终购买的产品及完成交易的场所——无论是线上还是线下。

麦肯锡 2011 年的调查显示，一位中国消费者在购买贵重物品如电子产品之前平均会对其进行 10~12 次的商品接触（包括线上和线下），接触点包括搜索引擎、产品网站和实体门店。2015 年对于中国数字消费者的调查报告指出，"目前有 16% 的电子产品是通过线上售出，而五年前这个比例

---

[1]庄郑悦.从"双 11"消费奇迹看世界互联网大会：一家互联网企业如何催生消费新模式［N］.今日早报，2014-11-14.

只有 1%，展示效应（购物者在店里浏览商品但通过其他渠道包括线上渠道购买）对 30% 的电子产品消费者而言非常明显，他们会在店内浏览并同时用手机进行研究，而其中只有 16% 的人会最终选择在门店购买商品。"[1] 现在，很多商家通过提供高质量的线下服务和提高线下到线上的转化率来降低成本，实现差异化。

延伸阅读
专柜看样，网上下单

2013 年，银泰集团旗下 35 个实体商店参加了天猫"双 11"购物狂欢节，用户在实体店用手机下单可以享受半价的优惠活动。操作十分方便，只需用天猫的客户端扫描服装的二维码即可添加到淘宝的购物车中，不但能够在线购买，还可以线下提货。双方还将在系统、会员、服务等层面逐步打通。银泰商城有 500 多个全球品牌入驻，天猫与银泰进行合作，等于一次性囊括了众多品牌，减少了大量的重复工作。互联网发展至今，百货行业是受到冲击最大的传统行业之一。银泰与天猫的合作，在开拓自身的网络市场的同时，也巧妙避免了孤身与各大成熟电商的惨烈竞争。相比之下，王府井百货与电商的合作更为紧密，其在"双 11"期间启动全渠道促销行动，线下 30 余家实体店、网上商城、手机 App 三位一体，"线上购物，享线下服务；线下购物，享线上优惠"。

这两家大型的传统零售商借"双 11"之际，将电商用户与实体店用户的数据进行贯通，价格也进行了同步，不但让老客户重燃消费热情，同时还将线上的潜在消费者吸引至线下，对于非实体店覆盖的区域，也能够扩大消费者范围，通过新鲜的购物刺激培养长期用户，巩固原有用户的忠诚度。通过声势浩大的促销活动打通线上线下的双渠道销售，刺激消费，又对原品牌

---

[1] 麦肯锡.中国数字消费者调查报告：对选择和变化日益强烈的渴望［EB/OL］.（2015-02-07）［2015-11-27］.http://www.199it.com/archives/328173.html.

进行了不小的广告宣传活动，不失为实体百货商店的成功营销。

（三）O2O 模式

移动 O2O 营销模式充分利用了移动互联网跨地域、无边界、海量信息、海量用户的优势，充分挖掘线下资源，进而促成线上用户与线下商品服务的交易。O2O 被认为是将改变中国电子商务格局的全新趋势，中国消费者对于 O2O 的热情也比预期中的有过之而无不及。麦肯锡 iConsumer 发布的 2015 年中国数字消费者调查数据显示，"71% 的中国数字消费者已经在使用 O2O 服务，其中 97% 的消费者表示他们在未来的 6 个月内仍会继续使用 O2O 甚至增加频次。而在还没试用过 O2O 服务的消费者中，近 1/3 消费者表示他们愿意在未来六个月内进行尝试。"[1] 在移动互联时代，企业需要思考如何将线上和线下有效整合，通过 O2O 模式将线上的推广活动转化为实际的销售。

如今，这个模式已经应用在各大行业之中。万达集团在 2014 年推出了"账户互通"，打造线上线下一体化账号及会员体系，并通过积分联盟，建立了国内最大通用积分及大数据联盟；2013 年，银泰就已与天猫达成 O2O 战略合作，2014 年 3 月 O2O 产品"银泰宝"推出，同年阿里巴巴战略投资银泰商业，O2O 部署实施，包括 WiFi 全场覆盖、线上线下客户资源共享及电子商务体验店。同样"下海"的还有王府井百货、苏宁等零售巨头，开通微信支付、尝试推出"社区服务集成平台"等举措，正是在建立线上线下互动融合的新生态。

2014 年仅 6 月份快的打车覆盖人数已经超过 2814 万人，而滴滴打车也达到 2405 万人。中国餐饮协会预计，"2015 年中国餐饮 O2O 在线用户规模将继续保持较快增长，预计到年底将超过 2 亿人。根据支付宝钱包在线餐饮消费数据，2015 年一季度为平台上餐饮 O2O 企业带来的新用户环比超过了 115%。在这些用户中，94% 都通过手机进行下单消费，进一步

---

[1] 麦肯锡. 中国数字消费者调查报告: 对选择和变化日益强烈的渴望 [EB/OL].（2015-3-15）[2015-11-29].http://www.useit.com.cn/thread-8502-1-1.html.

证明了通过移动终端进行 O2O 消费已经深入人心。"[1]

延伸阅读
各大团购网站的崛起

以美团为例，2014 年，专注于团购业务的美团将自己的定位调整为
"吃喝玩乐的大平台"，开始在多条业务线上作战。一方面在团购业务上
切入到更多的细分市场，包括电影票和酒店业务。另外，美团在 2014 年
后半年也开始杀入外卖市场，引发了一轮激烈市场竞争。就 2015 年年初
美团公布的 2014 年业绩来看，全年交易额突破 460 亿元，较前一年增长
180%，其中 12 月的交易额就超过了 63 亿元。用户方面，美团称其激活用
户数超过 2 亿人，覆盖商户超 80 万家，比前一年增长 300%，覆盖城市近
1000 个，较前一年增长 400%。消费者也逐渐习惯了吃饭、看电影、订酒
店时先上团购网站进行查询，以期能够用较低的价格获得产品或服务。

然而，在人们对 O2O 热情持续高涨、摩拳擦掌准备投身之时，不妨冷
静思考，波澜壮阔的 O2O 大潮背后的核心是什么？这不仅只是一个概念，
推动它的原动力其实在于"消费升级"。打车软件的顺风车和快车、专车
业务能够抢过传统出租车的业务，重点在于用车的方便程度、价格水平、
服务舒适度远超过出租车，而不是因为它们利用了互联网。O2O 连接的正
是线上与线下两个世界，当连接的两个世界满足了人们的使用需求，并且
比原有的产品或服务更加优化，方便并节约了成本，那么这个 O2O 模式就
能够存在，就具有潜在的商业价值。

互联网的发展改变了传统的广告营销，也改变了过去的消费者，但是
有一点是恒定不变的，那就是满足消费者的需求。无论消费者的人群、心

---

[1]中国电子商务网.2015 中国餐饮 O2O 市场报告[EB/OL].（2015-05-21）[2015-11-29].
http://www.cebn.cn/news/show-36236.html.

理、行为如何变化，都是基于其内心对于产品和服务的需求。广告和营销的目的就是让消费者了解和知道产品可以满足其需求，本质上并没有发生改变，互联网所带来消费和宣传的便利和成本的降低，都是属于消费升级中升级的部分，基于互联网基础上成功的广告营销，是借用了互联网作为调查和研究消费者的手段，其根本原因还是让消费者认为自己可以获得更好的产品或服务。

"互联网＋"为广告营销提供了新思维和新手段，但对于消费者来说，好的产品和服务比互联网更加重要，他们更加看中的是需求的满足。

第九节　大数据，精准效果

　　营销活动是艺术与科学的结合，无论是营销活动实施前对于目标市场的选择有定位受众，还是创造与传递优质顾客价值从而获得、留住并实现顾客价值提升的整个过程，科学与艺术的基因都在营销活动中显现，而其最终结果则表现在营销效果上。

　　营销效果是营销科学性的表现，也是营销活动的出发点和落脚点。为营销活动在茫茫人海中指明方向，最大限度地提高营销的精准性，从而在生产者与消费者之间搭建起沟通的桥梁，保证营销行为对商家的实际价值。由此，我们可以看到营销是与数据密切相关的。科学的数据搜集、整理与分析及各种营销数据库的建立与运用对营销效果至关重要，而"互联网 +"的时代里，海量数据不断产生，各类数据处理技术不断涌现，都为数据的收集与整合创造了更多的便利与可能，也为营销效果的实现提供了保障。数据参与营销，在真正意义上实现了人脑与数据的"双剑合璧"。

　　也许有人会问：在这个瞬息万变、注意力分散、多元的时代里，人们的行为究竟能在多大程度上为营销行为所左右？人们会相信营销活动所传达出的内涵吗？人们的行为数据能够为营销活动提供必要的支撑吗？人们的行为数据，会在多大程度上发生变化？变化周期又是如何？营销过程中的各类技术真的可靠吗？一连串的问题摆在我们面前。"互联网 +"时代是一个异常混乱而又充满竞争与机遇的时代，在这样的时代里，真正有效的营销从未像现在一样必不可少，因此，关注营销效果是很有必要的。而在"互联网 +"时代，保证营销效果的强有力工具是大数据，大数据能够让一次营销活动真正产生实效，它从区分现实客户、潜在客户开始直到营销活动结束，都能够做到有的放矢。

一、营销效果是什么

广告效果如何，这是所有广告主最关心的问题，广告效果测定的目的就是要了解消费者对广告的反应如何。营销传播效果研究实际上是探讨企业实施的一系列营销传播活动是否对个人、组织乃至整个社会产生一定的影响，并使其产生消费行为。在"互联网 +"的影响下，尤其是在大数据技术的支持下，营销效果在定义、内涵及具体表现形式等方面均产生了不同的变化。

（一）含义

一直以来，营销效果都是营销实践与研究共同关注的焦点，对营销效果进行研究，首先需要对营销效果有一个整体的认识，把握营销效果的内涵。根据普遍认知，营销效果可以分为心理效果、销售效果、社会效果三个层面。[1]

营销的心理效果是指营销在人们感知产品或品牌方面所产生的影响，是指营销内容经过特定的媒介传播后，对消费者心理活动的影响程度。从这个角度来说，即使消费者没有因为营销而产生实际的购买行为，也不应该认为营销就没有产生实际的营销效果。营销对消费者认知、态度和行为方面的改变和影响，都具有重要意义。

---

[1] 丁俊杰. 现代广告通论［M］. 中国传媒大学出版社，2013:215.

营销的销售效果是指以营销引发的销售量来衡量的营销效果，也称为营销经济效果，是指营销活动促进产品或者劳务的销售，增加企业利润的程度。[1] 相对于营销的心理效果而言，营销的销售效果较为狭义，但由于其直接与企业生产经营实际情况密切相关，而为众多营销主所密切关注，对营销效果的测量也更多地着眼于销售效果。

营销活动对社会的影响是深远的。营销的社会效果是指营销活动对社会、经济、教育、环境等多个方面产生的综合影响。这些影响的综合性、全面性、不易测量性导致了营销的社会效果难以测量。

（二）营销效果的特点

营销效果是营销行为的出发点与落脚点，它在营销计划开始便时刻存在，并时刻影响着营销的实施活动，更显露于营销活动之后。因此，营销活动的各个环节都会对营销效果产生影响，同时，市场环境、社会环境、政治环境也会影响到营销效果。可以说营销效果受到各方面因素的综合影响，其复杂性显著。

首先，营销效果具有复合性。营销效果是经济效果、社会效果和心理效果的统一。作为一种商业行为，营销效果的核心在于经济效果，经济效果与企业经济效益在方向上保持一致，需要予以重点关注。经济效果并非营销效果的全部，在营销过程中，社会效果与心理效果同样需要予以充分关注。三种效果的叠加与组合，使得营销效果的衡量极为复杂。

其次，营销效果具有积累性。营销活动是一个动态的过程，消费者所接受到的营销信息与行为，并不会仅仅局限于营销发生的当时，而是相当一部分的信息会转化为消费者的意识而沉淀下来，不断地积累，进而对营销目标的行为产生长远影响。这种特点就使得大多数的广告效果需要很长的周期才能表现出来。因此营销活动既要注重短期效果，也要注重长期影响。

---

[1] 丁俊杰. 现代广告通论 [M]. 中国传媒大学出版社，2013:215.

复合性与积累性是营销效果的两个重要特点。不论是传统意义上的营销活动，还是在"互联网+"时代影响下的营销的开展，都需要充分考虑到这两个重要特点。

（三）传统营销效果测量

随着营销行业的不断发展与完善，自20世纪80年代以来，传统营销的科学评价体系基本建立，从控制信息、瞄准受众及营销手段可复制化三个层面建立了营销效果科学性的评价标准，在测量营销效果时，往往需要从以下几个方面进行考虑。

第一，能否有效控制信息。能够帮助营销者有效地控制信息是营销效果科学性的前提，在精确收集、整合数据的基础上，对有效数据进行包装、策划，是明确营销目的、提升营销有效性的前提和基础。第二，能否精确到达目标受众。受众是营销效果的最终目标人群，精准地瞄准受众是营销活动产生效果的最终实现途径，在有效控制信息、精确分析信息的基础上，选择恰当的媒体与渠道，从而提升营销目标消费人群的准确性，为促进实现营销目标奠定基础。第三，营销手段、方法能否重复进行。[1]这是保证营销科学性、提升营销效率的保障。

基于这三项基础，传统的营销一直试图通过科学思维的影响来更准确地了解目标受众的实际需求并准确把握，从而为市场判断及后续的宣传、生产计划打好更加准确的信息基础，更好地实现供需对接。正因为如此，营销效果的监测才有了更多的可能，科学才能够在营销中大展身手。可以说，营销效果的评价工作已经由以往那种凭经验和直觉等做出判断的做法，逐渐改变为以科学的方法进行严格准确评价的做法。

当然，经验直觉与科学方法和各种数据之间并不相互排斥，两者需要有效结合。

---

[1] 黄升民，刘珊."大数据"背景下营销体系的解构与重构[J].现代传播，2012,34(11):13-20.

延伸阅读

为营销效果而建立的专业数据库

在市场繁荣、产品层出不穷、注意力被无限分散的背景下，有效地开展营销活动成为各个广告主关注的重点，在这一过程中，营销的科学与有效成为制胜的关键。为保证营销的科学性，大量的数据在发现、预测需求及后续的相关营销工作中成为重要的基础，在这种情况下，营销流程出现了一个新的角色，那就是数据调查机构与数据分析公司，他们往往成为一切营销的依据，营销活动的策划、设计、反馈，往往都建立在对数据库数据进行分析与整合的基础之上。

以电通公司 CSP 模式的构建为例。国际知名的营销公司电通自建和运用的数据库包括营销作品数据库、营销发稿量及费用统计数据库、电视家庭收视率数据库、电视个人收视率数据库、广播个人收听率数据库、消费者生活意识及实态、媒体接触数据库、营销效果数据库等。基于这些数据库，电通建立了 CSP 模式，这是作为更有效地制定媒体计划方案的工具而开发的一种计算机模式，从而与营销效果的判定相对应。[1] 此外，央视索福瑞的电视收视率和广播收听率调查，CTR 的广告投放监测数据、消费行为调研，尼尔森零售研究、新生代消费行为研究等都是为保证营销效果而诞生的营销相关机构。

二、"互联网+"为营销效果带来了哪些新可能

（一）双向互动，你情我愿

互联网对广告营销效果的影响，可以说是不断深入的过程。移动互联

---

[1] 黄升民，刘珊."大数据"背景下营销体系的解构与重构[J].现代传播，2012,34(11):13-20.

网出现之前，广告主已通过短信、彩信等各种各样的数据业务平台来进行营销，这种营销方式曾以其极低的成本被广泛利用，然而这种漫天撒网、海量"群发短信"的形式虽然能够以较低的成本触及最为广泛的人群，但却往往因为其没有获得用户的认可和授权而被列入"垃圾信息"的行列当中，[1]成为众矢之的它只能是不断给用户添堵，这样的营销效果必然是大打折扣的。

这种传统的营销活动更多是依靠对媒体版面的购买，所谓有版面就有"展现"，有展现就有用户。在这种情况下，广告以一种直接呈现、强迫呈现的方式展现在目标受众眼前，人们无法选择是否接受这样的营销信息，广告主也无法以最高效的营销手段将营销信息传递给目标受众，也无法与受众通过营销搭建起互动的桥梁。过去，通过搜索引擎应用来进行营销，就是将更多流量导入特定的"展现"页面的一种营销形式，而在大数据时代，这种模式正在受到挑战。在这种情况下，信息不再仅仅作为展现方式和对象存在，而是以一种"服务"的方式呈现在受众面前，因此，营销效果的呈现便同全方位营销服务体系的构建密切相关。而在这一过程中，营销效果的最佳实现形式逐渐表现出"双向互动，你情我愿"的特点。

以移动互联网终端手机为例。随着人们信息接触方式的转变，以用户为核心的营销方式也必然要发生变化。手机广告成为移动互联网时代里营销效果最大化的重要终端。以手机特有的位置跟踪功能为例，它可帮助营销活动根据用户的地点追踪发布信息，从而实现两类定向的结合，即"谁在用"和"用什么"，这样的营销行为往往能够更容易被用户吸收，以一种"双向互动，你情我愿"的方式，保证营销效果的最大化。在互联网基因与互联网技术的不断影响下，这种双向互动的营销行为很大程度上保证了营销效果。

丰田汽车开展的虚拟现实互动式广告即是这种"双向互动，你情我

---

[1] 马继华.颠覆式营销［M］.人民邮电出版社，2015：22.

愿"的集中表现。丰田汽车发布过一款苹果手机的应用程序,用户利用手机终端的应用程序,"在纽约时代广场的大型电子显示屏上自己画画"。通过手机,丰田汽车将用户黏在了户外广告上,以一种"双向互动,你情我愿"的形式,使营销效果几何式倍增,广告效果不再不可捉摸,因为应用程序的下载量、参与量都可以通过互联网与大数据分析获得。

(二)从媒介目标到营销效果

曾经,营销主会把自己的营销目标转化为媒介目标,通过对媒介到达率的评价来测评营销效果,媒介到达率高,则意味着营销效果好。然而在"互联网+"时代,营销效果的测量将包含更多的内涵,而非仅仅局限在媒介的到达率上。

在营销效果测评方面,随着互联网及大数据技术的不断应用与完善,营销的投入产出都可以相对更加精确的统计和测量;在营销效果内涵方面,互动性、服务性、个性化、能否全方位传递营销主价值、提升营销的价值等多个方面的内容将成为营销效果的重要组成部分。

(三)精准、高转化率、拒绝浪费

能够在最短的时间里、最精确地找到每一个具有消费意愿与消费能力的目标客户,用最低成本的营销实现最好的营销效果,是每一个商家的愿望;而每一个客户、每一个消费者也希望用最低的成本获得自己需要的产品与服务的信息。在传统营销中,这样的愿望通常只是幻想,而互联网技术的不断成熟及其在营销过程中的运用,使得这些梦想有了变为现实的可能。

而这一切都与互联网及互联网基础上发展起来的大数据技术密不可分。在互联网环境里,营销活动可以利用人们衣食住行等各个方面随时随地留下的各类信息,勾勒出消费者的消费习惯与消费偏好,而这则是精准地进行广告投放的现实基础。百度、腾讯、淘宝作为巨型互联网平台,实时记录着网络用户的各种行为数据，例如，百度平台上呈现的是网民的各种与搜索有关的行为；淘宝上是网民的购买行为。对于营销而言，这些数据都具有极高的价值，为精准营销、高转化率提供了可靠的基础。

信息技术高速发展时代，受众的眼球每天都要接触到形形色色众多信息，在这种情况下营销效果的有效实现与营销的精准与否、转化率高低密切相关。对于企业而言，营销是一项重要的支出，因此，企业应该只为有效果的营销付费，不能为没有效果的营销付费。在这种情况下，要进行全方位的效果营销，让企业的营销支出透明而有效，避免资金的浪费，从而使企业能够在这一过程中有充分的主动权去进行调整。在营销策划过程中，可以通过现有的数据对营销方案进行有效设计以达到最优的营销效果；在营销方案执行过程中，可以通过对即时信息的反馈情况进行分析，灵活调整日后的营销策略、计划和行为，以保障营销效果；而在一个阶段的营销活动结束后，可以通过对相应的效果进行有效监测，来整体评估一次营销活动。

海尔锁定人群的精准营销就是互联网时代精准营销、提高营销转化率的典型案例。通过大数据挖掘，海尔为用户贴上了标签，这样一来，就不会再有营销费用不知投给谁的困惑。

（四）人的概念将更加丰满

人是营销活动的直接目标，也是营销效果展现的直接个体，无论是传统的营销活动，还是"互联网+"时代的营销活动，都需要充分考虑到人的因素，提升人的价值，这是实现营销效果的根本，也是营销效果的终极目标。

在传统的营销思维下，"人"被等同于"目标受众"，被动接受、单向传播往往是他们在营销活动中的普遍状态。然而今天，随着互联网所体现出的开放、平等、协作、分享精神对人们的影响逐渐深化，越来越多的人愿意真正参与到营销活动中，越来越多的人更希望能够见到个性化、互动式、参与式的营销行为。在这种情况下，需要通过个性化、互动性的营销设计，把"消费者"还原成"整体的人""丰富的人""有血有肉"有思想、会选择的鲜活个体，而不是以前简单的"目标人群"。营销效果的考量要充分考虑到这一点，营销活动的策划、推进都要时刻以此为出发点和落脚点，充分考虑"人"的多元因素。

国际上已有一些知名品牌广告主成功试水，将其业务模式与互联网相结合。以宜家为例，宜家将其产品目录放到手机上，消费者可以在自己的手机上通过"在您的房间布置家具"选项中自由搭配产品，选择满意的家具进行组合，完全实现个性化；而日本麦当劳则可以通过手机网店来选择自己需要的产品优惠券与使用次数，并直接在手机上用优惠券点餐与支付。这样一来，麦当劳不仅仅节约了优惠券的印刷成本，还通过用户的订单信息，掌握了大量的数据，以了解消费者的长期消费行为、消费习惯与口味变化。在这一基础上，麦当劳可以进一步有针对性地发放优惠信息，从而最大限度地体现对消费者的关怀，满足消费者的消费需求。

因此，在互联网环境中要想实现好的营销效果，一定要以人为核心，充分利用互联网优势来把握消费者个性与偏好，为用户提供多元化、定制化、个性化的内容，有效地将消费者的日常生活与营销行为相结合，从而更准确、更具有人情味儿地开展营销活动，以实现营销效果的最优化。

三、"互联网＋"给营销效果监控测评带来哪些变化

50% 的广告费用浪费了，但是却没办法知道钱浪费在了什么地方。这句话一度成为广告界所公认的看法。以线下最典型的广播、报纸及电视为例，广告媒介所能够提供的只能是广播收听率、报纸发行量和电视节目的收视率，但是广告的真实到达率根本无从统计。作为受众，可以自主选择喜欢的版面、频道或节目，广告通常是其忽略或跳过的环节。这样的事实让我们看到了传统营销效果测量面临的种种瓶颈。

而"互联网 +"与营销活动的有机结合，给营销活动带来了全新的局面，也对营销效果的监控与测评带来的新的要求。互联网对营销活动的重构，最显著的优势就是能够精确监测营销效果，营销活动的投入产出比例都能够得到正确的统计和测量。例如，用户如何进入网站？什么时候进入网站？浏览了哪些页面？在页面上停留的时间有多久？购买了哪些东西？消费金额是多少？这些信息都可以在网站上进行全面的统计。[1]可以说，只要留下了痕迹，就会产生可以分析的数据，从而对营销效果进行监测。这对传统的营销方式而言，是望尘莫及的。

（一）新营销效果评估的几个方面

在对互联网营销效果进行测评中，通常可以从以下几个方面进行。[2]

1. 确定营销目标

营销目标是所有营销活动的起点和终点，在对互联网营销活动效果测量之前，必须要有明确的营销目标。因为互联网数据的可得性，网络营销目标可以具体到销售量、广告转化率及广告点击和停留时间，并通过营销目标的实现来确定营销费用。

2. 计算目标价值。

要计算出营销活动达成目标后所产生的实际价值。举例来说，如果营销行为是吸引用户订购鲜奶，那么就需要根据以往数据计算出鲜奶消费者数量，以及每人愿意为此付费的金额。

3. 记录目标达成的渠道

营销效果最终会表现为消费者的行为，因此，在营销效果分析的过程中，要重视表面数据的分析，也要对数据产生的来源进行分析。也就是说，要看到目标用户是怎样来到网站的，是来源于某一个搜索引擎？还是

[1] 昝辉 . 网络营销实战密码［M］. 电子工业出版社，2014：365.

[2] 昝辉 . 网络营销实战密码［M］. 电子工业出版社，2014：365.

来自一个社交网站？再或者是来自搜索竞价排名？这些数据都是营销效果分析过程中可得的内容，同时也是需要予以重视的内容。

4. 计算营销成本

营销效果测评的目的在于营销行为的成本收益最大化，也就是要用最经济的手段，达到最优的效果，即投资回报率最高。

（二）对"互联网+"营销效果进行测评为什么很重要

在这里，我们还需要强调一下在"互联网+"的营销新生态下，对营销效果进行测评的重要性。在"互联网+"的营销生态下对营销效果进行测评，不是为了满足自己的好奇心，满足老板的控制欲，而是为了找到更为有效的营销行为，实现营销行为收益成本的最大化。

为了达到营销目标，可以采取各种各样的营销手法，各种手法的营销效率也各有不同，因此，只有营销人员进行各种营销尝试，同时对各种营销行为的投入产出比进行监控与分析，才能找出最有效、最合适的营销组合。而对基于分析、实验、调整基础上的营销模式进行总结，则会成为未来营销活动的依托。

正如上文所说，线下广告很难测量出广告预算究竟浪费在了哪些方面，而互联网与营销的结合则让这一切成为可能。

（三）案例：百度网盟推广的数据监控与优化 [1]

随着互联网受众碎片化时代的到来，网民获取信息的渠道逐渐呈现出多样化的趋势。每个人集中在某一个媒体上的注意力越来越少，媒体面临着受众忠诚度越来越低的问题，营销活动在这种大环境中开始了与受众注意力的"捉迷藏"。网盟推广手段就是在这种情况下应运而生的，是对搜索引擎营销的一种补充。以百度网盟推广为例，它以 60 万家优质联盟网

---

[1] 百度营销研究院［M］.百度推广，搜索营销新视角.电子工业出版社，2015：97.

站为推广平台，通过分析受众的自然属性、兴趣爱好及某一时期特定的行为特点等方面的数据，将企业推广信息以固定、贴片、悬浮等多种形式展现给网民，从而扩大营销效果。

目前，我国的网络联盟尚处于初级阶段，与百度网盟类似的还有搜狗的搜狗联盟、Google Adsense 等。这些联盟自身不会发布推广信息，而是通过庞大的联盟网站联合推广信息。

1. 网盟数据监测方法

企业将营销信息投放网盟之后，数据监控是非常重要的环节，这些数据能够为企业广告投放的精准提供充分的指导依据。在网盟平台上，数据报告可以帮助企业实现数据监控，企业则可以定制报告，也就是数据分析的结果，这些报告包括标准化每日报告、账户效果 / 推广计划效果 / 创意效果报告等。营销主在网盟账户的查看 / 下载一览中即可查看报告。此外，还能够对分网站的转化次数数据进行订阅。

2. 网盟优化的主要方面

网盟账户上经常面临的两种待优化情况分别是账户展现量过低和账户下线时间太早两种。账户展现量是后续营销环节的有力保障，展现量越大，营销效果越容易实现，为此，要对账户的展现量进行全方位跟踪，为提高展现量做好保障。在线时间与目标人群覆盖力度往往是成正比的，有利于形成品牌影响，加大转化概率。下线时间如果太早，营销内容的到达率太低，对网民的覆盖面很小，营销效果也不可能达到最优。

四、对营销效果而言，大数据是什么

大数据时代已经来临！

如果说 IT 时代，互联网技术沟通的是人类世界，让地球村成为可能，那么我们现在所处的年代，是 DT 特征明显的时代。DT 即数据技术，在这个时代里，大数据影响和沟通了我们的生活。无数经济学家、互联网界专家纷纷预言，DT 将成为一个更改营销格局、重构营销生态乃至世界格局的契机。

这是互联网营销的时代，是一个风起云涌的时代，大数据对我们的生活产生了不可忽视的影响，我们随时随地产生数据，随时随地被数据分析所影响。因此，在这个数据为王的时代里，我们的营销模式需要不断改变，借助数据，我们需要给思想来一次大清洗，抛弃掉陈旧的东西，让它们成为故纸堆；建立起新的思维模式，让数据成为我们发声的重要依托。因此，让数据为营销服务，用数据来保障营销效果，成为"互联网+"时代营销效果的重要保证。

通过有效的手段在海量人群信息中有针对性地瞄准目标客户需要进行深入的考量。在"互联网+"的时代里，移动互联网迅速发展和移动智能设备软硬件功能进一步完善，跨屏互动、多屏参与的趋势成为主流。在这种形势下，大数据的作用日趋明显，基于大数据分析技术之上的营销行为越来越多，也对"互联网+"时代的广告营销提出了新的要求。

也许，只有当我们真正地理解大数据的精髓，并将数据牢牢地攥在手心时，我们才能够抬头望天，骄傲地拥抱这个时代，在"互联网+"的影响下，让营销效果最大化！

（一）大数据那些事

数据搜集、处理和分析这一行为是随着社会的进步不断发展的。最早提出"大数据时代已经到来"的机构是全球知名咨询公司麦肯锡。2011 年，麦肯锡在题为《海量数据，创新、竞争和提高生成率的下一个新领域》的研究报告中指出，数据已经渗透到每一个行业和业务职能领域，逐渐成为重要的生产因素；而人们对于海量数据的运用将预示着新一波生产率增长和消费者盈余浪潮的到来。[1]

---

[1] 钟瑛，张恒山. 大数据的缘起、冲击及其应对 [J]. 现代传播（中国传媒大学学报），2013(7):104−109.

在走进大数据之前，我们有必要充分了解一下数据的概念。维基百科对于"数据"一词的定义是："数据（Data）是载荷或记录信息的按一定规则排列组合的物理符号，可以是数字、文字、图像，也可以是计算机代码。"对信息的接收始于对数据的接收，对信息的获取只能通过对数据背景的解读。数据背景是接收者针对特定数据的信息准备，即当接收者了解物理符号序列的规律，并知道每个符号和符号组合的指向性目标或含义时，便可以获得一组数据所载荷的信息。亦即数据转化为信息，可以用公式"数据＋背景＝信息"表示。"数据"与"信息"的区别在于：数据是对信息数字化的记录；信息是指把数据放置在一定的背景下，对数字进行解释，赋予意义。在进入信息时代之后，人们倾向于把所有存储在计算机上的信息，无论是数字还是音乐、视频、图片，都统称为数据。[1]

在不断发展与演变的基础之上，云计算和大数据出现。"大数据"早已突破了原有的意义，成为我们看不见、摸不到的一笔隐性的财富，它随时产生、无时无刻不在我们的身边。

对营销而言，我们可以把数据分为两种——现实数据和虚拟数据，以便于我们更好的理解。[2] 现实数据是指那些现实存在的数据，是反应企业经营状况和市场形势的数据。这些数据不管企业做了什么、准备做什么，总是客观存在的、已经发生的，是没有办法改变的。现实数据的典型代表是类似于沃尔玛的销售情况、库存情况、生产成本、研发资金、市场行情、消费者消费记录等数据。这类数据是观察企业经营情况，了解市场行情和顾客需求的重要依据和判断标准，七重要性不言而喻。现实数据产生于过去发生的事情之中，由现在的人掌握、掌控并服务于未来的发展。

虚拟数据是指那些通过数据统计、分析得出的数据，它所反映的信息往

[1]涂子沛.大数据：正在到来的数据革命，以及它如何改变政府、商业与我们的生活[M].广西师范大学出版社，2013.
[2]文丹枫，朱海，朱德清.IT到DT，大数据与精准营销[M].万卷出版公司，2015：53.

往不是我们直接观察到的，而是要经过详细的推测和计算。虚拟，是因为我们对真实情况的估计和预测，它建立在对现实数据的推测基础之上，得到虚拟数据的唯一途径就是对现实数据进行分析。虚拟数据表示的是未来发生的事情，是对于未来的一种猜测，是服务于营销的重要数据。

那么，大数据挖掘的可贵之处就在于能够在过去及现在的基础上，更加准确地把握未来、预测未来、让未来更美好。对营销效果而言，大数据的价值究竟是如何表现的？大数据在营销活动的过程中对营销效果产生了什么样的影响？接下来，我们将讨论这些问题。

（二）那些显而易见的影响

在大数据时代，信息数据大爆炸，计算机技术与互联网技术在近年来突飞猛进，我们身边的所有东西几乎都可以用数据表现出来，各种各样的信息充斥在我们周围。就营销效果而言，大数据的影响是显而易见的。无论是对品牌建设、精准营销，还是把脉消费者需求、产品设计等，大数据的作用显而易见。

1. 消费者才是上帝

客户是上帝，是营销行为产生的主体，是市场活动的重要影响力量，也是营销活动产生影响的靶子，无论采用何种营销形式，期望达到何种营销目的，掌握消费者的脉搏才是营销效果实现的根本。

马歇尔·菲尔德在美国创立第一家菲尔德百货公司的时候，告诉人们"顾客就是上帝"，这让他的百货公司在美国大获成功。沃尔玛将这句话奉为至高无上的经营理念，同样成了零售业的巨头。优衣库以打造人们最理想的购物地点为目标，成为"为顾客提供优质服装的仓库"，不断打造优良轻松的购物环境，力求给消费者提供最优质的消费体验，在十年间企业横空出世。

这些企业成功的事实，都告诉大家一个道理，只有顾客，才是企业永远的上帝。因为无论在什么样的时代里，消费者所代表的不仅仅是市场的购买意愿和购买力，他们的每一种需求，都能够决定时代潮流的大走向，营销需要以用户、消费者为核心。用户是一切营销行为的最终目标，没有用户，一切都是零。积累足够的用户数据是分析出用户的喜好与购买习惯的基础，要想做到甚至"比用户更了解用户自己"，必须要有海量数据的基础，这才是许多大数据营销的前提与出发点。

数据后面隐藏的是需求，通过掌握数据，了解和掌握客户需求，进而有效地开展营销活动，保障营销效果，这就是数据在把握需求方面的重大作用。在大数据的影响下，通过大数据分析消费者需求，从而抓住上帝伸出的手，有了更为便利的条件。

在过去，几乎所有的企业都将"一切以客户为中心"作为口号，然而事实真的如此吗？企业真的能够知道顾客的心理需求吗？这些问题或许只有在大数据时代才会慢慢明确。正是因为人们的各种行为都会成为大数据的一份子，这些数据成为企业及营销机构分析整合的最基础的用户行为与特征数据。

粉丝有着转变为客户的巨大潜力，面对日新月异的新媒体与大数据技术，企业可以通过对粉丝信息进行全方位跟踪与分析，将粉丝转化为潜在用户，动态的、实时的更新数据，从而对用户数据的掌握更加有效、范围更加广阔。总之，数据背后隐藏的是"上帝"们的需求。大数据是抓住上帝之手的重要基础，是满足客户需求，找到潜在客户的重要工具，是营销效果实现的最基本前提。

2. 精准营销，让每个人看到自己想看的内容

水能载舟，亦能覆舟，营销与需求的关系正是如此。精准营销的根本目的在于找准客户需求，然后对症下药地去开展营销活动。在产品海量、信息爆炸、目标人群注意力极度分散、人们需求逐渐个性化的今天，目的明确的营销行为往往更容易取得预想的营销效果。精准营销的开展需要建立起正确的思维模式，一切从市场和需求出发。如果我们不能很好地把握客户需求，那么不论你的产品和服务有多好，数据技术有多高超，都不会

有人来问津——因为，你所提供的产品和服务，都没有与客户需求很好的匹配，期望消费者为此埋单只能是幻想。

所以说，营销的生命在于需求，需求决定一切。在"互联网+"的影响下，大数据及其分析技术为需求的精准、精确、精细创造了条件。在用户特征数据支撑及详细准确分析的基础上，依托于大数据的营销能够通过对大数据的分析与整合，按照人们的需求和个人特质来实现对目标客户人群的细分。正如我们每个人都要穿衣服一样，有人习惯正装，有人偏爱运动装，还有人喜欢棉麻制品，还有人习惯复古风格，这就是在需求大方向相同的背景下，需求细分又存在很大的区别。这些差别与地域有关，与个体特征例如年龄、职业、性别、家庭背景、人际关系等有关，也与人们的生活习惯有关。

所有看过奥运会射击比赛的人都知道这样一个道理：只有先瞄准，才能够打得准。在营销活动中，瞄准人群是第一件事，而互联网与大数据技术则为这第一步创造了可能。瞄准目标人群，找到他们的特定偏好，满足他们的需求，以更精准的营销活动获得更好的营销效果，这也正是大数据在营销过程中的魅力所在。高德地图可以通过大数据分析找到每一个人最心仪的消费内容，比如你喜欢吃火锅，高德地图在你搜索的过程中，就会自动排序找出离你最近的火锅店，甚至可以将餐厅打分情况、营业时间、联系方式、人均消费等内容一并呈现，让用户第一时间得到信息。这种基于目标人群开展的精准营销，是大数据保障营销效果的重要体现。

同样，以网络视频广告为例，曾经的网络视频广告一直为人们所厌恶，当然，现在也有很多人非常反感视频中的广告，因为我们选择用电脑观看视频，就是为了逃避电视上冗长的广告。其实很多视频网站都能够发现观众对于视频广告的反感情绪，乐视网并非第一个，但乐视网却是第一个采取行动进行应对的。视频网站的主要收入是广告费与VIP用户的会员费，在现有的视频网站的盈利模式下，广告收入是其收入的重要来源，因此，完全取消广告是不可能的。改变这种情况，只能够从广告本身的设计入手，通过广告的设计，让广告不那么让人生厌。基于此，乐视网推出了"罗盘系统"，实现了地域、资源、人群、视频内容、时间信息等数据的整合与联动，将精准营销的路线发扬光大，从而确保每一类人群都能够看到自己想看的广告内容。在这一基础上，乐视网还在手机客户端实现了"交互式广告系统"，在一个视频中提供多种广告，让观众通过滑动手机屏幕选择自己相对感兴趣的广告内容来看。这样的做法，取代了将广告内容强加给顾客的模式，从而能够扩大广告营销的效果，让广告营销更具有针对性、精准性。也正是这样的广告模式，给乐视带来了极大的收益，因为乐视通过大数据将产品与消费者进行匹配的做法，从本质上对消费群体进行了细分，看到广告的人不再是那些被强迫观看广告的人，而是那些有消费意愿的潜在人群，这样一来，精准营销的效果就得以显现了。

3. 重点客户要筛选，长尾优势也要发挥

"二八法则"曾经风靡一时，社会上 20% 的人占据了社会上 80% 的财富的不均衡状态，向我们讲述着这个世界的不平衡。而在经济学领域，"二八法则"又有了新的意义：任何企业的利润都是不均衡的，企业 80% 的利润，来自极少数的 20% 的经营项目或者是客户。也就是说，任何企业都需要找到自己的重点客户，并对重点客户开展最有针对性的营销活动，这是重点论的典型体现。

举个例子，企业在进行业务推广的时候，一般会从身份重要、订单量大、成交额高的几个重点客户下手，而往往不会在意一些"散户"，因为这样的普通消费者，往往不能够带来太多的利润。那么，如何像大海捞针一般在茫茫人海中找到最具闪光点与价值的用户呢？有了大数据，这一切都不再那么茫然，不再那么无从下手，大数据能够为选取重点客户提供更有力度的支撑。这些用户往往是营销的重点人群，他们的口碑传播、网络传播等，能够进一步扩大企业的营销效果。在大数据技术的基础上，我们可以通过对重点客户的数据进行分析，从而对重点客户形成一个全景式的概念，以其最需要的方式开展营销，从而使营销效果最大化。

利用大数据分析、筛选重点客户是企业生产营销所必需的一个重要方面，而在"互联网+"的时代里，企业的营销还需要关注到具有显著意义的"长尾"部分，也就是那些不太起眼，不能够给企业带来太多利润的部分，而这一部分人群往往能够产生比重点客户还要多的利润。苹果利用其iTunes商店累计卖出超过60亿美元价值1美元的歌曲，每个人的1美元，集合成为60亿美元这样的天文数字，这就是长尾的巨大能量。

之所以可以产生这样的长尾效果，是因为在以网络和数据为核心的年代里，营销成本被便利的网络和大数据不断降低，正是这种成本的降低，还有技术的便利，让人们有了更多的时间，可以用数据来做更多更好的事情，可以把注意力放在那些平时看起来并不起眼的内容之上。因此，在大数据技术的影响下，营销活动的开展需要充分利用长尾，也有了利用长尾理论保证营销效果的技术层面的可能性。

4. 做用户的知心人，引导产品投其所好

产品是企业生产的根本，是营销活动的重要内容，也是营销效果实现最直接的作用课题。企业如果要在市场上掌握主动权，就不能存在产品滞销的情况。客户想要什么才生产什么，因为企业每生产一样东西，消费者都会将其买走的卖方市场已经不复存在。随着参与到市场竞争中的企业越来越多，市场份额逐渐被瓜分，卖方掌握主动权的形势已被买方市场所代替。消费者成为市场的主导者，他们有着选择产品和服务的权利，对生活质量、生活水平有着极高的要求，一般的产品已经无法满足他们的消费需求，消费者成为市场上最挑剔的人。在这种情况下，企业化主动为被动，因此，只有把握消费者的喜好，提供消费者想要的产品，才能够在竞争的丛林中生存，才能够避免寸步难行的困境。

大数据可以支持生产者使产品生产投其所好，减少产品的销售阻力，更能为扩大营销效果奠定产品基础。而在这一方面，不少企业忽视了通过收集数据、统计数据和分析数据来把握产品特征，满足消费者偏好，自负、目光短浅的他们在一瞬间便跌落王座，落于尘埃。

　　诺基亚的黯然失色就是产品无法投消费者所好的典型案例。这家成立于 1865 年的公司，在过去的一个世纪里给世界带来了太多的奇迹，曾经的诺基亚手机销量蝉联了 14 年的霸主地位。然而，他们没有用敏锐的嗅觉更好地嗅出"大数据时代"的到来，买方市场的压力也没有对其产生应有的警示。面对安卓、iOS 系统的人性化系统界面，诺基亚未完善的塞班系统成为落后者，最终无人问津。终于，2014 年，诺基亚被微软收购，退出了手机市场。

　　一个行业空头在几年的时间里黯然失色、惨淡收场是拜买方市场的强硬与无情所赐。诺基亚忽视了客户需求的重要性，从而丧失了主动权。在买方市场中，企业是被动的，其开展营销也是出于被动的形势之下，大数据技术为非空头企业咸鱼翻身提供了可能性。数据是最了解客户的"人"，基于数据把握需求，基于需求进行产品设计，成为企业营销效果实现的重要保障，是企业产品征服市场的根本。

　　Netflix 投拍的《纸牌屋》就是运用大数据设计产品以得到消费者认可的典范。在电视剧第二季开拍之前，网站上已经有了大概 3000 万网友关于第一季电视剧的各类评论，其中包括对第二季剧情的预测。Netflix 意识到这是一次机会，于是干脆让网友来主导、决定剧情在第二季的发展方向。因此，网站工作人员对网友们的评论、偏好进行了大数据分析，然后对观众进行定位，仔细探讨对于广大观众内容的需要，保证故事的生动性。基于此，制作公司知道了潜在观众最喜欢的导演与演员及故事情节，最终推出了《纸牌屋》第二季。电视剧开播后，果然捕获了观众的心，赢得了高收视率。在国内，由郭敬明导演执导的影片《小时代》也是运用大数据开展营销的典范。微博是《小时代》电影展开营销的主战场，通过其在预告片发布之后的微博分析，营销团队得知电影的主要观众群体为 90 后女性。在此基础上，《小时代》的营销活动进行了相应的设计，并主要针对这些人群展开。这些都是利用大数据技术进行产品生产，使之满足顾客需求，从而产生良好营销效果的典型案例。

5. 用数据的力量来打造品牌

随着大数据的不断运用及互联网的广泛普及，营销行动往往有着明确的目标，营销效果也逐渐实现了可追踪、可衡量、可优化，从而造就了以数据为核心的营销闭环，即"消费—数据—营销—效果—消费"。[1] 在这一闭环中，数字品牌成为大数据营销价值的重要表现。

多年来，在营销活动中，品牌的价值与能量不言而喻，人们也在营销活动的开展过程中不断地专注于品牌的打造与品牌价值的传播，品牌也逐渐包含了越来越多的内涵，例如品牌生态、知名度、美誉度等。在今天，有了大数据的力量之后，品牌的打造有了新的途径。大数据可以帮助企业更好地构建起企业品牌的结构，形成与企业特征、产品特质更为相符的数据结构，从而构成有利于企业品牌打造的大数据海洋；为品牌的塑造、品牌价值的传播提供更加明确的数据支撑；从而与用户、顾客更精确的互动，形成更好的营销生态。

6. 让社交网络营销等渠道更具价值

人际关系在营销过程中的作用十分显著，当然也属于比较特殊的环节，因为它关注的核心是"人"。人是社会性的动物，生活在这个社会中，没有一个人是孤立的。父母、家人、同事、子女……这些关系的存在，在人们的生活中织出了一道无形的大网，紧密而又厚实，这就是人们常常挂在嘴边的社交网络。而"互联网+"的时代里，社交网络成为人与人之间联系的重要渠道之一，也是人们获取信息的重要渠道之一。在"互联网+"的时代里，这种网络被进一步放大、扩散，无论是广度还是深度，互联网都使得社交网络成为人们生活中的重要部分。因此，对于营销活动而言，充分利用社交网络是一种便利、高效的途径。而在这一过程中，大数据技术的作用会进一步凸显出来，不断释放社交网络对于营销效果的巨大价值。

---

[1] 中国电子商务研究中心.盘点：8句话让你彻底明白什么是大数据营销[EB/OL].（2014-11-03）[2015-12-28].http://b2b.toocle.com/detail--6208066.html.

随着社交网络在人们生活中的作用不断扩大，社交网络对营销的重要作用也不断被强化。在互联网及大数据技术的影响下，通过大数据抓取用户使得社交平台的价值不断增长。社交网络上散布着关于产品、服务的海量信息，这些信息为大数据挖掘并服务于营销活动奠定了基础。大数据营销在开展过程中，在连接起社交平台，精准抓取用户的同时，也通过数据整理提炼出了大众最直接的意见，完成了营销过程中最重要、最基础的环节与内容，为产品和服务的改进提供了一手的数据信息基础，并在企业与消费者之间搭建起一个沟通的桥梁。反观互联网作用并没有如此凸显的过去，社交网络即使有很大的价值，其用处也不会很大，而在今天这个网络高度发达、信息传递高效的社会中，利用这个庞大的用户关系网络，让营销不仅能够有所为，而且大有可为。

通过社交网络大数据抓取与分析，营销行为能够很好地把准脉搏，这是通过大数据保障营销效果，提升社交网络渠道价值的基础。在这一基础上，社交网络上的每个用户，都是社交网络渠道价值提升的动力源所在。社交网络的所有用户都可以成为营销者放在社交网络中的"小炸弹"，因为社交网络把人们串联在了一起，也就是说，只要是营销内容与信息被感兴趣的人看到并且认可，他们的转发都会在其社交网络中产生激发效应，并被社交网络上的其他人看见。"物以类聚，人以群分"，处于相同社交网络的人往往对产品和服务有着相似的需求与爱好，这就使得营销行为能够更具有针对性，营销效果会进一步凸显。

比如一个人购买了一件质优价廉的衣服，他很有可能会将产品的链接和评价在社交网络上发布，他的社交人群会看到这条信息，并且很有可能对这条信息所描述的产品产生浓厚的兴趣并通过他分享的链接产生购买行为。这种通过社交关系开展的营销活动，进一步释放了社交网络这种营销渠道的价值。因此，通过大数据技术分析社交网络中不同人群的消费偏好等信息从而瞄准人群，对营销效果的扩大至关重要。脸书的兴趣组就是典型的代表，在兴趣组内，喜欢同一个明星的人聚集在一起，如果一个人发布了一个明星的周边产品，那么只要其中一个人发布了一条相关信息，都会引起其他人的广泛关注，实现营销效果的倍增。

最近火热的微信营销就是通过社交网络扩大营销效果的典型。微信的注册人数已达到 8 亿人左右，成为亚洲最大的即时通信软件，而微信的社交圈子"朋友圈"则成为开展营销的重要渠道。也有很多商家注意到了这一点，并利用微信平台提供的各类方法展开营销活动。在微信朋友圈出现的不同类型的商家广告，就是微信基于大数据分析为不同商家进行的营销活动，微信用户在广告下可以进行评论，收到同样评论的好友可以在广告下进行互动。这种形式某种程度上提升了营销的效果，因为在这一过程中人们的参与感得以增强。

当社交网络中的海量数据与大数据技术相遇之时，营销的能量也将会以一种新的方式释放出来。营销活动可以对社交网络上产生的大量数据进行整合与分析，从而掌握粉丝偏好，集成粉丝力量，进而为随之的购买行为奠定基础，最大化商业价值，最终保障营销效果的全面实现。当然，大数据技术只是保障社交营销效果的一个方面，社交营销效果最大化的实现，还需要从营销内容、营销形式的各个方面进行全盘考虑。

7. 关联账户，有的放矢，降低成本

账户关联是指能够把两个或者两个以上的账户连接起来，让一方为另一方服务，或者说两者整合资源、相互促进，其本质是数据资源的互联互通。最常见的例子就是网络用户用 QQ 账号登录其他相关网站，登录之后就可以进行相关操作，这个过程就将一个平台的账号连接到另一个平台之上，自动形成了另一个网站的账号，新旧资源实现了关联。利用这个账号，可以实现不同平台信息之间的传递与分享。

通过账户的关联，数据实现了流通，这对营销而言的优势是显著的。首先，账户关联以变相注册的形式，使得网站用户迅速增加；其次，账户是数据的来源，通过利用三方账号将主流平台的数据来源固定，顾客数据来源得到大大拓展，为建立在大数据基础上的营销活动奠定数据分析、整合的基础，营销活动的开展将更加便捷。再次，账户关联使得利用用户的社交网络成为可能，这些关联的账户，一般都是一些主流社交媒体平台上的账号，用户在网站上的一个转发，都必定会被更多的人看到，这种病毒式的扩散对广告营销效果的实现是至关重要的。最后，关联账户还大大降低了用户的时间成本，让用户以更便利的形式与网站建立起联系。试想，如果每一家网站为了点击率和注册量都要求用户进行注册，哪怕仅仅是要几十秒的时间，都会让人抱怨不停。账户关联很好地解决了这个问题，并且用这个好的开头，为营销行为创造了便利条件，也为营销效果的实现创造了良好的受众基础。

在诸多进行账户关联的企业中，阿里巴巴将支付宝与淘宝账户进行关联的行为是一种全方位的突破，也是业内最成功的案例之一。消费者在淘宝上看到的产品，就一定需要通过支付宝进行支付才能进行付款，而顾客也可以通过支付宝客户端这个关联，直接实现淘宝网线上支付的一体化。阿里巴巴对于账户关联的创新，创造了利用账户数据的新高峰。通过对账户数据的全平台分析，阿里巴巴实现了三个方面的关联，从而为营销活动的开展提供了全方位支持，最大限度地优化了营销效果，降低了营销成本。

第一，实现了商品关联，这也是营销活动的基础。看不到的商品，顾客是不会购买的。通过账户关联，淘宝网建立起了一个以商品为纽带的关系，通过对产品数据与消费者行为数据的有效对接，人们总可以看到自己最想要的商品，而人们最想要的产品往往是最能够产生消费行为的产品。第二，账户关联实现了广告推送关联，降低了营销成本。账户关联实现的是对用户数据的整合，对用户数据的挖掘与分析则是细分用户的前提和基础，也是实现广告精准投放的必要条件。账户关联后，基于用户数据细分的广告投放可以拓展到多个网站，广告内容可以直接带入到另外一个平台当中，扩大营销效果实现的范围。例如在淘宝网、余额宝、天猫商城、微淘、淘点点等，这些平台上的营销内容往往是相通的，热卖产品、促销活动一旦上线，各个平台都会同步推广，用户无论在哪一个平台都可以看到这些营销信息，从而实现在用户数据分析基础上的准确性与广泛性。第三，关联账户实现了顾客需求的关联。让顾客看到自己想要的东西是营销的最终目的，而实现这一点则需要在大数据分析的基础上来把握需求。关联账户一方面使得整合数据有了更多的来源，从而能更广泛地收集到对分析消费行为有用的各类数据，提升分析的准确性；另一方面在通过大数据分析准确把握顾客需求的基础上，可以在不同的平台实现对满足顾客需求产品的同步推送，提升接触率和转化率，保障营销效果的实现。一个经常在淘宝搜索衣服的爱美女性，在其淘宝账户、支付宝账户、天猫商城页面的下方就会出现一个"你最感兴趣"的条目，推荐她最喜爱的商品。可以说账户关联实现了对顾客需求的全方位把握。

8. 让广告程序化购买更具合理性

随着互联网媒体资源的数量不断暴涨，种类不断丰富，以及广告主的营销需求的不断变化，营销效果、营销监控与优化提升的重要性被越来越多的人重视。对广告主而言，在这种情况下，大数据成为必备的工具之一。

在营销活动开始之前，大数据可以帮助营销活动找到自己的目标受众群体，分析出目标受众的偏好，从而更好地量体裁衣，设计出广告等营销活动的内容、主题、投放时间等；在营销活动中，大数据的实时反映，则可以帮助企业进行调整，最终实现营销效果。

9. 通过整合来延长数据生命

企业自身掌握的数据是其有效营销的重要前提，然而目前，数据多而散、碎而杂的事实，制约着数据作用的发挥。而有效的整合，则是未来大数据发挥作用的必然趋势。

因此，面对这些已知的数据，企业需要做以下三件事情：整理、保存、唤醒数据。跟着这"三步走"，企业的数据管理就会发挥出集成效应，企业的数据管理，就不再那么让人纠结。因为通过这种做法，企业可以建立起属于自己的数据库，从而将数据资源活化，让数据不再流失，延长数据自身的生命。数据是不会消亡的，他们会随着时间的推移而发生改变，这种改变既是人为施加的，也会是数据主动发生的变化，因此，对数据进行整合很有必要。

正所谓："存起来的数据将会在未来给人们带来更多的价值。"在大数据技术不断发展的基础上，营销效果将会与这些"存起来"的数据密切相关，建立在这些数据基础之上的分析与整合，将会成为未来营销活动的重要支撑力量。

10. 流动的数据创造更多的可能

生产资料的流动造就了实体经济时代的繁荣，信息的流动造就了信息时代的发展，现如今，数据的流动必然带来数据时代的全面繁荣。数据流动可以从消费者洞察、寻找潜在客户、提升客户体验三个方面解决品牌营销的主要问题。在数据流动的基础上，着眼于用户需求和体验的改善，从而使得品牌营销真正到达目标人群并达到预期效果。

UMA 联盟——中国互联网垂直领域第一个大数据平台。平台秉承开放的姿态与合作精神，不断挖掘大数据的价值。UMA 是一个基于创新技术的联合营销平台，是中国互联网业具有品牌影响力的优质受众营销联盟。目前，UMA 已覆盖中国 80% 的互联网用户，月活跃用户数达 5 亿。该平台为数据的流动互通创造了可能，也将更好地挖掘出数据的价值来对营销活动效果产生显著的影响。[1]

云技术是一个数据双向流动的过程，是一个数据流通的过程，也是一个用流动数据创造价值的过程。数据是时刻变化的，企业在进行云技术的时候，最先开始的是数据的收集工作，这就像是一个数据聚集逐渐形成云朵的过程，这就是"云"，是一个数据流动、收集的过程；"端"就是服务器的终端，是"云数据"最终要到达的地方，在这里，可以对数据进行整理，并根据需求进行分析来实现预测等其他功能。从"云"

[1]张松.UMA 大数据平台试商用启动［EB/OL］.（2014-04-09）［2015-12-28］. http://jjckb.xinhuanet.com/2014-04/09/content_499265.htm.

到"端"的过程是数据流动的过程，是一个把数据收集整理的不断流动的过程。从"云"到"端"，从"端"到"云"，水滴汇聚成大海，大海养育着生命。数据在两者之间的流动，使得数据数量增加，类型多元，因此，基于数据基础之上的整理、分析、挖掘、预测将更加便利。对营销而言，利用云端数据的分析结果，将更加准确有效。所以说，流通的数据扩大了数据的价值。

以百度云为例，网络用户经常会把自己的数据上传到云空间中，以便节省存储空间。但正是这样的自发举动，使百度云的数据资源更加丰富，实现了对"端"数据的完善，同样，很多人会从百度云中搜索自己所需要的数据，然后转存在自己的云空间里面，这就是"端"对"云"的丰富。

11. 寻觅新市场与新趋势

把握市场趋势，是营销活动开展的根本方向，只有准确把握市场趋势，才能够在最大限度上实现营销效果。

在第三次科技革命的影响下，生产力的飞速发展远远超乎了人们的想象，就像古人还在结绳记事，用甲骨文书写历史的时候，万万不能想到现在的人们居然可以用电脑存储起海量的数据，并可以随时查取。然而，在"互联网＋"的时代里，大数据技术的天地中，人们的确有了逆天而行的资本与实力，因为人们可以用现在和过去的数据，对未来可能发生的事情进行预测，而且是相对科学的预测，从而为生产、营销活动提供支撑，通过有效的预测，来保证营销活动的实际效果。

"大数据时代"，之所以被称为时代，是因为这个时代被大数据所引导，数据能够反映过去，是真实存在的。[1] 在这样的时代里，人们的生产生活被数据所包围，一切活动都以数据为基础，一切活动都会产生数据。人们利用数据、分析数据，无非就是要让数据为下一阶段的发展提供正确

---

[1] 文丹枫, 朱海, 朱德清 . IT 到 DT, 大数据与精准营销 [M] . 万卷出版公司, 2015: 53.

的方向，让过去的数据成为未来发展的导航标志。而且，只要数据预测的结果准确或接近准确，那么这个世界就会按照数据所预测的轨道或方向来发展，即使有偏差，也不会差得太远。

大数据的可贵之处在于预测，对商业而言更是如此。把握经济走向、预测市场机遇，除了商业领袖敏锐的判断力之外，更需要科学的数据作为支撑。如阿里巴巴从大量交易数据中更早地发现了国际金融危机的到来；又如，在 2012 年美国总统选举中，微软研究院的 David Rothschild 就曾使用大数据模型，准确预测了美国 50 个州和哥伦比亚特区共计 51 个选区中 50 个地区的选举结果，准确性高达 98%。之后，微软又通过大数据分析，对第 85 届奥斯卡各奖项的归属进行了预测，除最佳导演外，其他各项奖预测全部命中。[1]

这就是数据预测的魅力与意义所在。在数据采集、数据分析的基础上进行数据预测，通过预测来为企业的发展指明方向，这才是大数据技术的核心意义所在。而预测企业未来的发展，则是在为营销活动的开展指路，是在为保证营销效果奠定基础。因为只把数据收集到一起进行分析，而不去利用数据进行未来的预测，是对现有数据资源的一种浪费。通过数据来预测未来，透过现象看到本质，才是企业应该做的事情。能够预测到未来趋势的企业，其营销活动的开展也必定会更加具有前瞻性，营销效果也更能够得到保证。

五、如何看待营销效果分析中的大数据

营销，重要的是效果，形式再天花乱坠，也只是空中楼阁。对大数据而言，效果同样是最为关键的。大数据与营销活动的高渗透性融合，从头到脚颠覆了营销行业。

---

[1] 陈永东. 大数据营销的十大切入点［EB/OL］.（2014-08-14）［2015-12-30］.http://www.cyzone.cn/a/20140814/261641.html.

（一）大数据是基石

亚马逊的独立用户数量达到了 2.822 亿，位居全球第一；开放平台上的第三方卖家超过 200 万，采用 FBA 业务的卖家在亚马逊的仓储物流中心预备了超过 100 万件商品；我国的淘宝网最高单日独立用户访问量超 1.2 亿，注册用户数量超过 4 亿，在线商品数量达到 8 亿，页面浏览量达到 20 亿，每天产生 4 亿条产品信息，每天活跃数据量已经超过 50TB；百度公司每天会抓取 3000 亿个中文网页，数据量大概是 10~50PB。[1] 这样的案例太多太多，大数据的重要作用被越来越多的人所重视。

利用大数据挖掘技术，可以系统研究目标受众人群的消费趋势和生活行为状态等数据，为营销效果提供支撑。大数据是营销效果得到实现的最基本前提，基于消费者特征数据基础上的营销方案，其营销效果会更有保障，消费者可能成为营销内容、营销形式的创造者。

在这一过程中，获得数据是营销效果保证基石的第一步。对企业而言，消费者只要消费了他们的产品，就会留下一些个人数据，这些数据对于那些嗅觉像"狗鼻子"一样灵敏的企业而言是极为宝贵的，他们可以顺藤摸瓜，通过其他手段得到用户的全部数据。这个时候，企业就拥有了"数据主权"，基于此，营销中的话语权就被牢牢握在企业手中了。

沃尔玛基于大数据开展的营销活动一直为业内所称道。在观察产品销售数据的时候，他们会记录下客户购物清单中同时购买的商品品类，通过数据分析，来实现主动出击，从而促进关联商品的销售。这一切都基于对消费行为数据的海量积累之上。正如沃尔玛发现婴儿尿不湿和啤酒的捆绑销售率极高之后将两种商品摆放在一起的布局，既满足了购买婴儿尿不湿的年轻父亲的消费需求，也促进了尿不湿和啤酒销量的大幅度增长。这一策略的实施，正是建立在获得大量消费数据的基础之上。

[1] 黄升民，刘珊."大数据"背景下营销体系的解构与重构[J].现代传播，2012,34(11):13-20.

其次，有效地整合数据。完美的数据管理，是营销效果保证基石的第二步。在大数据时代里，营销行为面临的考验并不仅仅来自对数据的收集意识，更重要的一方面在于完善的数据管理，要通过有序、完善的数据管理，将数据运用到企业每一个角落，要将数据收集、分析、管理作为企业运营的一种常态，从收集数据开始，用数据观察问题、分析问题，然后提出解决方案。在这一过程中，需要充分注意到营销活动中的各个环节都要运用到大数据，这是整体行为，而非局部数据和人为干预，要让数据成为每一个营销者开展营销活动的工作标准，从而树立起处处用数据思考的基本思维模式。营销活动的各个环节都需要建立在大数据的基石之上，只有这样，才能够最大限度地发挥出大数据对营销效果的基石作用。

可口可乐"昵称瓶"活动是以大数据为基石开展营销的典范。通过捕捉全网社交媒体数据，提取被最频繁使用的热词，然后从多个维度进行定量比较（如传播深度和广度，声量、互动性等），可口可乐从300多个热词中选出了那些积极向上，以及能引起消费者互动的词汇，并最终印在了可乐瓶子上与大家见面，取得了良好的营销效果。这也反映了另外一个趋势，那就是未来大数据从消费者心声开始，以前的创新都是来自企业，现在的好玩的点子不是由营销公司做出来的，而是由用户产生的。这就是大数据的奇妙力量。

正是由于大数据对营销效果的基石作用越来越重要，越来越凸显，致力于提供数据收集、处理、分析等相关服务的数据服务公司不断涌现，成为营销行业的重要组成部分。晶赞科技 Zampdata 则是其中之一。它为互联网企业提供了一套基于自身平台的数据处理解决方案，该解决方案直接部署在企业内部，为企业提供数据收集、数据清洗、标签等服务。Zampdata 能够同企业的 CRM（客户关系管理）系统无缝对接，对数据进行标准化的加工，让企业大数据可以在企业内形成可供分析的可视化数据；亦可对接外部大数据营销与数据管理平台，在数据脱敏、脱密和自由操控的基础上让数据为企业自身和社会创造更高的价值。

（二）全流程关注，彰显数据价值

如果说数据是营销效果的基石，对营销对象的数据信息进行全流程关注则是在为营销效果的实现保驾护航。全流程意味着要形成"营销策划—营销执行—营销结束"三个环节时刻跟踪的监测体系。因为，实际反馈到企业的一手数据，可以胜过一切经验丰富的营销人员、营销团队。因此，对营销流程的数据予以充分关注是很有必要的，在这一过程中，不断地实验、不断地调整，并不断地根据一次次营销活动的数据统计来积累经验，是对数据进行全流程关注的意义所在。

在营销活动策划阶段，要对已有的"过去的数据"进行分析，从而为营销策划奠定基础，明确营销方向，这是营销行为全流程关注的起点。在营销活动进行之中关注数据并进行分析，是对营销执行的有效纠偏，是全流程关注的重点。因为往往一个很小的变化，会带来营销效果的大幅度提升或下降，不进行营销数据的全流程监测，是不可能发现这些问题的，在全流程监测基础上发现问题并有效改进，是用较低的成本保障营销效果的基础。

因此，基于互联网与大数据技术，营销人员可以在营销行为开始之前及开始后的每分每秒精确地看到消费者对营销行为的反应，因为消费者的每一个行为都会留下相应的数据痕迹，而这些数据都会成为营销人员分析的数据。对消费者在购买行为发生之后的所有数据进行分析，是"互联网+"背景下实现营销精准化、提高营销转化率、纠正营销效果偏差、甚至预测未来趋势的必然。

杜蕾斯的数字营销一直为人们所称道，其营销的开展、营销方向的把控，同样建立在对消费者数据进行全流程关注的基础之上。在杜蕾斯的印象里，其消费主力应当是男性，然而数据说明了这样的想法是错误的，经过对售后评论的分析，杜蕾斯惊讶地发现竟然有约40%的消费者是女性。这对其后期的营销方向产生了颠覆式的影响，也使得数据的价值不断凸显。

（三）实时观测，试错可能

在网上做生意、开展相应的营销活动的一个最大优势就是可以全程化、实时化地关注营销活动效果，即使现行的营销活动存在偏差，也可以在最短时间内进行调整。而曾经，营销活动只能是"后知后觉"，与现在大相径庭。在"互联网+"时代，通过对海量数据的实时观测，能够随时随地的对营销活动进行思考与调整，从而为营销效果的实现提供了更多的保证。用一个简单的例子来说明大数据技术实时监测带来的好处：修改一本电子书的书名，对销售或下载转化率的影响，只需要对书名修改后网站流量及下载数量的变化情况进行分析即可，高效率、低成本，无须借助于其他公司，只需要在站长页面进行修改就可以完成。

在哪个网站上购买广告带来的点击率和销售额最多？怎样的广告措辞效果最好？来自哪一个搜索引擎的流量转换率更高？首页口号的几个版本哪个效果最好？不同的图片对转化率又有怎样的影响？所有这些在大数据的影响下，都可以通过技术手段进行实时的测量。所以说，在大数据的影响下，营销效果有了试错的机会，因为可以通过实时数据的监测，来找到最有效的营销手段，实现最好的营销效果。

以腾讯世界杯营销为例，在决赛周的30多天里，腾讯及其营销团队通过数据挖掘、整合和研究，分析世界杯期间热点话题、KOL、消费者情感等社交数据，在此基础上找出每天赛事相关和周边的潜在热点，并及时借助有影响力的事件展开相关的内容和创意设计，每天调整营销策略，做到与用户即时互动，持续引爆或扩大兴趣点，提高关注度，取得了很好的营销效果。[1]

对数据的实时观测需要专业的团队来运营，基于此，大量的数据服务提供方在市场上涌现。Zampda晶赞雷达就是其中之一。Zampda晶赞雷达是一

[1] eNet&Ciweek. 大数据，数字营销的灵魂［EB/OL］.（2014-09-24）［2015-12-30］. http://www.ciweek.com/article/2014/0924/A20140924565412.shtml.

个基于大数据的应用平台，目前每日第一方数据处理量居全国领先。它以受众为核心，通过海量数据处理、大规模的运算分析、机器自动学习等，为企业、特别是大品牌广告主提供具有针对性的精准再营销定向投递服务。其所具有的实时性可以在任意时间根据条件捕捉到密切相关的受众动向，第一时间传递最相关的资讯，并且还能根据受众多维度变化，提供动态推荐，同时提供灵活的数据对接方式，能够让广告主轻松对接多个数据源。

互联网时代营销效果与大数据密切相关，在这样的条件下，营销活动的效果可以实时监测，一切都以真实存在、实时变动的数据为准。

（四）从"记录"到"预测"

数据的意义不仅仅在于描述，而是要博古通今，并让当下的你获得心仪之物。这难道不是营销的最高境界吗？

这样的营销实现的效果是更深层次、更具主动性的，是基于现在对未来价值的挖掘。互联网的自发性和透明性，加上大数据的丰富性让预测消费者行为偏好成为可能，也让商家更方便地找到打开消费者心门的钥匙。

过去的营销行为对于用户需求的捕捉是割裂的，没有连续性，体现出的更多是事后的行为，无法看到未来的趋势。而大数据则可以有效"洞察"消费者的下一个需求。比如，某消费者今天团购了一个4人套餐，那么紧接着，他可能需要打车去餐厅，餐后可能会在附近KTV唱歌，或者去购物。基于大数据的营销行为，可以通过消费者当前的行为推断其出未来的动态，从而提高营销的精准度，让广告主能够最大限度、最有效率地接近消费者，促进或者说引导消费者产生消费行为，为企业创造出未来的价值。

问题篇

　　"互联网＋"激发了广告营销的巨大潜能，带来了业绩，也放大了营销的原罪。粉丝经济以粉丝的情绪资本为核心，但过度消费粉丝的情感，其效果也许会适得其反；内容即营销，你中有我、我中有你的理想境界模糊了原生广告的形态，却让监管难度增加；大数据重新改写了营销的定义，但拥有大数据就拥有了一切吗？

第十节　专业需深耕

一、粉丝一定是真正的购买者吗

在过去的几年里，互联网的快速发展和智能手机的普及大大推进了新兴商业模式的兴起，"粉丝经济"作为其中的典型代表备受关注。提到2014年中国最受关注的商业案例，很多人会不约而同地想到韩寒的《平凡之路》、罗永浩的锤子手机、雕爷牛腩等。这些案例的共同特点是：背后都站着一个"明星"；都被冠以"粉丝经济"的概念；都崛起于互联网。

粉丝产业大致形成于2005年湖南卫视的《超级女声》引发的"超女"现象，时代造就了李宇春、张靓颖这样的超级明星。而后苹果手机的崛起更离不开乔布斯超凡脱俗的个人魅力，这也标志着粉丝经济从文化娱乐产业过渡到了产品制造业。在互联网＋时代，粉丝经济效应更加凸显。尤其随着社交网络的崛起，一些知名人士、明星人物、专业人士、甚至草根很快就可以积累几百万、上千万的粉丝关注，作为微博大V或微信公众号达人，他们的言论被广泛转发，他们推荐的商品和服务更容易被关注和接受。

粉丝经济，也有人将其称为"社群效应"，而在一个社群之中，"舆论领袖"往往发挥着中流砥柱的带头作用。这个带头人在言行上不断地影响着其受众，或励志，或激进，抑或是另类，但无论是怎样的影响，都会有一批粉丝跟随紧随其后，保持忠诚，并形成相固定的优质粉丝。在现代品牌运营中，粉丝自然就成为优质的潜在消费者，也最容易转化成目标消费者。互联网行业里提到的粉丝经济泛指由粉丝所带来的增值经济模式。在大的商业环境内，粉丝已经超越用户直接成为具有情感纽带的品牌受益者，而粉丝经济正是以粉丝的情绪资本为核心，以粉丝社区为营销手段增值情结资本，通过影响用户情绪达到用户主动参与并主动营销的效果，最终实现增值的目的。

目前，以90后新网民为主体的粉丝经济所带来的能量，已经在互联网广告领域引起重视，也有不少企业已经尝到了甜头。定位于年轻用户的小米公司，是当前中国手机市场几大巨头之一，它从成立初始就十分注重粉丝的培育和粉丝经济的经营。小米主导"发烧友"文化，以"为发烧而生"的理念和雷军的人格魅力吸引着玩机的年轻人，并且通过培育品牌文化、不断推出系列科技智能产品来强化定位人群对品牌的忠诚度。小米公司非常关注社区建设，通过在小米社区与网友的互动，进一步增强粉丝的归属感，使得原本企业单方面的营销行为变成由粉丝主导和参与的共同营销。2014年的电影暑期档，由80后明星作家郭敬明领衔的《小时代3》和韩寒的导演处女作《后会无期》都赚得盆满钵满，票房均过5亿元大关，观影者很多都是郭敬明或韩寒的个人粉丝。如此高的票房与粉丝的主动参与行为不无关系，粉丝对他们的喜爱延伸到对电影的喜欢，进而转化成为实际的经济效益，这种消费型产品的产出也是粉丝情感需求得到满足的一种体现。不论是小米公司还是郭敬明与韩寒的电影，他们抓住的都是粉丝的情感需求，借由情感需求产生的共鸣凝聚粉丝，再通过营销活动来进一步发挥粉丝的作用，最终促成粉丝经济的产生与发展。

毋庸置疑，经营得当，粉丝经济会带来可观的经济效益和意想不到的营销效果，广告主们纷纷摩拳擦掌，准备在未来的"粉丝争夺战"中大展拳脚，以吸引更多的关注。但是，得粉丝者即得天下，粉丝的数量一定会与效益成正比吗？粉丝一定会成为商品或服务的购买者吗？粉丝一定会助力营销吗？对于这些问题的回答更需谨慎。

与《后会无期》《小时代3》同时上映，同样打着"粉丝电影"旗号、记录2013年快男选拔的电影《我就是我》却在电影市场惨遭滑铁卢，上映后排片比例不超过5%，不到一周就惨遭下片，累计票房仅640万元。《我就是我》虽然口碑不错，既有影评人周黎明等人力挺，又获多伦多电影节提名，同是"粉丝电影"为何命运如此不同？这一令人颇为尴尬的遭遇不免引发思考。同病相怜的还有由浙江卫视火爆的综艺节目《中国好声音》改编的电影《为你转身》，开局惨淡，排片骤减，最后以总票房200万元惨淡收场。因此有业内人表示：如何赚粉丝的钱，是个技术活，与电影质量无关。

一份研究报告发现，仅仅用粉丝数量去评估企业的社交资产并不可行。目前营销界尤其是社会化营销中存在着太多"只见粉丝不见经济"的现象。究其原因，主要有以下几点：其一，粉丝年龄分布结构失衡，大多数人都是学生，购买力较弱，对于价格略高的产品尚不具备持续消费的能力。其二，究其根本，粉丝效应能否成功关键还在于产品本身，仅靠粉丝的情感无法长久地实现产品的持续发展。其三，"舆论领袖"的一呼百应并不能解决一切问题，能让更多的粉丝参与产品设计和让更多粉丝自由地表达情感才是更合理的解决方案。据Vocusand Duct Tape Marketing于2012年9月发布的调查结果显示，"有67%的被访中小企业认为更需要粉丝的互动而非数量——其中40%希望粉丝能定期地互动融入，27%希望粉丝能偶尔互动融入即可，仅有27%的企业觉得在社会化媒体上需要非常大量的粉丝，而不在意他们是否有互动。"其四，粉丝营销的明星效应转化，需要一定的领域匹配性。例如乔布斯是当代个人电脑的发明人之一，多年来一直都是全球互联网领域的创新领军人物，其明星效应对苹果公司推出的 iPod 和 iPhone，具有很强的领域匹配性，也就更容易赢得消费者的信任。其五，粉丝营销仅是帮助产品发展的条件之一，能够有不断推进的创新力量才是产品的核心竞争力。公众人物总是要通过不断地推出新作品或制造话题来维持新鲜感，知名品牌也需要不断地发布新产品来引领行业发展，尤其是在这个信息爆炸的互联网时代，沉默太久就意味着被市场和消费者遗忘。

2014 年 10 月 27 日，锤子科技官网发布降价调整信息，宣布从 10 月 30 日起将下调各版本锤子手机的价格，每款手机的降价幅度都超过了 1000 元。残酷的市场面前，再有人文情怀的罗永浩也难挡销量的低迷，而从这样一款带着高价进入市场的产品不难看出，罗永浩对自己的粉丝过度自信，粉丝营销的初期轰动效应并不能解决产品的长期稳定发展问题。此外，罗永浩的明星效应转并不具备领域原则性，罗永浩之所以被人们所熟知并喜爱，是因为其英文培训讲师的经历和一流的口才。而这些经历与对专业性要求很高的智能手机制造业之间却不具备领域上的匹配性，对于一个业外人士而言，贸然踏入非熟悉的领域就要承担一定的风险。罗永浩粉丝营销的失败在于其过度张扬的个性而认真展现非产品的核心竞争力。

粉丝营销说到底，还是要以经济为引导，以产品为中心，才会让粉丝成为最好的营销渠道。

二、如何建立长期的品牌忠诚

品牌忠诚度是指消费者在购买决策过程中认购品牌的行为模式，是消费者面对品牌所表现出的一种积极和信任的态度，具体表现为对品牌的喜爱、依赖和情感偏好，愿意为他人推荐该品牌、为品牌发展提供建议甚至是主动宣传该品牌的产品及其服务。具有品牌忠诚度的消费者具有以下特点：第一，重复性地购买同一品牌的产品或服务；第二，会尝试使用该品牌旗下的其他系列的产品或服务；第三，对自己忠诚的品牌有很高的评价；第四，对于其他竞争者的广告及促销具有免疫力。品牌忠诚其实是品牌资产中最重要的部分，若没有忠诚的品牌消费者，品牌不过是没有价值仅供识别的符号。

毫无疑问，培养消费者的品牌忠诚度对企业而言至关重要。首先，为品牌提供了固定的消费者，从而保证了品牌的基本市场占有率。其次，有效地吸引新的消费者加入到品牌消费中来，因为忠诚的顾客或粉丝会主动担纲广告发布者和品牌倡导者的角色。尤其在社交网络快速发展和普及的今天，消费者的分享和评价能够被迅速传播，口碑效应远大于非互联网时代。再次，忠诚的消费者会对品牌产生依赖，他们重复购买和使用并对其他品牌产生不自觉的抵抗。这使品牌在遭遇竞争时有了更多的回旋余地，从而缓解竞争威胁。

互联网环境不同于传统的市场竞争环境，由于网络信息更加公开透明，有关产品的使用信息、评价信息、价格信息等唾手可得，消费者完全可以货比三家来选择产品，而不必再忠诚于某个品牌。在这里，品牌降低消费者选择成本和风险的作用几乎丧失。此外，互联网消除了传统市场的地域限制，某些异域高端品牌的神秘面纱被揭开，这种因为神秘和距离所带来的品牌价值感大幅缩水。因此有人断言，电商时代，消费者的品牌忠诚已死。

品牌忠诚是否真的不再重要？消费者是否真的失去了对特定品牌的信任和满意？ 2014 年，艾司隆 (Epsilon) 发布了题为《大众的选择：中国消费者忠诚度剖析》的有关中国消费者态度和行为的研究报告。数据显示，与过往数十年仅仅着眼于价格而频繁更换品牌的消费者不同，现如今不同阶层的中国消费者更愿意与品牌建立忠诚关系。在各个行业中，忠诚消费者经常光顾品牌店铺和增加消费的概率，较非忠诚顾客高 19%。忠诚消费者也较乐于向品牌披露个人信息，且更有可能向朋友推荐其忠诚品牌的产品和服务。

事实上，在这个信息爆炸的年代，各类媒体上到处充斥着各种不同的广告，网络媒体尤甚，微博层出不穷的营销段子手、朋友圈里经常刷屏的微商，让消费者更无法轻易对某个品牌产生忠诚和信任感。而商品的同质化越来越严重，同类产品的差别很小，也让消费者心生选择恐惧。在这样的市场环境之下，品牌忠诚不是消亡，而是变得更重要。如何面对快速变化的网络环境，在激烈的市场竞争中保持竞争优势，不断提升消费者对品牌的忠诚度和满意度，提高品牌竞争能力，在互联网时代仍然是企业研究的重要课题。

首先，产品和服务的质量还是保证品牌忠诚的根本。在上文提到的艾司隆调查报告中，质量首次位居忠诚激励因素榜的第一位，36%的受访者把质量列为是否对品牌忠诚的最重要条件，产品的质量、纯正度和耐用度已经超过价格因素对购买的影响力。与此同时，客户服务也在忠诚激励因素中占有重要地位，30%的受访者对此非常重视，消费者希望品牌能够提供更加一体化和人性化的售后体验。如今的消费者比以往拥有了更多的选择，但是产品质量仍然是他们最优先考虑的因素。电子商务作为此次调查的新增产业首次出现，其中61%的受访者表示忠诚于像淘宝、京东和天猫这样的电子商务平台，该比例在所有被调查的行业中居首位，这离不开电商平台为消费者提供的卓越服务。2014年，阿里巴巴在美国上市，马云表示公司在上市后依然会坚持"以客为先"的价值观。为了赢得消费者的信任和忠诚，企业应该在互联网营销上多下功夫，建立迅速而有效的反馈机制，经常与消费者进行沟通，配合线下的高质量服务，建立长效、持续的客户关系管理系统。

其次，打造全渠道的社交平台。研究表明，社会交往性与娱乐性会对消费者与品牌间的关系质量有显著的影响。一方面，企业应充分发挥互联网的技术优势，利用微博、微信等社交平台为消费者提供自由、平等、开放的交流互动平台；通过开发移动应用，延伸服务平台，丰富网络社区服务内容，使得消费者能够充分利用这一平台扩大其社交网络，增强其被认同感和归属感，形成对社区的忠诚度；另一方面，企业要通过电子邮件、在线客服、在线参与活动等多种方式增强与消费者的互动，倾听消费者的心声，了解消费者的需求变化，并及时解决消费者在使用产品和服务过程中遇到的各种问题，增强消费者的服务体验和对产品的感知价值，加强品牌与消费者间的情感连接；再一方面，开发娱乐休闲性强的网络游戏，强调动画、视频、音乐等娱乐要素的结合，重在将品牌文化有机植入，目的在于增强消费者间的互动，增强用户黏性。

再次，以提升消费者价值为核心。菲利普·科特勒认为，顾客购买产品时，总是会从那些他们认为为其提供了最高感知价值的公司购买，并以此为基础提出了"顾客让渡价值"这一概念。消费者与企业之间最终是一种追求各自利益和需求满足的价值交换关系。对企业来说，应首先保障能够满足消费者的基本功能需求，在此基础之上，通过提供一些个性化的定制服务来提升消费者价值，这一点在互联网环境之下显得尤为重要。企业需重新审视企业价值链的各个环节，探索在哪些环节可以真正为消费者带来价值，哪些环节是价值链中的关键环节及该环节是否能够通过优化进一步得到提升。

最后，强化消费者的服务体验感。消费者体验是个体对某项刺激产生的个别化感受，由感官、情感、思考、行动和关联五部分构成，产品或服务可以采用感官的、具有感染力的、创意性关联的方式为消费者创造出不同类型的体验，不断地传递品牌或产品的价值。研究发现，在网络环境下，以消费者体验为基础的品牌认知将对品牌信任产生强烈影响，进而影响消费者的品牌忠诚度。借由全渠道的社交平台，为消费者提供全方位、立体化和全时的服务，增强其服务体验。

第十一节　行业待规范

一、原生广告的监管面临哪些难题

移动互联网的高速发展使广告在表现形态、经营主体、产业结构等方面均发生了相应的变革，而这些变革也投射到了监管的层面。无论是在监管对象、法律依据、监管执法、监管技术与工具等层面，都势必面临全新的挑战。

不可否认，原生广告为广告市场注入了活力，为商业的发展和企业的盈利迎来了契机，同时又没有对消费者产生实质的损害。但我们不得不正视原生广告所带来的风险：一旦出现利用原生广告的各种违法行为，就可能出现对监管和维护消费者权益极为不利的局面。

（一）原生广告对当前广告业态伦理秩序的挑战

广告活动遵守相关法律法规是保证其健康有序发展的前提也是底线，然而原生广告的一些表现形式恰恰踩到了法律法规的禁区。例如，某网站的原生广告类型中有一类叫"原生品牌新闻"，即网站旗下的专业采编人员为具体品牌编辑的图文新闻，以 2012 年 12 月 11 日该网站在商业频道栏目中发布的"中国牛仔的一天"为例。这一则图片新闻从某牛奶品牌的一个典型新式牧场入手，用镜头记录下牧场负责人一天 24 小时的工作内容，共 13 张图片，配上言简意赅的文字，向网络用户展示了该品牌控制奶源的专业、负责、科学、严谨。作为品牌危机公关的手段，"中国牛仔的一天"堪称典范：不仅展现了该牛奶品牌在食品安全问题爆发后直面问题所在，积极解决行业的焦点难题；而且借助这一品牌新闻，重塑了企业关注健康、安全的品牌形象。然而，作为广告形式，这一品牌新闻明显违反了我国《广告法》的第十四条："大众传播媒介不得以新闻报道形式变相发布公告。"从本质来看，该网站制作的原生品牌新闻不属于新闻范畴，而是商业广告，网站方对此也并不讳言，所以也就回到了最基本的原则问题：原生广告模糊跨界，极易破坏广告业态的健康秩序，如何规避？

除了原生品牌新闻外，很多所谓的"原生专题、原生栏目、原生视频"都存在这一问题。比如，某网站的原生栏目中，编辑把"杭州最美司机"的话题植入栏目中，邀请嘉宾和知名记者谈论对于事件的切身感受，进而引发用户对于"全家型保障"产品的关注。这个栏目获得了 180 万次专栏浏览和 160 万次的点击阅读，这可以说是媒体与广告主的"成功"合作，通过一种亲身体验来达到广告目的和诉求，但是却在一定程度上混淆了广告和新闻的界限。相比之下，美国的纽约时报网络版改版后，虽然也采用原生广告，但是会以"付费阅读"或是用色条和字体标注的方式进行区分，以保障用户的自由选择。

（二）原生广告的审查问题亟待解决

其实，《广告法》中已经为广告主体规定了严格的准入机制，还设置了针对某些特定商品的内容审查规定，比如列举出需要行政审查的情况，对药物、医疗器械等涉及人们健康安全的商品广告通过行政行为来进行监管，以防假冒产品流入市场等。虽然《广告法》及相关法规中对于广告内容的审查监管也适用于网络广告，但实际情况却不容乐观，在面对互联网广告特别是原生广告时，这些相关规定难以实施。

究其原因，首先是主体的不确定性，导致原生广告数量庞杂，良莠不齐——几乎所有人都可以通过互联网随时发布各种广告信息。相比之下的监管资源明显不足，苛责相关部门对互联网广告逐一审查也根本不现实。其次，原生广告变化多端、以链接方式传播、形式和内容更新快，既不受网络运营商直接控制，也难以及时被网络服务商发现。最后，即便是监管部门查处了违法的原生广告，也不能即时发布审查结果和处分决定。因此，原生广告的审查和监管工作困难重重。

广告监督管理机关对广告的监管是以当前的广告法律法规为依据的，而原生广告对监管的最大挑战在于它是否符合当前法律中对广告的定义。目前《广告法》中对广告的定义太过笼统，很难作为监管原生广告的依据。从凤凰网的原生广告表现形态来看，更符合 1992 年颁布的《广播电视赞助活动和赞助收入管理暂行规定》中赞助广告的概念表述。按照规定，凤凰网的很多原生广告如"原生视频""原生专题""原生栏目"都属于赞助广告一类，但是遗憾的是这份规定限定了赞助广告的范围是在广播电视领域，而原生广告则还要依托互联网平台执行。如此一来原生广告究竟属于专题新闻、专题栏目还是广告，并没有明确的法规依据，最终导致广告监管机构很难将这些特殊的广告纳入日常的监管工作。

（三）法规制度不健全使监管缺乏依据

2015 年 9 月 1 日，《中华人民共和国广告法（2015 修订）》正式实施。新版《广告法》第十四条明确规定："广告应当具有可识别性，能够使消费者辨明其为广告。"互联网弹出广告美国标志应显著，广告法更加规范，互联网广告内容涉猎更多。但在互联网广告监管方面，截至目前，国家层面仍然没有出台专项法律法规加以规范，虽然部分地方工商行政管理部门通过制定地方行政规章在互联网广告监管方面做出有益尝试，但是在对移动互联网广告的监管领域，相关立法仍为空白。现行的广告领域法律法规已经明显滞后于移动互联网广告的快速发展，而原生广告的主要阵地就是移动互联网领域，因此虚假广告、诈骗信息等问题突出。

市场准入方面，传统广告的法律监管需要具备市场准入条件方能从事广告业务，即需要有广告市场的资格认证，取得营业许可证，否则是不能经营广告业务的，这时的广告市场监管也就能够做到有法可依。但是，数目庞大、形式多样、内容丰富的原生广告与传统广告差异明显，致使监管原生广告存在诸多困难。目前，网络广告市场准入制度缺失，任何拥有网络使用权的企业或其他经济组织乃至个人都能够发布广告信息，局面混乱，从而为虚假广告留下可乘之机。因此，《广告法》中对于广告主体的定义及规制方式已无法适应原生广告的现状与发展。

（四）监管技术与工具不能适应原生广告的发展

传统广告由于其构成要素和编排方式较为单纯，因此通过人工或计算机进行监测的技术手段已经较为成熟。而在移动互联网之上繁荣发展的原生广告无论在表现形态，还是在经营主体和投放方式上都要复杂得多，这无疑对监管技术和监管工具提出新的要求。

首先，富媒体及超级链接技术使移动互联网广告展现方式呈现出"非一次性"和"无限延伸"的特性，移动互联网广告的展示效果会随着广告受众参与程度的不同，呈现出不同的层次和结果，加之移动互联网广告具有"泛形态化"特征，广告内容与媒体内容日益模糊，这些都为原生广告信息的识别和认定带来困难，用传统"看""听"等手段难以应付。

其次，程序化购买是原生广告的主要投放模式，实现了从"购买媒体"到"购买受众"的转变。智能定向投放作为其核心技术之一，可以实现根据不同人群的兴趣爱好发送不同内容的广告。这种"千人千面"的广告投放效果，大大增加了监管的难度。

最后，原生广告规模海量化。全天候、全地域、零时差的特性，使得监测、取证、研判必须借助高科技手段才能实现。

由此可见，传统的监测方法和技术手段必须进行重构和升级，才能够应对原生广告的监管要求。

（五）监管执法活动的障碍更加凸显

当前，传统互联网广告监管工作面临着一系列执法障碍，比如网络广告发现难、广告主体更加隐蔽、广告费用计算难等问题，这些问题在原生广告领域将变得更加突出。

原生广告的识别更加困难。以当下广泛流行的二维码广告为例，因为它是基于特定几何图形的方式对承载广告信息的文字、图片、声音等编码，这就需要通过移动智能终端扫描后接入。因此，信息识别上的不便利导致二维码原生广告内容的识别、审查及监管难度颇高。

原生广告主体更加隐蔽。以移动互联领域的原生广告为例，平台化是移动互联网广告投放的主流模式，在各类移动互联网广告平台上，广告主能够自主设定人群属性、目标区域、投放时间、媒介类型等参数来实现广告的投放。一方面，原生广告投放平台化模式模糊了广告发布者、广告主、广告经营者三者之间的界限，导致难以对违法广告主体的法律责任进行确定；另一方面，由于平台运作缺乏市场准入、广告审查等方面的法律规定及能够有效规制的行业规范，从而造成了监管盲区，致使违法广告主体更加难以锁定。

二、大数据存在哪些局限

随着大数据技术在营销过程中的广泛运用，人们对于营销行为的信心越来越足，这是好事，是企业营销行为应该取得的效果。但是有人会说，我们既要走上轨道，还要走上正轨。数据是一片海洋，在汪洋中找到方向困难重重，何况找到属于自己的正轨？大数据不是完美的，在大数据中找到营销活动的"正轨"，需要突破大数据本身的各种局限和问题。认为大数据无所不能，也是一种误解或神话，任何事物都具有两面性，大数据也并非万能，其自身存在的特点都需要人们在利用的过程中予以充分地考虑与警惕，万不可一味相信。

（一）数据的信息来源

存在于互联网上的信息可以分为两大类：可信任源内容（Trusted Resource Content，TRC）和用户产生内容（User Generated Content，UGC）。[1] 营销中需要的大数据主要是针对 UGC 而言，另外也会涉及 TRC 下的网友评论等，便于精准定位产品受众及获取受众信息。UGC 具备显著的用户自媒体特征，能够体现用户的性格特征、兴趣爱好、消费习惯等，对于大数据营销有重要意义。但是由于 UGC 具有很强的随意性，加之互联网用户的构成具有一定的复杂性和特殊性，互联网舆情不能等同于社会舆情，容易对大数据采集的科学性、准确性带来极大的不确定性，容易产生偏差甚至失真、歪曲等不良结果。

微博营销是互联网营销的重要手段之一，原因在于其信息的公开性及用户的广泛性等。微博上的各种数据信息是大数据的重要来源之一，但是微博上的言论不仅仅来自纯粹的网友，在一些热点话题的背后往往隐藏着炒作等手段，微博的非实名制使得"水军"的充斥显得尤为容易，并且无法辨明谁是水军而加以屏蔽，令微博上的数据真实性大打折扣。假设一个电影发行商想要获取微博上受众的观影反馈等，必须在大数据采集之后再次进行人工的筛选，将水军发布的非真实性的数据删除，这大大增加了数据分析成本。2013 年《小时代》上映之后，有人专门对其进行了大数据分析，从其用户筛选中可以看出水军对大数据采集的影响，在约 10 万样本中有 8670 个高度疑似水军账号，剩下的 9 万余样本的可

---

[1] 黄斐一，孔繁盛，孙立军. 大数据与互联网的舆情管控 [J]. 移动通信，2014(13):19-23.

信度也不能完全达到100%。可见数据的来源构成复杂，数据的真实性有待证实，企业利用大数据做营销战略决策时一旦使用不学就会产生偏差，甚至会造成不可估量的损失。

（二）数据作用有局限

大数据通过海量的数据分析，描绘出一幅供决策参考的图景，解决的是"是什么"的问题，但大数据无法很好地解决"为什么"的问题，而小数据恰恰具有这样的功能。同时，大数据虽然能降低决策过程中人的因素，减少不确定性，但软件和模型无法取代和复制经过数据科学原理和最佳实践训练的人的能力。在大数据时代，"人的因素"仍旧拥有其不可替代的作用。[1]

而且，基于大数据开展的预测行为不可能百分之百准确，因为在做数据预测的时候，即便考虑的问题再全面，也难免会有所遗漏，人们不可能通晓一切，也正是因为这些小小的遗漏，导致预测的结果会出现多种多样的偏差。

面对数据及数据预测的结果，要求人们要活用数据，要冷静、理智地对待数据，要做出自己的选择，避免唯数据论。在营销过程中，数据并不是万能的，任何营销行为都不能够生搬硬套。例如，数据显示来超市买菜的顾客中，有大于50%的人偏爱于同时购买茄子和豆角两种蔬菜，因此，超市就把这两种蔬菜摆放在一起。但是，被忽视的是茄子和豆角两种蔬菜放在一起，会产生一种化学反应的事实。两者在一起，不仅会产生对人体健康有害的物质，也会加快蔬菜的老化，这对超市的蔬菜储存是非常不利的，无形之中增加了企业的成本。这样的营销，就是被数据所困、生搬硬套的结果。

---

[1] 黄斐一，孔繁盛，孙立军. 大数据与互联网的舆情管控［J］. 移动通信，2014(13):19-23.

（三）经过分析的数据才能成为营销数据

就营销而言，营销数据反映出的仅仅是现象，而营销所需要的是现象之后的本质，这两者之间存在着很大的不同。例如，一家企业收集到的 2014 年的销售数据，包括销售种类与销售数量等，经过深度分析，企业即可以获得表象的销售量的增减变化，还可以通过对销量地域分布、年龄分布的综合分析获得更全面的数据分布。显而易见，数据收集是基础，数据分析与整合则对营销数据至关重要。

因此，对于企业的营销活动而言，要做好对数据的挖掘与分析，实现数据的华丽转身。正如一个人要成为对社会有用的人才，必须要经过长期的教育学习与工作实践才能完成一样，数据也需要经过一个完整的加工、整理和分析的流程，才能实现"华丽转身"，成为对企业有积极参考价值的营销数据，才能够挖掘出其所包含的直观的、深层次的含义。当然，在这一基础上，还需要管理者能通过数据看到本质，从数据中看到对营销活动真正有用的信息与更丰富的内容。

（四）大数据技术需要经过验证

虽然大数据已然成为舆论热点，但是大数据在应用方面，尤其是与市场营销的结合仍处于起步阶段。与大数据相关的技术可以分为基础技术与应用技术两类，这些技术用于对海量数据进行计算、存储及综合管理。为了对各种不同场景下的数据，以及具体产品所需的数据做进一步处理，还需要运用大数据应用技术，如数据挖掘技术、自然语言处理技术、汉语分词技术等。

无论是基础技术还是应用技术，究其根本，都是云计算的算法。不容置疑，大数据的存在颠覆了人们对传统市场调查的认知，表面上来看，在互联网的前提下，样本范围更广泛、样本数量更丰富，调查结果显得更科学。但是如果从大数据的基础——云计算的角度来思考，算法则是影响统计结果有效与否的关键，而现如今的云计算算法并不能够完全适用于特定的某一类产品的市场营销，算法的精确度即样本抽取的标准亟待进一步提高和完善。

从前云计算主要侧重于基础技术，即计算和储存，实际运用到了云盘等方面，大大拓宽了个人到企业各类型用户的存储空间，方便了互联网海量信息的上传与下载。但是现在，人们需要提高的是云计算在应用技术中的能力，促成云计算从基础到应用的递进，以此适应大数据应用于市场营销的大潮流。由此看来，大数据应当与传统统计学的科学理论在现代互联网背景之下，做一次进步、高效、科学的相互借鉴与融合。

在国外以脸书、亚马逊和谷歌等为代表，在国内以天猫、当当、微信朋友圈等为代表，他们基于自身海量的用户信息，为自己或者商业伙伴提供精准营销和个性化广告推介等商业服务。[1] 这些智能推荐和定向广告看似贴心，但实际上因为云计算的算法还不够精确，在现实运用中也常常令人感到尴尬。

首先，智能推荐不够智能。这一点主要体现在天猫、当当等电子商城的商品推荐服务等。当人们网购的时候，常常会在屏幕下方看到"相似商品""猜你会喜欢"这些标题栏，下面则是一些推荐的商品。然而有用户反映，如果商城不断向自己推荐已经购买的产品，那么这一栏推荐着实是用户在浏览网页时的负担。再如某用户在当当商城帮别人购买了一套儿童图书，自此再没有购买过儿童用品，但是当当的系统会自动默认用户的消费习惯与儿童相关，甚至常常通过订单中的手机号码发送儿童图书甚至母婴用品的推介短信，相信这种情况就算被用户看作骚扰短信也不会令人感到奇怪，甚至会导致用户对该电子商城的好感度降低，转向其竞争对手的电子商城。这在营销当中，可算是得不偿失。

其次，社交网络中的定向广告不够定向。这个典型例子则是微信朋友圈的产品推广，不得不承认这种定向广告在初期体验时带给了用户新鲜

---

[1]陆绮雯.我所知道的大数据[J].青年记者，2013(19):13-14.

感，广告不仅在朋友圈中被成功投放，用户在线下也会与身边的朋友交流，看有哪些人和自己属于同一类用户，当日广告又分了几类广告，以此产生二轮、三轮的广告效应。但是从技术层面来看，这一类广告的投放依然不够精确。比如没有驾照的人会看到车的广告，普通学生收到奢侈品香水的广告等，这些现象都表明定向广告的大数据技术还有待提高。

（五）大数据与伦理

有人说，"大数据＝监视"？在大数据技术近乎无所不能地大展拳脚之时，更多的人表现出了极端的不安。在互联网时代，每一个人都在定时产生着与自己隐私密不可分的数据信息，而这一切都被实时监控并创造出商业价值，所谓数据生产者的网络用户，并没有从中得利，却要承担隐私被泄露的风险而倍感不安。

这使得大数据使用的伦理问题成为人们逐渐关注的重点。大数据本身的存在就已经严重地威胁到了个人隐私，若真正将数据买卖作为公开的商业行为，难免会产生极大的人权问题。因此，在看到大数据技术为营销行为提供方便、低成本的海量真实数据信息的时候，更要保持一分为二的思维，伦理问题、隐私问题，不能忽视。

据相关媒体报道，从全球范围来看，目前已有多个国家依靠法律形式规范个人信息数据的管理与使用。在我国，由于相关方面的法律保护意识较弱，国家也尚未出台相关的法律法规对个人信息数据库进行统一保护，因此，关于受众信息数据与营销的探索行为如火如荼地进行着，然而这样的发展方式也带有事物萌芽期粗暴发展的印记，最终面临的仍然是管制和规范化。

随着大数据技术的广泛运用与不断成熟，相关的管理规定与约束将更加完善，全方位、立体化的监管体系与法律制度将成为约束数据伦理问题的重要原则与准绳。

（六）大数据营销的成本高

"大数据"的商业机会可以分为两类：一类是前面提到过的，互联网巨头基于自身拥有的海量数据提供商业服务；另一类是 IBM、微软、惠普等公司提供的"硬件 + 软件 + 数据"的整体解决方案，它以平台性为特征，提供基础服务。但是，对于诸多传统大型企业及中小型企业而言，这些商业模式将难以满足其不断成长的数据需求。无论是哪一种类型，都需要高昂的开发成本，这是一些中型企业难以承担的。利用大数据营销需要有丰富的信息资源，而这是传统企业及中小互联网企业的资源短板，因此，假如要进行大数据营销，数据买卖可能会成为大型互联网企业的商机，但是会极大提高其他中小企业的市场营销成本。工信部提出第三方大数据平台建设方案，为中小制造企业提供精准营销、互联网金融等生产性服务正是基于对这一点的考虑。

第十二节　伦理有争议

一、点击欺诈为何亟待解决

当下，互联网和电子商务高速发展，越来越多的企业正将目光转向一个新兴的营销渠道——关键词广告。特别是中小型企业，技术、资金规模等方面无法同大型企业抗衡，迫切希望利用关键词广告的高相关性来发掘潜在的客户。关键词广告是伴随网络用户的关键词检索而显示的广告，它以一种文字链接的形式出现在广告发布商的网站上，这种广告营销模式既满足了网络用户搜索相关信息的基本需求，又满足了广告主对潜在目标客户进行产品营销的需求，当感兴趣的网民点击文字链接进入企业的产品网页时，广告主就实现了一次营销活动，并为此次点击支付广告费用。[1]

广告主可以"根据点击次数支付广告费用"，用较低的成本来获取较高针对性的潜在客户，但是，该模式下不得不面对的问题是广告发布商的欺诈行为，即广告发布商通过恶意点击自己发布的广告文字链接来增

---

[1] 苏亚东. 一种有效防范广告发布商欺诈行为的策略 [J]. 安徽农业科学，2014(6):1900-1902.

加点击率进而欺骗广告主，以获取经济利益。

（一）点击欺诈的定义

网络广告已经成为一种重要的广告营销渠道，目前，按点击量付费是互联网最常用的计费模式，也是网络广告行业中较受企业欢迎的一种广告计价模式。虽然这种模式在网络广告市场中占据着领先地位，但随之而来的点击欺诈现象却严重威胁着在线广告业的进一步发展。因为互联网广告带来的巨大商机，其中也不乏恶性的商业竞争和商业欺骗，在这样的环境中，点击欺诈现象频繁出现并获得了普遍关注。那么，点击欺诈到底是什么呢？

谷歌将点击欺诈定义为：无效的点击，通常是由人为故意或敌意地用某些方式产生的点击行为。点击欺诈已被视为互联网上刊登广告的付出成本，实质上，点击欺诈是无效点击的一部分，是指有恶意或欺诈目的的点击。换句话说，是指意在通过人为的方式增加广告客户支出或发布商收入的点击，违法盗取广告企业的投资经费，谋取经济利益[1]。目前，网络运营主要收益方式之一就是电子商务平台，其中，广告收入占到了总收益的主要份额。因此，点击欺诈这种恶性的收益方式不仅损害了企业的利益，更阻碍了网络广告整个行业的发展。

2006年，百度点击欺诈事件让点击欺诈问题成了行业和社会关注的热点。这样的行为不仅损害广告主的利益，也破坏了搜索引擎广告参与各方之间的信任机制，导致网络广告模式本身承受巨大质疑。此后，百度公司又再度陷入点击欺诈困局，一些广告主甚至打出了标语，强烈抗议百度营销模式中竞价排名存在欺诈客户赢取利益的问题。

点击欺诈监测中心数据显示，2009年的广告发布商网站付费点击中，28.3%的点击均属点击欺诈。总体来看，日益庞大的网络用户潜藏着巨

[1]任亚缙.网络广告中防范欺诈点击技术的研究[D].兰州：兰州交通大学，2014.

大市场，这促使搜索引擎成为广告营销的一把利器，而点击欺诈问题也成为网络广告急需解决的问题。

（二）点击欺诈的分类

实际操作中，点击欺诈可以通过以下三种方式进行，即广告发布商点击自己展示的广告，或鼓励他人点击自己展示的广告，意在帮助广告发布商获得更多收入；包含用户激励措施的第三方计划，如付费点击服务和点击交换计划；自动点击工具、漫游器或其他欺诈性点击软件。[1] 可见，点击欺诈的操作者可以来自多个利益主体，并且欺诈的实施方式也不尽相同，以上各种现状都对如何解决点击欺诈问题提出了巨大的挑战。

目前，搜索引擎筛选技术可以做到甄别大部分欺诈性点击软件的恶意点击，但还是无法准确判断人为的恶意点击行为。人为性质的恶意点击根据操作者的目的不同，主要可以分为两种：一种是关键词广告中来自竞争对手的恶意点击，即竞争性点击欺诈。通过恶意点击，广告主能够尽可能多地消耗竞争对手的广告预算，当竞争对手的广告预算消耗殆尽并退出市场时，广告主就能以较低的成本得到更好的广告位；另一种是内容关联广告发布商自己点击或鼓励其他人点击自己网站上展示的广告，期望从搜索引擎获得更多的收益，这类恶意点击被称为"膨胀性点击欺诈"，是目前最普遍的点击欺诈形式。[2]

按照原理和方法，点击欺诈一共可分为八类。

（1）服务商的合作伙伴为获利进行点击；

（2）广告发布企业的竞争人员——此欺诈行为的主要想法是打击对方的网页排名，从而提升自主企业的广告，手段是消耗广告主的广告预算；

（3）偶然的无效点击；

---

［1］苏亚东.关键词广告中点击欺诈问题研究［D］.重庆：重庆大学，2014.

［2］苏亚东.关键词广告中点击欺诈问题研究［D］.重庆：重庆大学，2014.

（4）第三方服务商的点击欺诈——此种欺诈方式也与利益密切相关，由于一些第三方服务商的生意不景气，因而使用点击欺诈的方式获利；

（5）服务商的欺诈方式——该方式的存在主要是由于大型广告发布商想获取更高的来源于广告企业的费用，因而，雇佣廉价劳动力点击其所发布的广告，为的是产生高额收入；

（6）广告主企业的欺诈——由于企业广告自身在搜索引擎中的排名次序较为落后，通过点击欺诈，增加次数及频率，提升关键字排名及被关注的概率；

（7）间接点击诈骗方式——由于某些搜索引擎及商务站点网站中使用按点击付费模式，点击欺诈的泛滥，将会对其公司的股票、证券有所影响；

（8）搜索引擎站点之间的欺诈攻击——此种诈骗同样是现存的恶性竞争机制导致的，搜索引擎之间想通过点击欺诈的方式，使对方失去广告主的信任，进而失去市场。[1]

（三）点击欺诈的行为

通过欺诈行为获取收益的广告发布商被称为"劣性广告发布商"。通常，广告主把广告链接置于发布商的网站中，根据链接的具体点击次数来向发布商支付费用。而欺诈广告发布商会通过操纵恶意点击来牟利，广告主多交钱的同时却不知道自己的广告并未形成应有的潜在消费者群体。这种点击欺诈行为很容易实施，因此十分猖獗，为了应对和防范该类点击欺诈行为，另外一种付费规则——按实际购买付费，应运而生。

按实际购买付费需要受众点击发布商的链接并在一定时间内对产品形成实际购买时，广告主才支付广告费。但是，即便是按实际购买付费，广告发布商还是有机会实施欺诈行为：比如在网站上设置一些网络标语

---

[1]任亚缙.网络广告中防范欺诈点击技术的研究［D］.兰州：兰州交通大学，2014.

并用编程使之与链接对应，程序将在用户浏览这些标语时自动运行点击链接，欺诈广告发布商就可以向广告主索要费用，实际上它们却并未对产品销售做任何贡献。

资料显示，网络广告的欺诈行为虽方式多样，却具有一定的共性。网络广告用户在网络站点发布点击付费广告，此时可能被发布商引导发生点击欺诈行为。广告主最初的营销理念是想付费找出潜在用户群体，而原本的客户点击过程也应该为：通过浏览网页中的有兴趣的信息，点击链接进入广告主的站点，选中产品完成交易，点击欺诈行为的本质是耗费广告投资费用，让欺骗者获取更多收益。

（四）法律诉讼的尴尬境地

在关键词广告市场中，广告主和广告发布商都会签订广告推广委托代理合同。如果广告发布商违反合同，使用欺诈行为获取不正当收益时，广告主可诉诸法律来获得经济赔偿。

然而在实际执行中，处理广告发布商和广告主之间的纠纷时，法律诉讼在一定程度上几乎是无效的。首先，高额的法律诉讼费用远超欺诈广告发布商产生的欺诈费用；其次，就算广告主愿意支付高额费用进行诉讼并且获胜，广告发布商往往也没有能力赔偿全额损失。此外，广告主从自身声誉方面考虑也不会积极选择法律途径。因为如果公开审理，相当于告诉了消费者企业被广告发布商骗了，而消费者可能会理解为产品广告不真实，进而怀疑企业产品的质量甚至企业的信用，最终带给企业难以承受的负面影响。因此，广告主企业试图通过法律诉讼来防范广告欺诈的策略并不现实。

二、互联网广告道德正在缺失

根据社会化营销观念，企业应以实现消费者满意及消费者和社会公众的长期福利作为企业的根本目的与责任。广告作为企业市场营销的重要环节和主要传播途径，更应兼顾经济效益和社会效益，为人们创造出一个可以传播真善美的窗口。在互联网广告恶与善伦理向度上，应倡导人与自然社会的和谐，文明消费、扬善从善、仁者爱人，抵制特权消费、腐败消费、奢侈消费等恶俗倾向；在真与假伦理向度上，应该去追求在动机与效果、形式与内容上都要求真务实，摒弃那些追求虚假噱头贪图暴利的无德趋向；在丑与美伦理向度上，应追求互联网广告情感温馨之美、企业文化价值之美、创意新颖之美，摈弃低级庸俗、拜金主义、人身恫吓等不良审美趣味。

然而，当今有数目众多的互联网广告设计作品，只以市场销量为依据，完全将人类心理、社会、文化等要素抛之脑后，沦落为金钱的附庸。此外，广告创意恶俗、内容虚假、形式丑陋等恶相层出不穷，广告创作出现了诸多与美相悖的不良倾向。

（一）互联网广告的隐忧

有的广告利欲熏心，以丑为美；有的乱用谐音双关；有的则采用侮辱性语言；有的一味谄媚来迎合大众的不良嗜好。这些不良广告故弄玄虚，哗众取宠，有违公序良俗和互联网广告的职业道德。

互联网应追求作为美的使者，标新立异，不同凡响，让人耳目一新；把握正确价值观念，富有鲜活的时代特色美。但是，有的互联网广告自以为滥用、乱改汉字和成语是创意，其实已经产生了很多社会性危害。比如，容易误导正在学习中国文化的年轻消费者；此外，一些广告以社会文明的退步为噱头，传播三妻四妾的封建伦理；更存在某些内容惊悚的广告，让人从生理感觉上令人产生厌恶、恐怖等体验以追求让人难忘的效果。互联网环境之下，信息泛滥，鱼龙混杂，非理性的、盲从的、年轻消费者容易被"黑色垃圾"广告所误导，摒弃丑恶尤其应成为互联网时代广告营销肩负起的社会责任。

（二）传播内容庸俗化，缺乏吸引力与价值

病毒式营销的核心是有价值的内容，价值是增强传播影响力的重要基因。在采用病毒式营销策略时，应该防止内容的庸俗化。研究表明，缺乏价值的内容对目标人群缺乏吸引力，从而导致传播规模下降、传播热度衰弱、传播欲望减退等情况。另外，消极、庸俗、负面、错误的内容本身也会遭到受众的排斥。例如，"如若不转，家人将有灾难"等诅咒式传播，虽然会迫使一部分受众无奈地转发，但总的效果一定是适得其反，消费者的抵触情绪与反感会将传播效果降至最低。

广告的发布都具有目的性，尤其是商业广告，通常以营利为目的。商业广告这种逐利性使得一些广告公司与广告主企业完全以收益回报为广告的第一考量，忽视了社会效益，导致制作出各种负面效果明显的广告。广告传播的功能可以分为正负两个方面：广告的正面功能包括传递情报、创造欲求、促进产品销售、塑造品牌、促进竞争、提升社会责任意识、促进社会教化、提升人民生活品质、构建广告文化、增值社会文化、美化社会生活、促进媒介产业发展；广告的负面功能包括宣扬物质至上的享乐主义和拜金主义危害青少年成长，某些广告的传播内容和表现手法导致社会文化格调和品位下降，某些广告语言不规范造成民族语言文化污染等。[1]

可以发现，质量低劣的广告可能导致消费者上当受骗，污染青少年成长环境，甚至严重影响青少年身心健康成长。所以，对于不具备专业素养的广告受众，很可能在低俗和虚假的广告信息中无所适从，甚至被广告中的种种不良思想所左右。

当成都"路怒族"当街打人施暴的视频传遍网络时，某些电商平台上竟同步上线了以此为噱头的商品广告。包括"成都挨打女司机"的同

---

[1] 谢欣.论广告主的广告素养[J].现代视听，2014(12).

款现代轿车、打人者穿着的同款短裤、同款行车记录仪等。这种广告营销的行为，不但严重违反了商业基本伦理和商业道德，更是违反了《广告法》等相关法律规定，已侵害到了当事人的合法权益及社会公共利益。

依照《广告法》第九条规定，广告不得有下列情况：……损害社会公共利益……泄露个人隐私……妨碍社会公共秩序或者违背社会良好风尚……含有淫秽、色情、赌博、迷信、恐怖、暴力的内容。毫无疑问，以打人事件为噱头，进行产品宣传的广告是违反我国相关法律规定的违法行为。此外，商家将违法行车及道路陋习作为噱头营销，也严重危害了社会良好风尚和秩序。

法律只是最低等级的道德，而互联网广告，特别是一些自媒体广告，不仅应以《广告法》等相关法律规定严格约束自己，更应用更高的道德标准来自我规范。

网络广告中的商业伦理道德应该是社会公共利益，这与《广告法》中规定的公共利益相比，前者范围更广，既包括广告是否存在宣传违法违规的内容，也包括广告内容的价值取向问题，应该倡导广告更加体现出以人为本的人文主义情怀。

广告商业伦理道德的界限应该以社会主义核心价值观来定位。成都路怒打人事件后，一些自媒体电商把社会暴力作为营销噱头，这种恶劣的行为既不遵循和谐、文明、法治精神，又违背诚信与友善的基本原则。类似的违反道德标准的自媒体广告反映了商家的冷漠及对公平正义的漠视。这些营销宣传的存在导致了受害者各种相关权益遭到了二次甚至多次侵害，极大违背了我国正在推动建设的网络法治文明和道德文明要求。

（三）广告理性的缺失

现代"广告教皇"大卫·奥格威曾在经典著作《一个广告人的自白》中提出"广告客户应遵循的十五条规则"，其中包括"不要在创作领域跟你的广告公司一较高低""不要为有问题的产品而浪费时间"等。站在更高的层面来看，这些要求旨在培养广告主的职业素养，好让他们以更加理性的态度看待和自身产品有关的广告行为。

广告主提供大量资金给广告公司制作广告的目的无非是帮助公司促进产品的销售，或是为企业宣传树立良好的品牌形象。但是，无底线地追求利益则可能导致不良的后果。例如，缺乏职业素养的广告主可能会为实现当下利润最大化，要求广告公司制作含有虚假信息的广告，导致广告营销走向歧途。尤其是在互联网广告日益扩张的今天，缺失理性将带来的严重后果，值得警惕。

（四）急需传递正确消费观

消费观是消费者对于消费的态度与意见。如今，在高速发展的消费型经济社会中，消费行为受媒体广告的影响越来越大，而互联网广告对消费观念的变迁更是起到了一定的引导和推动作用，通过对消费者高层次、模糊的潜在需求的发掘来刺激消费欲望，使消费者充分意识到自己的购买目标并转化为真实的消费行为。

互联网广告应该传递正确的消费观念：提倡适度消费、理性消费、绿色消费，勤俭节约，避免盲从。理性消费，勤俭节约，该作为我国的优良传统美德，永远不会过时，提倡理性消费、勤俭节约有利于个人优秀品德的培养；提倡适度消费，避免盲从，互联网广告中应提倡从个人实际出发，警惕西方享乐主义消费文化对受众特别是青少年的消费观的影响；绿色消费，保护环境，在广告中倡导可持续发展，保持人与自然的和谐发展，节约资源，减少污染，绿色生活，绿色消费。[1]

[1] 曾红宇. 广告传播中媒介社会责任研究 [D]. 长沙：湖南大学，2012.

对策篇

　　"互联网＋"之下，营销迷局风云多变，营销创新迫在眉睫。但回顾营销百年历史，不论营销思想如何变迁，以人为本的营销本质历久弥新。"一切以消费者为中心"，注重专业提升，加强行业监管和自律，提倡责任担当的社会化营销……究其根本，"互联网＋营销"是在互联网的技术驱动、社会变革驱使、产业跨界融合推动下的经典营销理论的真正践行。

第十三节　以人为本，注重专业提升

一、获取信任的关键是什么

对营销人员而言，人们动态互动的过程中存在着大量的商机，但抓住商机的基础是与消费者建立起信任关系。优质的产品和服务，是营销人员为消费者提供增值内容和体验的基础和前提，垃圾邮件和暴力营销毫无信任可言。

经济发展迅速且起伏不定，媒介碎片化挑战越发明显，营销迷局风云多变，营销创新迫在眉睫。在"互联网+"的背景下，广告营销迎来了自己新的春天，全新的营销思维、营销体系、营销技术使得营销本身具有了更多的可能，大数据技术在营销领域的不断运用，使得营销在原有的基础上更为立体化，更具可预测性和可测量性。对广告主而言，为谋求自身的利益最大化和市场份额，扩大生存空间，有实效、高精度的营销是每一个企业在互联网时代里赢得顾客眼球的必备前提。

因此，对于广告营销相关服务的提供者而言，包括相关媒介、服务平台方、数据服务提供方等，都要将提供优质产品和服务作为获取客户信任的关键。只有在"互联网+"的背景之下，充分利用不断推陈出新的新技术，才能够在未来的营销大战中得到消费者的认可，收获良好的营销效果。对媒体而言，要结合自身媒体核心价值与成功营销经验，在科学归纳与创新的基础上提出能够更好地为广告主服务的营销理念与营销思维。对服务平台方而言，要不断改善平台相关技术，让精准营销等相关服务更有实效；对数据服务提供方而言，要不断开发数据挖掘的技术和能力，提供更多的数据产品与服务，从而实现数据价值最大化，更好地为营销服务，保证营销效果。无论是哪个方面，在"互联网＋"时代里，营销都要做到以下几点：

第一，要保证精准度。受众精准性与定向力是高效营销的前提，要通过有效地细分受众和有针对性的消费者洞察，保障目标受众匹配下的营销传播的精准性。第二，要具有洞察力。在信息过剩的时代，人们希望获得非同质化的高品质稀缺性内容，因此，一定要有能力引导社会多元意见的对话，以探寻事件深层意义、寻求社会价值共识为制高点，结合内容洞察、受众及消费者洞察、行业及广告主洞察，打造客户的品牌美誉度与提升用户忠诚度。第三，要具有整合力。营销者要能够将内容策划、互动应用、落地活动、公共关系、口碑营销、媒体合作等多方面因素整合起来，将集团内外等多种资源平台有效整合，从而提供多层次的媒介接触点，打造跨媒体跨平台的整合营销解决方案，以实现最优的营销效果。第四，要逐渐打造影响力。在经济从注意力经济转向影响力和品牌力的时代，任何一个营销服务的提供方，都要有公信力与权威性，利用有影响力的人，用强大的影响力保障客户营销的落地效果。[1]

二、怎样选择合适的渠道

无论是"＋互联网"还是"互联网＋"，互联网已经渗透于人们生活

---

[1]李亚.凤凰网COO李亚：以创新之名不断超越[EB/OL].（2012-04-25）[2015-12-24].http://finance.ifeng.com/usstock/huagu/20120425/6373914.shtml.

的方方面面，不仅是新媒体产业，传统产业也纷纷转求合适的网络营销渠道，以求跟上时代的脚步，借用互联网拉近自己与客户的距离，通过互联网推广产品，树立品牌网络形象，提升产品知名度，扩大产品销售路径和范围。无论如何，从"+"来看，人们面临的是一个融合的世界，单一的广告方式显然已经不能够满足产品的营销需求。

传统的广告渠道包括报纸、杂志、广播、电视及传单等传统媒介；网络营销模式则包含了口碑营销、网络广告营销、媒体营销、事件营销、SEM（搜索引擎营销）、E-mail（电子邮件）营销、数据库营销、短信营销、电子杂志营销、病毒式营销、问答营销、IM营销（即时通讯营销）、论坛营销、SNS营销、分类信息网站营销、视频营销、RSS营销、新闻营销、知识营销、无线营销、针对B2B商务网站的产品信息发布及平台营销等多种营销方式。不同的产品、服务，适合于不同的营销形式，在营销活动策划与执行过程中，一定要因地制宜，选择最适合的营销方式组合。

以下简要介绍几种常见的互联网广告营销方式。[1]微博营销：包括事件营销、推广等，主要利用受众的好奇心理和从众心理，热门话题的转发与点赞包含了这两点。经过一系列研究发现，微博的转发也带有一定的从众心理，一条被转发数百次的微博再被转发的概率远远高于被转发几次的微博。企业通过高人气微博主发一条有利于企业自身或产品的软广告，在微博被不停转发评论的同时，宣传的目的也就达到了。

广告联盟：一种在中国扎根近10年的互联网推广形式，也是一种可优化、可调控范围和力度的宣传渠道，形式非常多样化。此种推广方式在游戏、电商类产品宣传上较多见。

舆论营销："贾君鹏，你妈妈喊你回家吃饭！"这句曾风靡网络的神句在短短五六个小时内被390617名网友浏览，被网友称为2009年的"网络奇迹"。而事实上，这也是一种营销。当你在百度中搜索这句话时，第

---

［1］中国电子商务研究中心.广告联盟：互联网推广渠道有哪些［EB/OL］.（2011-07-17）［2015-12-24］.http://www.100ec.cn/detail-5850143.html.

一个跟出来的公司仍是魔兽世界，被顶爆的第一帖和无数跟帖都是出现在"魔兽世界吧"里。网络水军是与网络公关相辅相成的推广手段，经网络公关公司前期策划、安排、指导，水军负责制造声势及舆论，此种手法在论坛社区最常见。

搜索引擎营销：搜索引擎优化旨在提升百度排名，与营销推广没有直接关系，但是也能为产品及企业的推广带来好的影响，当然最有利的还是带来网站流量。

然而，并不是所有的营销方式都适用于特定的产品。同时，即便在"融合"的前提背景之下，一个产品的广告营销也不可能涵盖所有的营销方式，因而需要根据产品的具体特征和实际定位来为其选择适合的广告渠道，为目标受众定制个性化的广告服务。"互联网+"和"+互联网"不仅能够为企业提供更多的营销渠道，也能够为产品的精准营销与广告的个性化提供更大的可能性，尤其是在移动互联网及相关应用设备迅速发展和普及的当下。

根据中国互联网络信息中心发布的《中国互联网络发展状况统计报告（第36次）》，截至2015年6月，我国网民规模达6.68亿，互联网普及率为48.8%。2012年，手机已成为我国网民的第一大上网终端；2015年，网民使用手机上网的比例以经高达88.9%，使用平板电脑的比例达33.7%。随之而来的自然是各类App软件在用户中的流行与在行业内的热捧，社交类App、手游类App等皆成为广告营销十分有效的新兴渠道。

从电视到PC再到移动终端，屏幕越来越小，用户体验感越来越私密，同时也越来越个性化，广告投放也经历了相似的发展规律，从宏观的广而告之，逐渐发展为微观的广而告之，一切都围绕着个性化。消费者是需要广告的，从中他们可以获取关于新鲜事物的信息，可以找到适合他们的产品，广告打破了个人消息来源的闭塞，帮助人们适应着社会的发展，但是在信息爆炸的时代，人们更需要的是与之密切相关的信息，这就需要广告能够巧妙地与人们的生活相结合。而移动终端的个性化为人我们提供了定向投放的可能性，App 等为企业提供的不仅是广告平台，更是关于定位受众的大数据，进而帮助提升广告营销的精准性。可以说，手机应用软件是"麻雀虽小，五脏俱全"，一方面，手机应用程序形式简洁，操作方法简单；另一方面，手机应用程序在营销过程中有着非常高的流通性与便捷性，因为利用手机 App，随身携带的手机可随时随地向人们展现营销活动，同时，用户在 App 上的每一个行为，都将成为数据收集的对象，为营销活动的开展提供大数据。

社交产品的应用越来越广泛，虽然大部分社交产品，例如微博、人人网、QQ 等都拥有 PC 终端，但人们的网络使用习惯大幅度倾向于移动终端，这也许与现代人的生活习惯密切相关，排队、乘地铁、上厕所等碎片化时间越来越多地被移动 App 占用，所以 App 的存在对于广告营销来说十分重要。社交类 App 的广告方式多为首页广告、动态栏推广等。微信是一个典型的社交类 App，自从微信产生以来，微信营销成了越来越重要的营销方式。有人甚至认为，一个好的营销经理，必须学会怎样在朋友圈中卖面膜。

三、如何打动忠诚客户

（一）重视客户参与、体验感

2014 年，清华大学经管学院市场营销系教授胡左浩在《大数据时代的商业模式创新》论坛做主题发言时谈到，互联网时代营销模式的转型大致有两个方向：一是向以价值共创为核心的按需定制的模式转型；二是向以提升客户体验为核心的全渠道零售模式转型。这两类转型都重视提升客户的参与、体验感。

第一，互联网时代以客户价值共创为核心的按需定制的营销模式。该模式针对大众市场，既不是 B2B 市场，也不是高端定制的小众市场。以家具企业"尚品宅配"为例，其目标消费者以"25~35 岁"为主，往往第一次购买全套家具，且较为重视个性化。该企业的营销理念是"尚品生活因你而变"，即根据消费者的需求来决定产品的价值创造。这家企业现在有600多家实体店，也有一个网上商城叫新居网。其销售模式重视客户参与，强调体验感，首先在网上看方案，由客户顾问向客户介绍销售流程，起到了吸引、教育消费者，获得潜在消费者的作用。当确定需要免费量尺以后，由地面的设计师到客户家里量尺，再根据户型结构、装修风格来设计整套的解决方案，并且根据客户的需求不断调整，确定之后签订合同，然后制造、安装、售后服务。这种一站式的服务在尚品宅配称作"全实景"，将客户家里所有的家居一起承包。

尚品宅配利用了云计算，在后台通过聚类分析的方法分析已经成功售卖的家具方案，找出不同的设计过程中存在的共同点，即大众的偏好，并将其设计为模型方案，方便之后在营销中利用。

尚品宅配采用的是典型的C2B式营销模式，在大众市场中实现了个性化需求的满足。此外通过网络咨询平台，"试衣间"式展示，设计师"顾问式"销售，拉式供应链等，使得企业与客户通过互动实现了价值共创。

尚品宅配的设计方案通过三维的软件来展示，效果可视化，做到了"模特展示"到"试衣间展示"的服务提升。这种服务提升不仅在装修业和家居业中发挥了重要作用，在许多其他品类的产品网络销售中都亟待展开，例如服装。日本开发的扫描人体三维立体模型，就为高端服饰在网络的售卖提供了可能性。体验是一种有效的营销手段，就如超市提供试吃的蛋糕一样，首先要让客户了解产品是否匹配自己的口味，而网络体验则主要通过视觉来呈现。这种营销方式第一做到了量体裁衣，第二做到了量心裁衣。尚品宅配的价格透明，设计师引导客户并提供专业的、个性化的方案，同时和客户互动，让客户亲自参与方案之中，以此实现共创价值。

互联网时代以提升顾客体验为核心的全渠道营销模式。

从消费者的角度来看，互联网消费和实体店消费各有优劣。以零售业为例，互联网购物有更为丰富的商品选择范围，更多的产品信息——顾客评论、推荐和分享，并且在时间和空间上具备购买便利性。虽然现在的信息技术也能实现一定的虚拟体验效果，但是实体店能提供真实的体验，并且可以精心安排、展示这些商品，拥有更好的展示环境，店员可按照特定的需求来进行顾问式服务，退换货也很方便，同时可以有逛街、购物的场景体验。

正因为网络商店与实体店的优势互补，双方很难相互替代，所以需要将两者进行一定的融合，其中一点就体现为加强网络购物的顾客的体验感，把实体店特色转化为自己的优势而不是劣势。在这方面，苏宁和海尔是非常成功的案例。

苏宁发展初期，作为一种新兴的经营模式打败了百货商店，但是很快又受到了电商，特别是京东的巨大冲击，在电商的推动下苏宁进行了转型，做了苏宁易购，并从 2013 年起积极推动 1600 多家实体店和线上苏宁易购进行融合，通过融合的平台来全匹配，通过全媒体的营销在上游为全产业链服务，在下游为客户服务。苏宁易购线上线下进行融合，把对消费者的线上体验和线下体验结合在了一起。

海尔的第一个转型是植入 O2O 模式，令实体店转型为体验店，使实体店成为互联网时代的优势资源，而不是劣势。这种转型意在通过互联网、大数据分析来吸引，特别是维持实体店乃至整个海尔的客源，实现从"卖产品"到"卖全面解决方案"的转变，并做好与线上结合，增强顾客的体验感。第二个转型是以物流和售后打造"最后一公里"的竞争力，创造用户口碑。电商发展的核心是落地，客户的体验十分重要，所以海尔通过"日日送"这个体系，以送货和安装来达到"最后一公里"。目前国内的大中小城市已经有了完善的快递配送网络，但是乡镇村的物流主要还是依靠邮政，但是海尔实现了 1500 个县区 24 小时限时达，全国 2~4 天按约定送达，以及送装一体化，尽最大的能力来增强顾客的服务体验。第三个转型是虚实结合，虚是指互联网，实是指实体店。海尔推出了定制服务，可以将产品外表进行个性化装饰，并且提供了综合的、智能化的家居解决方案，通过线上和线下的融合打造出了高差异化的价值共创平台。

（二）回馈营销

回馈营销并不是互联网时代的产物，往往伴随着消费者的购买热潮。回馈营销主要是指商家为了表达对忠诚客户的谢意，进一步促进与客户的情感而采取的降价、抽奖、送礼等手段，并有助于创造短期销售高峰。

一些大型商场往往会借助于节庆来开展回馈营销，比如中秋、春节等，消费者需要进行大量采购，或者在感恩节等有特殊意义的日子，商场会推出特价商品或者买一送一等类型的活动，当消费额达到一定额度可以参与商场组织的抽奖活动等。这种回馈营销的出发点是促进销售，但是在一定程度上也回馈了顾客，起到了培养忠诚客户的作用。

比起传统零售业利用传统节日进行回馈营销，电商则推动了新的购物狂欢。2009年以前，11月11日并没有什么特殊含义，一切平淡如常，而到了2012年，这一天成了电商大战的日子，成了消费者疯狂网购的日子，成了网络卖家疯狂发货的日子，成了物流企业争先恐后竞争的日子。2009年，淘宝商城开始在11月11日"光棍节"举办促销活动，最早的出发点只是想做一个属于淘宝商城的节日，让大家能够记住淘宝商城，[1]结果一发不可收拾。2013年11月11日24时，"双11"购物狂欢节支付宝成交额达350.19亿元，刷新2012年"双11"创下的191亿元的纪录，2014年11月11日，"双11"全天交易额571亿元，2015年的这天，阿里巴巴继续刷新新历史，"双11"全天交易额达912亿。"光棍节"变成了所有人的狂欢，"双11"从此成为电商消费的代名词，其社会影响力异常显著。而其他电商也利用"双11""双12"或者周年庆等进行大规模

[1]张健.基于PDCA循环视角下"双11"网购狂欢节的冷思考［J］.滁州学院学报，2013(3):27-30.

的促销活动，从某种角度来看，电商促销日甚至超越了国庆节、圣诞节等节假日在零售业的意义。

"双11"等购物节之所以如此火热，除了电商平台起到了极大的支撑作用以外，还在于它们宣扬了一种"回馈"的概念，以及一种"狂欢"的理念，令消费者认为这一天就是应该给自己一些福利，回报自己一年来的辛苦，而各商家也积极为顾客营造出狂欢的氛围。天时地利人和，商家和顾客都得到了满足，实现了三赢。

除了上述的购物节日，回馈营销还包括了会员福利这种形式，大意是采用会员制进行购物积分，进而为不同等级的会员定制不同的福利，商家除了获得口碑，还可以在福利的具体内容中进行营销，案例之一是聚美商城。聚美商城自动默认为每一位注册用户记录积分，并通过系统自动升级，有普通会员、黄金会员、白金会员和钻石会员4个级别，针对不同级别会员则有邮费减免、免费小样试用、专享换购特惠、特权礼包等不同的优惠。一方面能够促进消费者消费，另一方面利用优惠平衡了消费者的心理，令其满意聚美商城的服务，培养了忠诚客户。

其他的回馈营销方式还有点赞送礼品、晒单有礼、建议有奖、转发抽奖等，除了进一步增强与原有顾客的联系之外，还利用顾客的人际传播获取了免费广告效应，开发了潜在受众市场，达到了促销等营销效果。

四、如何挖掘社交媒体的渠道价值

对于广告主而言，社交媒体用户发布的信息是一种极具价值的资源。而实际上，即使拥有了最为庞大的社交用户数据库，建立在对这些数据分析基础上的营销行为仍然存在偏差风险，营销效果很难保证。为提高社交媒体的营销效果，要做到以下几点。

第一，发现社交媒体数据价值的技巧在于，数据挖掘与分析应当识别需要忽视的数据。在社交媒体产生的大量数据中，有超过一半的社交信息是垃圾信息、自动生成的推广信息、转发信息和其他无法影响消费意愿的无用信息。但是，其中大部分信息被卖给广告商，这就稀释了广告的影响力，影响了广告的实际效果。要避免这些问题，首当其冲要甄别有效信息，因为真正的客户往往通过其他方式表达自己的意愿，他们的行为是可以分辨的。

第二，要充分挖掘社交媒体的商业价值。企业拥有一个脸书页面或推特账号，并不能说明其已经开始做社会化媒体营销了，因为社交媒体的商业价值并不是媒体平台本身。社交媒体的商业价值也无法被衡量，因为它只是一个营销传播的工具和渠道而已。利用社交媒体开展营销活动需要牢记的是：社交媒体的商业价值并不是来自于营销传播，而是营销传播动作之后触发产生的内容。[1]。

[1] 赵建凯. 挖掘社交媒体的商业价值 [J] .IT 经理世界 2013(1):30−31.

第十四节　加强管理和法制建设

一、相关政策法规还需哪些建设

我国广告法律法规体系是以《广告法》为核心，以《广告管理条例》为补充；以国家工商行政管理总局独立或与其他相关部委联合制定的行政规章为主体，以地方性法规和政府规章为特色的多层次法制体系。从法律规范的内容和对象上来看，我国广告法律法规体系，已经覆盖了广告活动的全部过程、绝大多数特殊商品或服务种类，以及广告发布形式。广告法律法规体系重点规范广告内容的行业主要包括医疗、药品、保健食品、化妆品、房地产、烟草、酒类、兽药等；其重点规范的广告发布形式主要包括户外广告、印刷品广告（一般形式印刷品、固定形式印刷品）等。[1]

（一）适用于互联网广告管理的法律

适用于互联网广告管理的法律以《广告法》《中华人民共和国反不正当竞争法》（以下简称《反不正当竞争法》）《消费者权益保护法》三部法律为主。

---

[1] 钟时. 中国广告市场的综合治理研究［D］. 吉林大学，2013.

1.《广告法》

于 1995 年起正式实施的《广告法》是规范广告法律主体、监督广告活动的基本法律，作为第一部专门调整广告法律关系的法律，使长时间以来广告活动有具体的发布标准，监管部门亦有较明确的法律依据。

2015 年 4 月 24 日第十二届全国人大常委会第十四次会议表决通过了新修订的《广告法》，2015 年 9 月 1 日起正式施行。新修订的《广告法》距《广告法》的颁布已经有 20 年，这期间媒介形态和社会环境都发生了巨大的变革，所以此次对《广告法》的修改也非常巨大，不仅被称为"史上最严广告法"，严格了对虚假广告的定义和打击力度，加强了广告代言人的法律义务和责任，强化了对大众传播媒介广告发布行为的监管力度，进一步提高了法律责任的震慑力，还新增了对互联网广告的管理规定，1995 版《广告法》中没有专为互联网广告设立的相关内容。

新《广告法》适用于各种形式和内容的广告。在各项法律条款的规定中，关于广告的审查、内容限制、行为限制、归责原则及特殊商品广告的特别规定，均可用于网络广告。《广告法》在第九条中明确规定：广告不得"……损害国家的尊严或者利益，泄露国家机密；妨碍社会安定，损害社会公共利益……妨碍社会公共秩序或者违背社会良好风尚。"在第三十四条中明确规定："……广告经营者、广告发布者依据法律、行政法规查验有关证明文件，核实广告内容。对内容不实或者证明文件不全的广告，广告经营者不得提供设计、制作、代理服务，广告发布者不得发布。"第四十六条中明确规定："发布医疗、药品、医疗器械、农药、兽药和和保健食品广告，以及法律、行政法规规定应当进行审查的其他广告，应当在发布前由有关部门对广告内容进行审查；未经审查，不得发布。"以上内容在制定有关网络广告法律文件时同样适用。

在新《广告法》中，在第三章《广告行为规范》第四十三条中对互联网广告设立了专门的规定："任何单位或者个人未经当事人同意或者请求，不得向其住宅、交通工具等发送广告，也不得以电子信息方式向其发送广告。以电子信息方式发送广告的，应当明示发送者的真实身份和联系方式，并向接收者提供拒绝继续接收的方式。"第四十四条规定："利用互联网从事广告活动，适用本法的各项规定。利用互联网发布、发送广告，不得影响用户正常使用网络。在互联网页面以弹出等形式发布的广告，应当显著标明关闭标志，确保一键关闭。"第四十五条规定："公共场所的管理者或者电信业务经营者、互联网信息服务提供者对其明知或者应知的利用其场所或者信息传输、发布平台发送、发布违法广告的，应当予以制止。"此外，还在"第五章法律责任"中对以上三条规范设立了相关罚则。

虽然互联网的广告形态多、技术复杂、更新变革快，在操作中还需要根据具体问题具体实施，但是为互联网广告立法，就使得网络广告的监管有法可依。

2.《反不正当竞争法》

凡在我国市场经济条件下受社会主义限制的商品或服务的所有者、经营者进行经济行为活动就必须受我国法律的制约；若存在没有明确法律法规规定的经济行为，《反不正当竞争法》将是衡量市场经济行为的终极准则。[1]互联网广告行为也受《反不正当竞争法》监管。其中，第二条规定："经营者在市场交易中，应当遵循自愿、平等、公平、诚实信用的原则，遵守公认的商业道德。"第九条规定："经营者不得利用广告或者其他方法，对商品的质量、制作成分、性能、用途、生产者、有效期限、产地等作引人误解的虚假宣传。广告的经营者不得在明知或者应知的情况下，代理、设计、制作、发布虚假广告。"我国网络广告发展中出现的与商业道德、虚假宣传方面的侵权行为可利用《反不正当竞争法》加以管理，此外还可以用"以其他方式违反竞争规则"的内容来管理。

---

[1] 武文婷.网络广告监管法律问题研究［D］.山西财经大学，2014.

3.《消费者权益保护法》

《消费者权益保护法》规定了经营者和消费者的权利和义务，是由国家机关履行监督职能为保障生产者、销售者和消费者三者之间良性互动、维护消费者合法权益而制定的。因此，同传统媒体一样，互联网广告行为中涉及消费者权益的事项受《消费者权益保护法》所保护。但是基于《消费者权益保护法》要求在网络上实施侵害的行为主体承担法律责任的做法在实际操作中还有很大的问题，需要其他相关法律配合使用。

（二）适用于互联网广告管理的政策

1. 行政法规

《广告管理条例》于 1987 年由国务院制定，是我国最早对广告行为进行规范的政策法规，1995 年出台《广告法》后并未废止，除了与《广告法》产生抵触的部分失效外，作为行政法规继续有效。《广告管理条例》及其实施细则以灵活和全面的特点，可根据时代的需要进行修订，对于全面规范各类广告包括网络广告具有十分重要的意义。

然而，现今随着互联网的普及，网络广告已经和传统广告平分秋色，但网络广告的监管却与传统广告的监管相去甚远。虽然新《广告法》中已经对网络广告进行了监管，但是法律在细化和解决具体问题方面还是有些宽泛，对具体问题的处理还需要更灵活和具体的法规来规范。我国现行的互联网广告专门的法规还未出台，这使得工商部门在执法时经常处于无法可依的被动状态。

对此，国家工商总局广告监管司司长张国华在 2015 年 11 月的新闻通报会上表示，工商总局等八部门将整合监管资源，研究出台《互联网广告监督管理暂行办法》，以提高监管的针对性和有效性。互联网广告没有地域限制、传播范围广泛，给相关部门在监管时对违法责任认定和取证带来了不小的困难，而即将出台的《互联网广告管理暂行办法》中将会对互联网违法广告办案的主体确定、责任归属等做出明确的规定。

2. 部门规章

国家工商行政管理总局作为广告监督管理部门，根据现行法律、法规，制定了相应的部门规章，如："《广告经营许可证管理办法》，对广告市场准入资格和广告主体资格进行了监管；《广告管理条例施行细则》，细化了《广告管理条例》的规定，如进一步明确了《广告管理条例》第二条规定的管理范围；其他的还有《广告语言文字管理暂行规定》《广告经营许可证管理办法》《关于按照新修订的〈广告管理条例施行细则〉调整有关广告监管规章相应条款的决定》。"[1] 此外，工信部发布的《非经营性互联网信息服务备案管理办法》《规范互联网信息服务市场秩序若干规定》等规定也适用于网络广告的管理。

3. 地方性法规、规章

在地方人大或政府的权限内，多个省份已经根据上位法制定了相应的综合性广告管理的地方性法规，如："《湖北省实施〈中华人民共和国广告法〉办法》《江苏省广告条例》《浙江省广告管理条例》《甘肃省广告监督管理条例》《重庆市新闻媒体广告管理条例》《湖南省实施〈中华人民共和国广告法〉办法》等。"[2]

我国最早专门针对网络广告制定地方性规章是北京市和浙江省，分别于 2001 年和 2002 年制定并实施《北京市网络广告管理暂行办法》和《浙江省网络广告管理暂行办法》。这两个办法作为对网络广告进行法律规范的地方性规章，相比之前发布的行政性通知具有更高的效力和规范程度。遗憾的是，截至今日，专门的地方性网络广告管理规章并没有普及，只有在北京、浙江、广州等经济较为发达、互联网使用普及程度高的地方才出台了此类地方性规章，以促进当地网络广告的良性发展。在新《广告法》施行及《互联网广告监督管理办法》出台后，地方对于网

[1] 梁绍华.我国网络广告监管法律制度研究 [D].西南财经大学，2014.
[2] 梁绍华.我国网络广告监管法律制度研究 [D].西南财经大学，2014.

络广告的立法及监管有望得到一步提升。

（三）关于加强网络广告法制管理的对策建议

1.依据法律条款，制定灵活和可操作的实施细则及地方政策

首先，在新《广告法》的基础上，针对网络违法广告的认定制定细则。可以采用列举违法广告的典型形态，并考虑互联网广告表现形式的多变性，赋予各级广告监督管理部门对列举情形以外的违法违规广告进行认定的职权，增强地方广告相关管理部门操作的灵活性，加大对互联网广告的监管力度。

其次，因网络广告内容丰富、形式多样，要在《广告法》规定内容的基础上，扩大重点商品或服务的广告内容准则。如对与群众生产生活密切相关的医疗广告、与健康相关的非医疗产品广告等，在细则和地方层面提出更灵活和适应变革的要求，以防范不良广告损害消费者利益。

最后，随着互联网对青少年的影响不断加深，网络保护未成年人尤为重要。各地应根据自身情况，要求网络广告不得损害未成年人身心健康，明确规定网络广告不得含有诱发未成年人不良习惯和不良心理的内容，不得诱导、怂恿未成年人购买商品或者接受服务、从事危险活动；以及其他有损未成年人健康发展的违规行为均不得在针对未成年人的网络端口上发布等。

2.监督先行，解决政策制定跟不上互联网广告发展的问题

在对内容的监督方面，以《广告法》规定的事项为主，考虑到互联网广告形式内容多样性的特点，扩大广告监督审查的范围。重点对与群众生产生活密切相关、违法广告发生率高、专业性强的药品、医疗器械、农药、兽药、种子、保健食品、医疗、学历教育、金融投资的广告，以及法律、行政法规规定应当进行审查的其他广告进行监督，防止利用互联网技术以其他不受法律制约的形式出现侵权行为。

在对广告商、平台商的监管方面，要完善广告市场准入制度。根据

《广告法》的基本要求，除了要求具有广告经营许可证，凭证从事广告经营活动的有关规定外，还应在监管部门设立黑名单、白名单制度，对有违法记录的广告单位进行严格监督、提高准入门槛。对《许可证》缩短有效期，定期进行审核。

由于互联网广告变革快，监管滞后，所以要发动广告市场相关单位进行共同监督，要明确相关经营管理者制止违法广告活动的义务。如营业场所或公共场所的经营管理者和电子通信网络、互联网信息服务提供商，对利用其场所或信息传输平台实施的违法广告活动，有制止的义务。

3. 依法严处，维护法律尊严，建立法治环境

首先，要对监管部门的工作提出更高的要求。通过明确广告监督管理机关、广告审查机关和媒体管理部门的广告管理职责和职权，建立起广告监督管理机关和有关管理部门权责明确、不重不漏的广告管理机制，这既符合广告管理规律，也适合我国国情。

其次，规定广告侵权责任倒置制度。如广告监管部门发现涉嫌违法违规的网络广告，但其行为又未被法律法规所归纳，广告监管部门在接到群众举报后可向广告商发出违规通知，如广告商在收到广告监督管理机关通知后，未能提供广告合规的真实性证明文件，则按照违规行为处理。

最后，应加强处罚条款的可操作性。在新《广告法》中，不但加入了网络广告的规范，也加入了相应的罚则。真实有效地利用罚则、实施罚则才是新《广告法》法律效力的体现。严格按照《广告法》对网络侵权行为进行处罚，是维护法律尊严、建立法治环境的重要手段。

二、政府监管如何保障行业公平

（一）现存政府监管中的问题

随着"互联网+"与广告行业的深度融合，网络广告的监管情况比从前更加复杂。首先，从广告内容本身来说，单纯的信息和广告越来越趋于融合，内容即营销，很难从消息、资讯、宣传、论坛等网络信息中剥离出广告主体，因而网络广告难以被识别和管理。其次，随着 RTB 等技术手段的实现，广告的管理对象日益融合，尤其是自媒体这种形式，更难全面监管。

1. 广告主体难界定使得监管主体难界定

我国对广告的监管主要通过对广告主体的管理来实现，然而在网络广告中，由于广告主、广告公司、广告媒介的日益融合，使得网络广告的监管增加了很多困难。在互联网广告运作流程中，制作、经营、发布的融合使得一个广告主体可能不止一家，其主体身份的融合使得监管部门难以区分他们各自的责权，从而导致政府的职能部门、监管部门难以对其进行全面的资格审查和有效监管。

2. 网络广告管理可依的法律条例少

在新《广告法》出台前，我国一直没有专门的法律来规范网络广告，所以各级监督检查机关和工商行政管理部门对违法网络广告的查处力度不强，对违法行为的惩戒效果也不明显，最近几年对网络广告违法查处的工作才逐渐起步。随着互联网和移动互联网的普及，网络广告违法行为的数量在逐年增加，造成的不良后果也越来越严重。虽然新《广告法》中有五条涉及网络广告的管理与处罚。在此基础上，专门针对互联网广告管理制定的《互联网广告监督管理办法》也正在筹划出台，但为了网络广告管理有法可依，还应出台更具针对性的网络广告管理条例。

3. 网络技术造成的监管难题

在我国，《工商行政管理机关行政处罚程序规定》第八条明确说明："对利用广播、电影、电视、报纸、期刊、互联网等媒介发布违法广告的行为实施行政处罚，由广告发布者所在地工商行政管理机关管辖。广告发布者所在地工商行政管理机关管辖异地广告主、广告经营者有困难的，可以将广告主、广告经营者的违法情况移交广告主、广告经营者所在地工商行政管理机关处理。"[1] 这条规定一是说明工商行政部门被确定为广告监管机构，可以依法对网络广告进行管理；二是说明，互联网广告的管辖权归属适用属地原则。然而，互联网的特殊性给工商部门的监管带来了许多难题。

首先，网络广告隐藏在一个个网址背后，而这个网址的属地确认就给不同地域的监管部门造成了管理困难。尤其是利用国外的服务器在国内发布的广告或利用国内服务器登录国外网站出现的问题，因各国的法律不同而在对违法广告进行处理时造成双重标准、互联网全球性造成的司法界限不清晰等问题，导致属地管辖权难以适用。其次，互联网属于高科技媒介，而且互联网广告越来越依托先进的互联网技术，其形式和内容也不断变革，对此，网络广告的查证和监督需要相应的监测设备和技术人员作为保障，这也是工商等监管部门未来要努力的方向，要合理配置人力资源、调整人员结构，提高技术水平。

（二）完善政府监管的对策

1. 明确各级政府职责、加强地方监管力量

广告市场的监管工作具有长期性、反复性、多变性的特点，仅凭中央的法律政策不足以跟上互联网广告发展的步伐，对此，地方政府应在管理中发挥更加积极主动的作用，应作为执法监督的总负责人对监管工作统一部署，协调工商、广电、新闻出版、通信管理等核心部门，以及质量监督、卫生、食品药品等相关部门，协调配合、防微杜渐，共同维护广告市场的有序发展和社会公共利益。此外，地方政府还应依据广告产业在当地地方经济发展中的地位和作用，给予广告产业适当的优惠政策和扶持措施，为广告产业在当地能够健康发展、创造经济价值及带动地方经济创造良好的条件。

---

[1] 国际工商行政管理总局. 工商行政管理机关行政处罚程序规定 [EB/OL].（2007-09-04）[2015-12-30].http://gkml.saic.gov.cn/auto3743/auto3745/200807/t20080715_112426.htm.

2. 深化部门合作、共筑监管平台

近年来，全国各地根据国家"整治虚假违法广告专项行动部际联席会议制度"，成立了由宣传、工商、广电、新闻出版等部门组成的地方性广告监管联席会议制度。但从基层的落实情况来看，联席会议成员间的合作仅仅是开会、发文、检查等主要形式，并未开展实际的监管执法、联合公告、联合追责等工作，对提高监管效能、加大监管力度并没有太大成果。

为此，有学者建议，若要进一步整合联席会议的监管合力、发挥出联席会议的"集团优势"，就必须要有一个强有力的领导，带领各部门上下齐心、同进同退，而各级人民政府正是此项工作的"不二人选"。一方面，各级政府应作为本级联席会议的召集人，参与并主导联席会议；另一方面，各级政府应逐步尝试建立"广告市场监管联席会议"和"服务广告产业发展联席会议"，将监管与发展两项职能分开。各地还应尝试整合、搭建电子化的联合执法平台，监管部门及广告发布单位通过及时将广告发布前的审查文件、广告发布单位内部的审查流程、广告主的基础信息、广告宣传的产品或服务信息等上传联合执法平台，使监管部门可以实现对数据的实时共享，为监管部门的联合执法、联合公告、联合问责，以及案件移送、查办提供信息支持。[1]

3. 提升监管执法效能、加大执法力度

从执法部门自身来看，提高监管执法效能的关键是提高执法队伍及办案人员的素质。负责监管的一线队伍主要是由地方基层执法人员构成，而基层执法队面临的一个重要的问题是人员短缺，尤其是具有高专业素质的人员短缺。这就给执法工作带来了很大的困难。由于缺少人力，执法队对于违法行为的查处精力不足，这也使得执法周期加长，许多工作还未开展，违法行为已经发生了变化。由于缺少专业人才，执法手段跟不上现代互联网广告技术的发展，所以对一些技术违法难以跟踪和辨别，

---

[1] 钟时. 中国广告市场的综合治理研究 [D]. 吉林大学，2013.

无法适应目前的广告市场监管工作。对此，首先，要赋予地方监管部门灵活的编制配置权利，使其能够灵活调配所需的人才，适度增加专业人员以满足广告市场监管工作的需要；其次，要定期对政策法规及相关技能进行培训，提高执法人员的综合素质和能力；最后，地方财政要根据自身实际情况，保证广告监管执法具有充足的经费预算，使监管部门的监测设备能够及时地更新换代。

4. 建设广告监测平台，充分使用监测数据

随着网络及计算机应用技术的应用普及，自动化广告监测设备已经在全国各级工商、广电、新闻出版、食药监等单位配备并使用，联合建立了一张广告监测的网络，极大地提高了广告监测能力，为监管提供了有力的技术保障。

只有及时准确地掌握广告市场的最新动态、广告的发布情况，才可以使广告市场综合治理工作做到有的放矢。监管工作应该由点到面，形成多级联合的网络。一方面，要加强联合，建立全国性监测平台。一是要加强省级广告监测中心硬件设施建设、软件标准建设和人才队伍建设；二是要充分利用各省省会城市的广告监测系统进行资源整合，联网形成全国广告监测系统，组建覆盖全国的广告监测网络。另一方面，要对监管数据进行更充分的使用。一是要细化并统一违法广告分类、监测标准，为广告统计分析监测数据、提高监测数据的利用率打下好的前期基础；二是要注重监测结果的运用，通过准确的监测和高质量的监测分析，形成有结果、有分析、有对策的监测报告，客观反映广告市场的实时动态，总结归纳广告违法的阶段性特点和可能发展的趋势，进而向社会公众及监管部门提供预警提示及监管建议；三是要扩大广告监测数据的用途，使广告监测除了服务于广告监管工作外，还可以为社会监督组织、科研机构、广告主等机构及个人服务，让更多的社会组织参与到广告监管之中。[1]

---

[1] 钟时. 中国广告市场的综合治理研究 [D]. 吉林大学，2013.

三、行业协会职能如何提升

（一）国际行业协会发展经验

严格有序的行业自律组织通过内部规范可以减少违法现象的发生，能够为政府对网络广告的监管分摊不少的压力，在国外有影响力的行业自律协会甚至可以比政府发挥更好的监管效果。行业自律组织作为非政府监管的重要手段，可以有效地避免不良广告侵害和解决广告纠纷，在许多国家的广告监管中发挥着重要的作用并且已经形成了成熟的制度。广告产业发达、市场规范的国家如美国、英国等，都已经形成了完善的行业自律监管机制。

1971 年成立的美国广告委员会是美国现代行业自律管理开始的标志，该委员会作为一个综合性的行业自律机构，通过制定更加具体的自律守则、规范和条例等，对国会和政府制定的法律法规未涉及或未完善的地方都做了很到位的补充。因此美国有大量的广告纠纷都可以通过行业协会进行内部解决，降低了监管成本，缩小了违法广告的危害范围。此外，在严格的行业自律下，大部分广告主体可以做到自我监管，并设立专门的法务部门对自己的广告进行合规性审查。

英国政府对网络广告行业进行自律是明确支持的，通过长时间发展，英国的广告行业自律已经非常完善并且总结了很多经验供世界各国借鉴。这些在不同时期、按不同内容建立起来的民间非营利性组织，是英国广告业在长期经营与发展过程中自发成立的具有严格约束意义的自律性组织，这些组织具有相对的独立性和权威性等特点，是政府管理力量的补充。如 1962 年创立的广告标准局作为英国广告行业自律组织最高机构，其职责是代表公众利益，负责对媒体广告进行管理、仲裁和处理所有的广告申诉。英国于 1996 年制定的《媒体法》授权英国独立电视委员会管理互联网上包含静止或动态的图像的广告，该委员会负责指导并帮助网络行业构建自律机制。[1]

总之，一个成熟的行业自律机构能够避免强硬的政府干预产生外部性，并将外部性内部化。通过统一规定、集中协调来化解行业内外的矛盾，行业内不同主体的相互监督又能进一步促进该行业自律组织的良性发展，为其监管提供更多帮助和自觉性。所以，构建行业自律机构是具有重要价值的。

（二）我国行业协会发展的对策建议

我国广告行业自律发展还有很大的欠缺，从广告行业自律组织的数量、规模上来说，相比发达国家的广告行业自律组织仍有很大的发展空间。我国行业自律组织的规则制定数量少、更新慢，监管效果不明显。当下，国内的自律组织主要有中国广告协会、中国商务广告协会、中国广告主协会等，还暂未形成规模和具有影响力。

对此，要完善我国的广告行业自律体系，首先是要增加行业自律组织的数量和扩大自律组织管理的范围，将暂未纳入行业自律组织管理的广告主体收入体系中。对于网络广告应设立专门的自律组织，通过有针对性的管理，提高管理效果。我国网络广告行业规范程度在 2007 年成立中国广告协会互动网络委员会后得到了提高，该委员会成为政府监管的得力帮手。

其次，行业自律组织可以在政策法规的基础上，通过内部共同约定，制定更详细、更严格的行业守则。因为法律的完善并不能一步到位，且法律法规对于网络广告的规定也不可能做到详细并紧跟时代，而行业自律组织可以根据实际需要，制定全体成员认可并同意遵守的章程，从而为法律法规提供补充。

最后，行业自律组织通过构建成员间的相互监督和自我约束机制，将产生外部性的问题内部化。网络广告是具有负外部性的，即它能够对

---

[1] 梁绍华. 我国网络广告监管法律制度研究［D］. 西南财经大学，2014.

其他无关的主体产生不良影响，增大社会成本或者降低市场效率。而行业自律组织作为一个凝聚力强、内部监督严格的体系，每当其网络广告主体发生广告违法行为时，组织内部可以通过监测机制进行及时制止，消除负外部性影响，从而减少社会负担、降低政府的监管耗能。总之，行业自律组织的建立和完善，是我国网络广告规范化的必由之路。[1]

---

[1] 梁绍华.我国网络广告监管法律制度研究 [D].西南财经大学，2014.

第十五节　变更人才培养模式

人才，将成为产业和技术改革的关键。随着信息化的进程不断深入，愈发凸显了人才的重要性。人才的培养便是产业技术进步的战略计划，优秀广告人才的缺口已经不容忽视，如何培养优秀的广告人才便是摆在眼前的重要问题。

然而，广告教育理论在很大程度上决定着教育现状的产生和未来发展的导向，广告教育的结果也会在一定层面上受到教育观念的影响。互联网时代，互联网和移动设备中的广告表现方式越来越受到新技术发展的影响，新媒体中广告的演变也是由技术所驱动。现如今，互联网广告的竞争日趋激烈，也宣告着广告业多元整合媒体时代的到来，这一切都对广告人的专业知识、实践能力和创新性有了越来越高的要求。如今，传统教育的"宽口径、厚基础、专策划、多技能"的培养模式仍然发挥着重要的作用，新型的人才教育应当在此基础之上进行创新改造，融入大环境的变化和人才需求趋势，及时更新广告教育观念、调整人才培养思路、创新培养模式，让人才不但能够熟悉广告业运行规则和竞争方式，同时紧跟科技和媒体的发展，成为适应新广告时代的复合型人才。

人才的培养从来不局限于高校内，除了高等院校中对于广告专业学生的培养外，社会中的教育机构和企业也在新型广告人才培养中占有重要地位。

一、高校培养可有哪些作为

在如今的高等院校内，学生对于网络和新媒体的使用已经非常普遍，接触互联网广告也非常频繁，而各大高校的广告专业作为培养创新型广告人才的摇篮，不能忽视互联网广告方面的教育。同时由于广告是一门实操性非常强的专业，因此实践活动在人才教育过程中也应该占到一定的比例。

（一）变更传统教学体系，合理设置互联网广告课程

目前，许多高校的广告专业课程设置的更新速度慢于广告业界的发展，这样培养出的广告人才，观念和知识大多不适用于当前的广告市场。因此科学进行课程设置的改革，更新广告专业课程势在必行。

媒体大环境的变化，给广告人提出了新的技能要求。由于互联网广告传播的模式、互动反馈模式都与传统广告有不同之处，因此在进行广告运作时必然会遇到新的问题。例如，强烈互动性会使广告传播变单向传播为双向互动传播；数字化媒介进入私人领域会使传统广告的大众传播开始具有人际传播的特性；传统的收视习惯和阅读习惯在这个时代发生了明显的改变。这些变化必然使得互联网广告的内容、传播形式、受众地位发生巨变，广告人必须对新的广告内容、传播形式、消费者心理和行为及相关法律法规有全新的了解，这样在实战时才能更加有实用性和针对性。这就要求新广告人在学习传统广告技能与技巧的基础上，掌握基本的计算机技术、软件及网络应用技术。

传统的广告专业教学体系，一般由学科基础必修课、学科基础选修课、专业特色课、专业特色选修课构成，侧重于传播理论、广告理论、

营销知识和传统媒体的教学。而互联网的发展速度早已超过了课程的更新速度，所以更合理的设置高校广告专业课程显得尤为重要。

高校应当在各层次课程中单独增设专门的互联网广告的相关课程，将更为实用的互联网营销案例渗透到课程之中，并增开能够让学生实际操作的案例。例如，可以考虑在传统的传播理论、广告学等学科基础课中加设计算机软件应用、网络技术基础、新媒体概论等相关课程；在广告专业的特色课程中，以围绕"互联网"加设新媒体广告实务、视频广告等。当然，若限于师资或技术条件不能围绕"互联网广告"单独开设相关课程，还可以将"互联网"相关内容融入传统课程中，例如可以在传统的创意与策划内容中增加网络广告创意、移动媒体广告创意等；广告文案课可以增加微博文案、微信公众号文案等；广告设计制作课可增加微信 H5 页面制作、网页设计等。

（二）搭建平台，鼓励学生参与专业实践

当下社会对于广告人的要求越来越高，仅仅拥有扎实的理论功力已经不能满足社会的需求。广告是应用型的学科，因此教育目标应是培养应用型的广告人才。亲身实践是学习专业知识的主要步骤之一，互联网广告人才培养同样需要完善的实践教学体系，广告实务的技能与技巧需要在实践中提高，专业实践能够大大培养学生的实操能力。但是，当前很多实践课程由于时间有限制没有办法进行深入学习。另外，实践课程学习对于硬件设施建设有一定要求，很多高校因为条件限制，无法进行实践课的教学。很多广告专业的教育还是以课堂教师传授为主，忽视了学生实践能力的培养。对此，学校应该加强专业实践在教学中的比重。

首先，应当在专业课教学中尽量增加学生实际动手时间，在专业实操过程中加强对于互联网广告实务的学习。对于广告制作这样的专业课程，既可以穿插在课堂教学过程中，学生操作，老师同时进行讲评和指导；还可以以小组为单位，模拟广告公司相关的实操内容，如针对某品

牌社会化营销的头脑风暴。总之，让学生熟悉互联网广告业务还需要在教学中尽可能增加实践内容。对此，校方应加大教学设施建设投入，在传统教学实验室的基础上，增加网络广告实验室、游戏广告实验室等，以满足实践教学的需要。

其次，应当加强与广告业界的互动。和较为专业的广告公司合作，设立教学实践基地，带领学生加入到广告的制作和运作当中；鼓励学生利用假期在广告、公关相关岗位实习，在实际的广告工作运作过程中提炼思维、开阔眼界，同时在教学中将实践与理论进行对比分析，巩固专业知识的同时提高实操能力。

（三）整合校内外资源，增加专业前沿知识教育

广告作为文化创意的代表性行业，要求从业人员能够走在时代的前沿，不断补充新的思想、理论和专业技能。在互联网广告领域，极快的更新换代速度要求广告人在学生阶段就能够通过学校渠道得知最新的行业状况。这种不断更新和广泛涉猎的专业要求显然不能够仅仅依赖专业课程的教学，高校还应当在其他方面做出努力。

广告专业对于知识的要求较为多元化，因此要让不同学院、不同学科背景的学生有机会增强学术和实践交流，丰富广告人的知识储备，突破专业的局限，为其日后成为综合型广告人才打下良好的基础。同时，高校应当加强与业内人士的合作，聘请走在前沿的新媒体公司负责人或者互联网营销行业的资深人士担任客座教授，在学校开设专题讲座，让学生与社会有定期的交流时间与空间，为学生带来创新的观点、理念，开拓学生们的视野，使学生了解业界最新动态和信息，从而提高创新型广告人才创新能力的培养。

学生作为人才培养的对象，应当积极参与到各类实践活动、讲座和学术交流中去，丰富自身的文化和阅历，自主自觉地培养自己成为有创意、有思想的新型广告人才。

二、社会大学如何培养互联网广告人

当前，虽然互联网营销处于高速发展阶段，但是全面的教学系统和有效的训练手段在行业内仍属稀缺资源。《2012 中国互联网营销岗位职业发展白皮书》显示，"2012 年企业对互联网营销人才需求量约为 116 万，整体缺口为 55~65 万。互联网营销人才的匮乏成为企业在拓展营销渠道、应用互联网技术、发展电子商务上最大的障碍"。但一个行业的发展不能仅仅依靠各大高校的专业人才输送，当前的从业人员才是推动行业前进的主要力量。作为紧跟时代和科技发展的行业，在互联网及相关行业已成大势的今天，传统从业者也要不断更新自身的专业水平。这时，具有社会性质的广告营销人才培养就凸显出其重要性。其中，2012 年 12 月 14 日成立的"百度营销大学"就是社会对于广告营销人才培养的一个典型案例。

"'百度营销大学'是国内第一家系统提供互联网营销教育、培训及人才发展服务的机构。该大学由百度公司创建，联合各大高校及社会培训机构优势资源合作发展，致力于建立互联网营销人才培养的新机制，解决长久以来困扰行业发展的营销人才匮乏难题。"[1]互联网营销理念、策略、方式和管理等各方面都能够在培训课程中得到系统的提升与学习。同时，他们还创新采用了"互联网营销实验室"，模仿真实的互联网营销，让学员能够在教学培训中快速掌握互联网营销的实操能力，快速累积实战经验。百度营销大学还会定期组织线下课程，按照区域、行业及个性化需求进行分类，加快互联网营销的普及和学习进程。

全球经济一体化、互联网高速发展的进程中，中国的广告营销也面临着越来越严峻的竞争与挑战。行业的进步和发展需要人才来推动，人

---

[1] 刘曦蔽.百度营销大学成立构建互联网人才培养体系[J].中国教育信息化：基础教育，2013(1):92-92.

才的培养需要越来越贴近实践和注重创新，因此以市场和行业的需求为出发点是人才培养的重点，设定人才的培养计划和建立人才发展的教学体系，同时不断更新教学内容，让学生在未来的工作中能够成为顺应时代发展、推动行业前进的专业人才。

趋势篇

　　融合是"互联网+"的核心要义，带有互联网DNA的营销未来也必将呈现融合的发展态势，这既有营销内部的广告客户关系链的纵向融合，也包括互联网与传统媒体的平台贯通，还包括互联网及广告相关行业的跨界整合。

　　"互联网+"的本质是"连接一切"，成为贯通社会的血液。基于互联网之上的营销，在未来，会无处不在。

第十六节　行业融合大势所趋

一、互联网广告向移动端融合

（一）整体增速平稳发展，移动端增速高

广告市场规模与整体经济发展情况密切相关。美国、日本等国广告市场规模占 GDP 的比重已稳定在 2%~3% 的水平，我国目前占比不到 1%。尽管该比例在未来将逐渐攀升，但总规模受制于整体经济发展，随着我国经济发展进入新常态，广告行业增速将放缓。

广告市场规模还与广告行业的成熟度有关。我国广告行业日趋成熟，进入稳定期，造成行业巨变的因素较少，所以市场规模稳步增加。由于当下市场规模基数较大，所以增长率逐年下降。根据易观智库预测，未来 3 年互联网广告市场规模将平稳发展（图 16-1）。

移动广告市场规模不断扩张，在整体的互联网广告市场中的渗透率不断提升。2014 年，包括移动搜索、应用广告、移动视频广告等在内的移动广告市场规模为 296.9 亿元，在 2012 年至 2014 年增速均超过 100%。艾瑞咨询预计未来移动广告将继续保持高速增长，并且增长率远高于网络广告市场增速。未来移动广告将成为互联网广告增长的主要拉

图 16-1　2014—2017 年中国互联网广告运营商市场规模预测

动力量。

随着移动互联网大潮来袭，PC 端用户流量已呈疲态，移动端流量大幅增长。据统计，当前移动端流量已占整体 40%~50%。但是，互联网广告的收入超过 80% 发生在 PC 端，移动端广告收入仅占 10%~20%，解决移动端流量变现问题将是关乎移动互联网媒体发展存亡的核心所在。

（二）移动端助力社会化营销

搜索广告与视频广告的营销方式、商业模式最易实现流量变现，产生营销收入。2014 年，以百度搜索、视频网站为代表的大媒体平台的增长驱动我国移动营销市场实现规模化增长。新闻客户端、社会化媒体的广告价值更加凸显，尤其是基于社会化媒体的企业商业服务平台的建构，进一步深化了营销的价值，能够实现营销与商务服务的协同发展。

社会化媒体营销长期处于市场关注度高、投放费用少的状态。2014 年，社会化媒体营销实现了较为快速的发展。一是以微博为代表的社会化媒体的信息流通过明确其营销方式，带动了社会化营销投放规模的增长。二是在微信这样的社会化应用的营销开发下，腾讯集团的移动社会化营销服务实现规模化增长。现在，移动社会化应用已经不仅仅局限于社交应用，同时成为新的信息传播载体与客户关系管理服务平台，在品牌传播基础上实现了品牌价值的延伸，媒体价值的深化（图 16-2）。

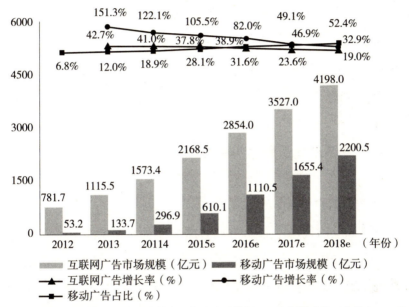

注释：1. 互联网广告市场规模按照媒体收入作为统计依据，不包括渠道代理商收入；2. 此次统计数据包含搜索联盟的联盟广告收入，也包含搜索联盟向其他媒体网站的广告分成；3. 移动广告的市场规模包括移动展示广告（含视频贴片广告，移动应用内广告等）、搜索广告、社交信息流广告等移动广告形式，统计终端包括手机和平板电脑，短彩信、手机报等营销形式不包括在移动广告市场规模内；4. 互联网广告市场包括移动广告市场规模。

数据来源：根据企业公开财报、行业访谈及艾瑞统计预测模型估算。

图 16-2　2012—2018 年中国互联网广告及移动营销市场规模[1]

（三）多屏联动是未来的发展方向

目前，数字营销发展的主导仍然在 PC 端，然而，"PC+ 移动 + 其他数字媒体"的跨屏投放方式在提升相关技术、积累移动广告资源和相关数据、分析广告主投放需求及创新多样化的交易模式后，将成为未来数

[1] 陆静雨. 移动广告走向成熟，平台功能细分化 [EB/OL] .（2015-04-07）[2015-12-30] .http://report.iresearch.cn/html/20150407/248417.shtml.

字营销的新增长点。跨屏联动对消费者注意力的全面覆盖，使多屏间广告效果产生协同效应，将推动跨屏类广告媒体平台的繁荣。多屏联动整合产业链，融会贯通时间、空间及人群三维终端的数据，形成三位一体的全新模式，将再次提升广告效能。

部分消费者的使用习惯已完成了从电视端与 PC 端，或 PC 端与移动端的跨屏，并实现了多屏融合及随时随地的数字营销，多屏融合的趋势不容忽视。而这种多屏融合的广告投放与以往投放方式相比优势明显，不仅用户访问更加精准，投放效果更为可控，消费者对于品牌的认知及购买欲望都有较大提升。

二、广告客户关系链纵向融合

（一）打造客户关系链至关重要

"互联网 +"时代，社交圈的影响力对消费者的决策作用越来越大，基于社区平台的关系营销、口碑营销通过大数据可监测的真实的关系网络，在互联网营销中发挥着越来越重要的作用。随着互联网平台的不断延伸，具有互联网思维的营销方式无处不在，而互联网营销的核心——关系链可以说决定着营销活动的成败。所以，如何在移动互联网中融合关系要素，经营起服务于自己的具有战略价值的客户关系链至关重要。

打造品牌与顾客之间的关系网是一项非常重要的工作，这里有一个专门的词汇 CRM（Customer Relationship Management）。CRM 的意思是顾客关系管理，是指品牌用来管理与顾客之间的关系的工具，是一个获取顾客资源、保持现有顾客和增加可获利顾客的过程，通过周到和优质的服务来吸引更多的顾客。CRM 管理理念强调对顾客资源的收集、顾客关系的维系和对顾客偏好的把握，其最终目标是在提升品牌价值、维持顾客关系的基础上，开拓市场，建立品牌和顾客的良好关系。

在当下的营销环境中，各种品牌不断涌现，各种营销手段层出不穷，只有那些能够给消费者留下情感印记并且保持长期互动的品牌，才能够有效地增加用户黏性，得到顾客的青睐。打造并维护顾客关系网，不仅能够依托大数据进行精准营销，而且能够通过与顾客互动增加黏性，提升营销效果并且也有助于获取营销反馈。

（二）抢占入口权赢在起点

"互联网＋"时代，信息爆炸、渠道爆炸，营销信息如何快速、准确地到达用户，如何让用户养成接受特定信息的习惯变得尤为重要，成功引领用户上网的流量入口成为广告营销平台的战略必争之地。面对如此庞大且高速增长的移动互联市场，BAT也不断布局，以自身PC时代的入口优势复制到移动端：阿里巴巴布局"淘宝购物＋微博流量＋支付宝"，腾讯布局"易迅购物＋微信流量＋财付通"，百度移动端布局移动搜索、应用分发、地图和视频四大入口，呈现出"产品＋平台"的特点。可见入口权之争各出奇招，竞争白热化。那么，入口权究竟有多重要呢？

从目前来看，大量的互联网产品获取广告利润的途径有：获得用户流量、得到用户点击、将流量导入合作方与之分成。抢占入口优势，就意味着聚拢了大量的用户，用户基数大则必然会带来巨大的流量，从而产生利润。即使获得的大量用户不能实现价值变现，但是抢占优势会给未来的发展创造机会，可以等待时机或是依靠风投实现价值。

占领用户上网的流量入口，还意味着可以传达给用户特定的信息，而这个特定的信息就可以是营销内容。以App为传播入口，让自己的产品和品牌信息自然而然地走进用户的生活中。有道词典有3.5亿的注册用户，月均5000万的活跃用户，这些用户和汽车行业市场的主流消费群高度重合，主要以学生和白领为主，因此，在有道手机客户端的登录界面设置汽车企业的广告，每位登录有道词典的用户都必然看到入口处的广告，广告的到达率非常高。"用户在哪里，我们就到哪里去营销"，随着移动互联网的普及，App及其用户和传统互联网广告的融合将越发紧密而富有创意。

（三）粉丝留存转化才有意义

如上文所述，打造客户关系链和抢占入口权是为了集聚大量的客户资源以期后续的盈利。那么，如何实现从粉丝的关注到粉丝的留存，从粉丝的留存到转化成客户的问题，是客户关系链纵向整合的关键之处。纷繁复杂的营销环境对粉丝转化成客户的能力要求越来越高，如果营销活动所集聚的大量粉丝在活动结束后很快流失，或是其中的潜在顾客比例不高，那么这个营销活动就没有达到效果，反而浪费了营销资源。所以，提高粉丝到客户的转化率意义重大。

提高粉丝到客户的转化率，首先要提升营销的精准度。对粉丝群体进行细分，利用大数据锁定潜在顾客并对其进行精准营销，个性化推广，让粉丝和潜在客户的身份合二为一。其次要让线上营销和线下互动相结合，实现虚拟与现实的对接，用"社交性营销"的方式培养顾客情感、传播品牌理念、养成消费习惯。最后，信息爆炸时代，信息的更迭速度很快，所以要加快粉丝到客户的转化率，以免造成粉丝的流失，打通从关注到消费的渠道意义重大。

O2O 模式的商业推广最易实现粉丝的转化问题。例如"大众点评"这样的团购平台，已经从单纯的凑单促销形式，发展成为从发现到交易到 CRM 到点评的完整闭环。一方面基于用户的地理位置及消费习惯进行推广，另一方面提供粉丝交流平台聚合人气，用户从发现信息到实现消费可在一瞬间完成，成功实现粉丝转化。如今，团购网站已经实现了用户从 PC 端到移动 App 的转移，覆盖面已经从一二线城市扩展到全国，业务范围已经从餐饮、酒店和电影等品类扩大到旅游、本地生活服务等。

三、互联网广告和传统媒体更加融合

（一）传统媒体和新媒体整合营销渠道

2012 年开始，中国 CRM 市场在云计算、移动技术的发展背景下迅速成长，在线 CRM、移动 CRM、社交 CRM 越来越广泛。其中社交属性的 CRM 能够实现顾客来源的最大化，能及时、方便地与顾客保持沟通。社交平台的实时性、私密性、开放性、规模性及高用户黏度使得社交网络成为品牌和潜在顾客沟通的最佳平台，如微博、微信上面的官方微博、公众号等都是品牌链接顾客的方式。

基于新媒体的社交平台能够有效地维持客户关系，但是到达率不如传统媒体；而传统媒体广告则能更快、更广泛地到达用户，却只是昙花一现，不能长久地维持客户关系。传统媒体和新媒体的互动则能够优势互补，一方面快速有效地到达广泛的用户，另一方面能够留住客户并产生后续的互动营销。2015 年春晚和微信红包的互动就打通了移动互联网广告和传统电视广告的分界，用互联网思维将其整合，实现了 1+1>2 的效果。

2015 羊年春晚与微信新媒体平台合作，光明正大地把广告插播在节目中间，让观众通过微信"摇一摇"抢红包，由企业提供的红包直接发放到用户的微信账户，用户则接受企业的信息推送。春晚通过发"红包"，不仅得到了企业提供的"广告费"，还吸引了观众得到了"收视率"。站在春晚和微信背后提供"红包"的企业，通过"红包"直接到达了受众，用户抢到的红包将显示"×××企业给你发了一个红包"，以实现商家品牌的宣传，通过分享到微信群、朋友圈等多种社交平台后，进一步扩大了广告受众。平均 1~2 块钱的成本就可以到达一个受众，另外，通过"代金券、打折卡和实物礼品券"等还可以拉动销售。微信，一手牵着春晚，一手拉着赞助企业，不仅发展微信支付用户，同时拉拢平台商户，培养用户支付习惯。三者组成的利益链是条"单行道"，央视羊年春晚位于最上层，向微信收取合作费用，而微信位于中层，提供互动平台并招商，赞助企业位于下层，提供现金红包和消费券红包。

（二）"T2O"传统媒体链接电商广告

传统媒体和新媒体的融合除了整合营销资源、形成营销链条外，还有一种更直接的方式是链接电商广告，通过扫二维码、扫台标等方式将传统媒体的受众引到电商平台，直接促成消费，缩短营销周期和链条。电视作为传统媒体的典型代表，最先也是最容易跟互联网整合，由O2O模式的基础上衍生出来的一种傍焦营销，即"T2O"（TV to Online）。T2O通过扫描电视台标或电视屏幕中的二维码就可以直接进入商品链接，是目前移动终端发展的方向。

东方卫视开年大戏《何以笙箫默》在梦想剧场与观众见面，这是东方卫视与阿里巴巴再度联手，首次尝试电视剧T2O。观众在收看电视剧《何以笙箫默》的同时，只要通过手机天猫客户端扫描东方卫视台标，就可进入天猫互动页面，不仅可以购买与电视剧同步的钟汉良、唐嫣各种明星同款服装，还可以参加互动抽奖、购物优惠等活动。

如今，传统电视媒体和电商的跨界合作已是行业新趋势。电视台正在尝试更多地借助互联网渠道拓展电视剧的宣传推广，为电视剧开发衍生产品，发掘附加值。IP的价值在当下市场环境下已经得到证实，热门IP意味着拥有巨大的粉丝量，本身就可以形成著名的品牌，后续也有更多的变现途径。此次借助电视剧《何以笙箫默》的播出，东方卫视与天猫将T2O蓝图扩展到了电视剧领域，开创了"边看边买"的全新体验式观剧模式。升级版"边看边买"，不仅能让消费者体验到与电视剧互动的乐趣，也为影视业与互联网开辟了新的合作空间。

电视剧《何以笙箫默》的试水，就是借助互联网大数据的力量，让手机、平板电脑成为电视屏的拓展与外延，在直面消费者的同时，有效地整合线上线下、电视制作与产品销售的资源。这样"边看边买"的意义就远不止于营销层面，甚至可以上升到互联网发展战略高度。

在"互联网+"时代，电视屏幕已经成了家庭互联网最重要的终端入口，电视节目的制作也要具有物联网平台意识，通过电视节目连接产品和用户，电视节目的本质从产品变成了平台。如旅游卫视真人秀《鲁豫的礼物》，本质上就是一个披上了电视节目外衣的广告，通过电视节目将广告效应全部引向了淘宝，电视节目成了给淘宝引流量的工具。

四、行业并购/融合将进一步加剧

（一）行业并购/融合的必然性

中国广告市场正在进入新一轮产业扩张期，通过资本并购和融合，广告市场将产生一批具有实力雄厚的营销传播集团。以私募股权融资、上市融资、吸收风险资本等方式为主要运作手段，不仅能够获取企业发展的资金，更重要的是将资本的力量转换成市场优势，实现公司的发展战略。

2013年，两大广告巨头美国宏盟与法国阳狮的合并新集团并更名为阳狮-宏盟集团，成了合并市值超过350亿美元的广告巨头，其2012年的合并收入达227亿美元。合并后的阳狮-宏盟集团创造了规模经济，提升了议价能力，这将使其在新兴市场中处于有利地位。

首先，虽然数字广告服务的有效佣金率是传统的广告服务所需的人力和费用的两倍，但是在数字媒体的整体花费却会更低。因为互联网渠道可以有效针对目标受众，得到精确测量数据，从而提高了广告的有效性。因此，广告业向互联网方向的并购融合是大势所趋。

其次，加拿大皇家银行分析师大卫·班克（David Bank）表示，"广告机构的规模越大，越可能会接触到更多的消费者数据，以及围绕着网络广告印象定价的数据。"[1]这说明并购后成立更大规模的公司有利于广告

[1]张东岳.广告巨头合并将如何影响互联网产业［EB/OL］.（2013-07-30）［2015-12-30］http://tech.qq.com/a/20130730/003017.htm.

商提高从平台商手中购买广告时的议价能力。

最后，国内广告市场 2013 年共发生 22 起并购（比 2012 年多 3 宗），涉及数字领域 11 起，占比达 50%。通过并购数字标的迅速进入互联网广告领域，已经是传统广告公司的多数选择。[1]

（二）行业并购／融合的战略

广告企业进行资本并购时，一是要考虑到公司的长远发展，根据发展战略制定其融资并购方案；二是需要广告企业以实现双方之间并购效益的最大化为目标，探索最佳的资本并购整合模式。

1. 注重广告企业核心竞争力的打造

并购延伸业务整合营销传播产业链的同时，要打造广告企业的核心竞争力。中国广告产业正处于行业快速整合发展的机遇期，广告企业要充分利用政策机遇和市场机遇，大力提升自身竞争力。

利用国家建设广告产业园区的政策机遇，迅速融入全国性服务网络之中。要充分认识到国家广告产业园对广告企业发展的战略意义，通过入驻产业园，整合纵向资源，从而提高核心竞争力。

利用资本优势实现整合营销传播转型，这是产业融合的必然趋势。广告企业需要通过资本并购，完善产业价值链，积极向整合营销传播企业转型，提升整合营销传播代理能力。国内优秀的广告企业近年来纷纷融资上市，通过资本并购和业务整合，增加了公司的市场效益，提升了公司的影响力。

利用公司现有基础，探索提升集团核心竞争力的合理路径。核心竞争力的打造要立足于广告企业现有的基础和为应对未来竞争所做的战略布局。以蓝色光标为例，作为一家国内领先的公关公司，一方面通过对智扬品牌和博思瀚洋品牌的收购，进一步强化其在公关领域的优势；另

---

［2］中信证券 . 传媒行业深度报告：未来五年市场规模或超万亿［EB/OL］.（2014-10-04）［2015-10-05］.http://www.investide.cn/news/108478.html.

一方面通过对思恩客广告、金久广告的收购，拓展广告领域的业务，以提升了核心竞争力。2012 年，蓝色光标净利润居四大广告及关联企业集团之首。[1]

2.增强广告企业的数字营销能力

目前很多企业仍然还是停留在传统媒体广告的代理领域，尽管数字营销已经被纳入广告企业发展战略，但其占公司营收的比重还较小。当前，广告企业要通过融资并购，加速向数字营销方向拓展业务，为此，一方面可以探索广告企业与新媒体合作后数字营销代理的新模式，另一方面需要对传统的媒介资源代理模式进行转型升级。

广告企业与新媒体融合，如昌荣传播与百度的战略合作，昌荣可以共享百度的媒介资源，且双方在"百度消费者搜索洞察研究领域"的合作，能够有效地提升客户服务能力。

传统媒介资源代理模式的升级，要以客户为中心，制定科学媒介计划和战略，满足客户的需求和利益。新媒体破除了传统媒体资源垄断的优势，传统媒介资源从媒介代理公司购买媒介获取利润的媒介代理模式被新媒体颠覆。从客户需求和客户利益出发的资源代理模式下，策略与创意的价值将更加彰显。

通过并购融合，使国内优秀的数字营销代理企业成为营销集团的一部分，是提升集团在数字营销传播代理方面能力的快捷方式。

---

[1] 中研网.我国广告行业资本并购的战略思考［EB/OL］.（2014-04-15）［2015-10-05］. http://www.chinairn.com/news/20140415/172344987.shtml.

第十七节 未来营销无处不新

一、新的业务形态构建新的营销系统

（一）精细化：用户即数据，数据即价值

在"用户即数据，数据即价值"的大数据时代，用户数据价值得到更深层的体现。随着用户数字化、标签化程度加深，用户行为数据、属性数据及心理数据等生成用户画像，用户不仅具有性别、年龄、地域、职业、收入等属性特征，还具有浏览行为、活跃频率、使用习惯等行为数据，并通过用户触点研究，更为准确地获得用户的购买动机，也推动了人群定向和程序化广告的迅速发展，广告营销效果及过程体验更加完善，使得广告效果可以被追踪和评测。

2015 年产生的数据将会比以往任何时候都更加重要——分析师们将会分析已有数据，为市场营销人员提供切实可行的建议。早在 2013 年，世界最大的传播集团 WPP（奥美为其旗下公司）的媒体代理公司 Mindshare 就推出了一个实时营销中心（Loop），该营销中心在运行过程中可覆盖 100 条以上的数据流，通过该举措，企业可以便捷地获取用户伙伴的相关信息。除此之外，一些社交媒体监测公司（包括 Tweetveck 和

Brandwatch）都曾利用其社交数据聚合工具协助路虎（Land Rover）等企业进行付费内容战略研究。

（二）直接化：内容即营销，内容即消费

在"内容即营销、内容即消费"的时代，O2O打通了消费者所见与所得的路径，消费者的实时需求已经被培养和满足。电商广告和影视、秀场等展示媒介相融合，给消费者提供所见即所得的平台，垂直打通宣传和消费的渠道，使得营销过程直接化。

消费者越来越希望能够实现所见即所得的购买方式，当人们在看到一条广告信息的时候立刻能获得产品。消费者对于时尚产品的需求，已经不满足于秀场与商场、线上与线下的分离，他们希望能够以更快的速度参与到时尚体验当中，并且对消费有更强烈的个性化需求。这为媒体平台与电商深度融合带来了机遇。在天猫与时尚集团合作的"天猫新风尚，时尚无界"2014秋冬时装秀活动中，模特走秀款实时推送至手机客户端，首次推出了线下秀场"边看边买"的革新技术。之后，网络视频、电视剧播出的同时也链接电商，实现了同步购买功能。

（三）程序化：购买即投放

实时竞价技术实现了广告买家根据活动目标、目标人群及费用门槛等因素对每一个广告及每次广告展示的费用进行竞价的可能。一旦竞价成功，广告就会立刻出现在媒体的广告位上。自动化程序使得广告的购买行为和投放行为能够在同一时间实现。

我国程序化购买的加速发展不仅带动产业链的发展，也反向推动互联网广告的程序化进程。一方面，程序化购买为广告主在提高品牌知名度、维持市场曝光、网站引流、提高注册、新产品发布等方面提供了极大的便利，实现了良好的效果；另一方面，DSP提供商也不断努力提高技术水平，升级实现人群定向能力和媒体资源对接，不断丰富程序化广

告投放经验，进一步实现网络广告投放的智能化。

二、新的传播形态拓宽新的营销场景

（一）跟随潮流，把握热点

随着科技的不断发展，网络时代的到来，新兴的微博营销成了商家的必争之地。利用好微博营销这块有利资源不仅可以提升品牌的知名度，微博营销还可以带动品牌产品的销售。最适合微博营销的一种方式就是热点营销。

什么是热点营销呢？

热点营销是指企业结合产品或品牌，及时地抓住社会热点新闻、事件及人物的明星效应等，达到一定传播度并展开相应的活动，也叫借势营销。从营销的角度而言，是通过一个优质的外部环境来构建良好的营销环境，以达到推广目的的营销方式（图17-1）。

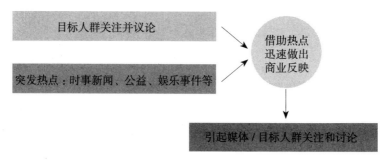

图 17-1　热点营销示意

在互联网时代，企业可以借助互联网去开展一系列的"热点营销"，让企业所要传达的信息借助热点在互联网上被热炒，从而让企业以最小的投入成本，赢取最大的回报收益。热点营销一是可以拉近客户关系，借势提升品牌关注度；二是通过热点发出共鸣，提升品牌好感度；三是稳固并更新在顾客心中的形象，刺激后续更多购买行为。

跟随潮流、把握热点，能帮助企业提升品牌人气，提升品牌的社会影响力，从而提升产品销量，占据更多的市场份额。

（二）智能终端成为主战场

移动终端未来将成为广告的主要投入载体。目前移动终端的广告量虽然不大，但是增速快，移动广告一旦找到合适的盈利模式，就会对互联网广告市场产生强劲的冲击。2012 年美国广告行业数据显示，消费者花在移动设备上的时间占比为 11.7%，但广告主在移动广告方面的投放仅占 0.8%。数据显示，全球广告支出正稳步回升，预计到 2015 年广告支出总额将达 5744 亿美元，增长率为 5.6%。数字化正在推动广告支出的增长。不过，虽然大部分的增长来自数字媒体，但不同的数字媒体广告投放也有着不同的增势。社交媒体的广告增速为 8%，而在线视频增长速度达到 32%，付费搜索增长的百分比是 13%。[1]

（三）本地化移动营销市场广阔

传统广告营销相比，本地化移动营销 ROI（投资回报率）更高，而且营销成本更低，能够便捷地拉近广告主与消费者之间的距离，达成交易。移动终端的传感器通过技术和应用捕获用户的位置信息及使用习惯等数据，挖掘和分析数据后，可以还原出一种用户的使用场景并为其推荐适合的产品。在这种情况下，ROI 的精准、高效是显而易见的，本地化广告对用户来说是一种有价值的信息或服务。

得益于整体移动互联网环境的成熟，2013 年中国本地化移动广告市场快速增长，2014 年的市场规模继续扩大。首先，整体市场规模的增长得益于广告主对移动广告认可度的增加。其次，大量的中小本地广告主的进入为市场提供了新的推动力，本地广告业务不断落地，使得中小广

[1] 陶涛. 移动终端将成为广告的主要投入载体 [EB/OL]. (2013-06-06) [2015-11-05]. http://zqb.cyol.com/html/2013-06/06/nw.D110000zgqnb_20130606_4-12.htm.

告主对本地广告市场的认可度提升。最后，本地化移动互联网的发展，提升了广告主的移动营销效果，增加了本地移动广告市场价值。

随着移动终端在三四线城市普及及逐步向五六线城市拓展，移动受众的主要力量正在向地方转移，这对广告主认知市场提供了更多可接触的资源，给本地移动广告市场的发展带来新的机遇。品牌客户近两年也已经纷纷开启针对三四五线城市的本地化营销和投放策略。更重要的是在品牌广告主之外，本地化中小企业群还有持续而强烈的营销需求，并且这个市场数量超千万、具有长尾效应，是他们作为本地移动广告的细分市场，为移动营销和广告产业链开辟了一个绕不过的新利益增长点。保守估计在未来五年中，本地移动广告细分产业规模将达到 500 亿~600 亿元人民币。[1]

三、新的核心要素依托新的信息载体

（一）社交明星更受欢迎

明星作为消费群体中的"意见领袖"，本身就有很强大的粉丝基础和号召力，在传统广告中发挥着重要的作用。互联网时代，普通人也有机会成为意见领袖，类似于网络红人、大 V 这样的社交明星集聚了不少粉丝，其在网络上尤其是对特定受众的影响力甚至比普通的明星都大。对社交明星所带来的粉丝进行互联网营销更具精确性。未来，各品牌将会更加乐意与有一技之长的社交明星成为合作伙伴。

欧莱雅和 YouTube 上的"化妆教主"Michelle Phan 即将展开一次合作，Michelle Phan 拥有大量的关注化妆的粉丝，对这些粉丝来说，Michelle Phan 的推荐显然是比明星代言更有可信度；还有惠普让 Vine 的两名有影

---

[1] 易观智库 . 预计 2014 年本地移动广告规模超百亿未来两年将保持高速发展［EB/OL］. （2013-06-06）［2015-11-05］.http://www.enfodesk.com/SMinisite/newinfo/articledetail-id-418208.html.

响力的用户参与了电视宣传片的录制，其中有一位就是人称"男巫"的剪辑王 Zach King；还有一些公司和 Vessel 一样已开始致力于打造社交媒体明星。社交明星的参与，不仅有效地活跃了特定的目标粉丝群体，而且与普通明星相比，还降低了营销成本。

延伸阅读：Niche 帮助社交明星联系广告主[1]

Niche 成立于 2013 年，定位于社交网络的创意社区，它提供的服务类似 YouTube 和短视频服务应用 Vine，不过定位人群是社交网络达人，帮助他们促成广告合同。具体来说就是 Niche 可将 Vine 和推特上具有影响力的社交明星和品牌之间联系起来，并通过自家渠道来创建可分享的赞助内容，扮演了推特和 Vine 明星的人才中介的角色，模式类似于"名人经纪公司"。此外，还提供一些工具让这些达人运营社交媒体和关注自己的粉丝群体。报告显示，去年 Niche 与美国服装公司 Gap、休闲服饰品牌 American Eagle、美国橄榄球联盟 NFL、宝洁公司、华纳兄弟影业公司等广告商合作。

2015 年年初，推特宣布收购纽约创业公司 Niche。以推特为代表的广告主十分关注社交媒体培育出越来越多明星的趋势，推特通过旗下的短视频服务应用 Vine 培育自己的明星。推特表示希望通过此次收购来激发人们继续制作优秀的内容。除了帮助社交媒体上有影响力的人和广告合作伙伴赚钱之外，Niche 也将给推特带来新的收入来源。推特目前正在向投资者证明其长期盈利潜力。2015 年 2 月，推特公布的财报显示，该公司已连续第三个季度盈利。此外推特也在探索新方式，帮助广告主覆盖受众。

我们敢大胆预言，在不久的将来，如 Niche Media 般的公司，将会开始转变为一个投资组合多元化人才的人才中心，为已有品牌匹配社交网络

[1] 新浪科技 .Twitter 将收购 Niche，帮助社交明星联系广告主［EB/OL］.（2015-02-12）［2015-11-25］. http://tech.sina.com.cn/i/2015-02-12/doc-iavxeafs1073176.shtml.

上的红人以求双赢。

（二）营销内容更受关注

在泛媒体时代，各式各样的传播方式层出不穷，只要连上网络就可以进行传播，广告信息如何快速有效地到达受众已经不再是难题，而如何在信息的海洋里让用户关注到企业所发出的信息并且产生兴趣、进行互动，则变得尤为重要，这就使得营销内容再次成为竞争的核心。

首先，要坚信创意始终是制造营销效果的根本，只有好的创意才会使受众耳目一新。而随着互联网的发展产生了海量的数据，同质内容的竞争激烈，要产生影响力，就要对内容创新有更高的要求。其次，新媒体营销在内容方面要更加注重和受众需求的匹配，只有能够真正打动用户的内容才能在社交媒体产生更好的传播效果。最后，互联网尤其是移动互联网驱动下的营销内容应该更加注重和受众的互动，使受众参与其中，也只有真正实现并不断增强互动，营销内容才会被用户接受并维持黏性，以达到长期营销的目的。

随着技术和营销理念的进步，如今的营销内容已经不仅仅只承担载体、表现形式等功能，内容已经和渠道融合，诸如"边看边买""微信红包"这样的方式已经将营销内容植入生活的方方面面，所以，未来营销内容将会成为营销方案设计的重中之重，创意的角度也不局限于内容本身，而在于如何通过内容进行资源整合。

（三）原生广告或成主流

原生广告整合了网站和 App 本身的可视化设计，使之成为网站、App 内容的一部分。原生广告作为一种新的互联网广告形式，目前已经向信息流广告迈进。广告即内容，内容即广告，让用户在阅读相关内容的时候能够无缝对接插入广告，达到很好的营销效果。相比其他广告，主要有以下三个优势：

（1）操作简单易开发：App 开发者植入原生广告有两种途径：一是可以直接使用已经开发好的原生广告平台，利用其提供的简单的原生广告工具进行植入；二是通过 SDK（软件开发工具包）内提供主流的原生广告形式植入原生广告。植入原生广告相对 Banner（网幅广告）来说，操作简单而且几乎没有开发成本。

（2）保持良好的 App 用户体验：原生广告不会打断用户与移动 App 的交互体验，能够完美地融入 App 的内容、场景之中，可以为用户最大限度地提供良好的用户体验，不会有跳脱、间离的感觉。

（3）高商业转化率：美国移动广告公司 NativeX 的数据显示，原生广告的点击率比非原生广告高出 220%，eCPMs（有效的每千次展示成本）也比非原生广告高出 150%。[1]

在上述三条优势的作用下，以及源于 PC 互联网 Banner 广告在移动互联网时代逐渐显现出的与时代需求相脱节的局限，在未来原生广告或将代替 Banner 广告成为广告的主流形式。

---

[1] 彭再升.移动互联网广告变革原生广告成主流 [J].通信信息报，2014.

主要参考资料

［1］百度营销研究院.百度推广，搜索营销新视角［M］.电子工业出版社，2015.

［2］丁俊杰.现代广告通论［M］.中国传媒大学出版社，2013.

［3］黄斐一，孔繁盛，孙立军.大数据与互联网的舆情管控［J］.移动通信 2014(13):19-23.

［4］马季华.颠覆式营销［M］.人民邮电出版社，2015.

［5］涂子沛.大数据——正在到来的数据革命，以及它如何改变政府、商业与我们的生活［M］.广西师范大学出版社，2013.

［6］文丹枫，朱海，朱德清.IT 到 DT——大数据与精准营销［M］.万卷出版公司，2015.

［7］昝辉.网络营销实战密码［M］.电子工业出版社，2014.

［8］中国电子商务研究中心.广告联盟：互联网推广渠道有哪些［EB/OL］.（2011-07-17）［2015-11-25］.http://www.100ec.cn/detail--5850143.html.

后 记

2015 年，李克强总理在《政府工作报告》中首次提到"互联网 +"，"互联网 +"正式被纳入顶层设计，成为国家经济社会发展的重要战略。"互联网 +"与市场营销的激荡与碰撞也再次进入人们的视线。

"广告将死""消费者已觉醒""原生广告为王""流量当道"……"互联网 +"环境之下，各种营销论调层出不穷。有人说，营销无学，但伴随着以互联网为主的一整套信息技术在全社会不断分裂、扩散、嫁接，作为最早进行互联网化的商业环节之一，市场营销面临着突如其来、不同以往的变革冲击和创新驱动，营销生态被重新布局，营销模式被再次提炼，营销时代被赋予新的意义。

营销 4.0 也好，4E 也罢，都是"互联网 +"所带来的营销变革的各种表象，究其根本，"互联网 + 营销"是在互联网的技术驱动、社会变革驱使、产业跨界融合推动下的经典营销理论的真正践行。从本质上看，以互联网为纽带的营销变革是信息流、资金流、物流、人流的聚合，通过控制和改变信息流，互联网引导资金流、物流和人流聚合集散，最终促使生产、消费、服务和流通一体化。

《重构营销生态》有幸成为中国传媒大学文化发展研究院院长范周教

授主持编撰的"互联网＋与文化发展研究系列丛书"中的一本，借书稿即将出版之际，谨对本书主编范周教授对作者的支持、帮助和指导表示衷心感谢。特别要感谢徐进副总裁、刘坚先生在百忙之中为本书提出的宝贵意见，并作序。同时，对赵瑞熙、梁方、李栋、王虹、都靓、王华等同学参与本书撰写所付出的不懈努力，一并致以深深的谢意。

在成书的过程中，我试图通过对"互联网＋"激荡广告的解构，来以点及面重构"互联网＋"营销新生态，分析现状、发现问题、提出对策，并试图对未来加以展望。但囿于本人专业所限，以及相关专业知识储备不足，本书从确定选题、到形成框架、再到立论成篇虽经过反反复复多轮讨论和修改，但难免存在欠妥、疏漏乃至错误之处，恳请广大读者和专家批评指正。

2015 年 11 月